Peter Schlapp

Bach-Blüten & Astrologie

Peter Schlapp

# Bach-Blüten & Astrologie

Ebertin
Freiburg im Breisgau

Die Deutsche Bibliothek – CIP-Einheitsaufnahme

*Schlapp, Peter:*
Bach-Blüten & Astrologie / Peter Schlapp. –
Freiburg im Breisgau : Ebertin, 1995
  ISBN 3-87186-081-6

Mit 27 Abbildungen von Martin Garms
1995
ISBN 3-87186-081-6
© 1995 by Ebertin Verlag, Freiburg im Breisgau
Alle Rechte der deutschen Ausgabe vorbehalten
Umschlag: Ulrike M. Bürger, München
Satz: Fotosetzerei G. Scheydecker, Freiburg im Breisgau
Druck und Bindung: Wiener Verlag GmbH, Himberg
Printed in Austria

Gedruckt auf chlorfrei gebleichtem Papier

# Widmung

Bei der Arbeit an diesem Buch haben mich in besonderer Weise unterstützt:

Ursula Flurer, sie gab den Anstoß dazu, Turi Schlapp-Grotterud durch intensive, begleitende Gespräche, Christian Pfautsch durch freundschaftliche Ermutigung, Werner Thiel als mein Lehrer der Astrologie. Ihnen sei das Buch mit Dank gewidmet.

Mein besonderer Dank gilt Markus Jehle, dem Lektor des Verlages, für seine in gleicher Weise gründliche und anfeuernde Begleitung beim Zustandekommen des Buches.

# Inhalt

Einleitung .......................................... 11

**ERSTER TEIL**
Die beiden kosmisch-irdischen Halbsonnen des Tierkreises   19

**ZWEITER TEIL**
Die Bach-Blüten ...................................... 35

**DRITTER TEIL**
Zeichen, Planeten und Häuser ....................... 43

Widder, Mars und 1. Haus ........................... 43
   Sonne in Widder oder im 1. Haus 44 · Mond in Widder oder im 1. Haus 48 · Aszendent Widder 49 · Südlicher Mondknoten im 1. Haus 52 · Transite von Saturn, Uranus, Neptun oder Pluto über das 1. Haus 53 · Mars in Widder oder im 1. Haus 55 · Gesundheitliche Implikationen 56

Stier, Venus und 2. Haus ............................ 59
   Sonne in Stier oder im 2. Haus 60 · Mond in Stier oder im 2. Haus 64 · Aszendent Stier 66 · Südlicher Mondknoten im 2. Haus 67 · Transite von Saturn, Uranus, Neptun oder Pluto über das 2. Haus 69 · Venus in Stier oder im 2. Haus 70 · Gesundheitliche Implikationen 71

Zwillinge, Merkur und 3. Haus ...................... 73
   Sonne in Zwillinge oder im 3. Haus 74 · Mond in Zwillinge oder im 3. Haus 76 · Aszendent Zwillinge 78 · Südlicher Mondknoten im 3. Haus 79 · Transite von Saturn, Uranus, Neptun oder Pluto über das 3. Haus 80 · Merkur in Zwillinge oder im 3. Haus 82 · Saturn in Zwillinge oder im 3. Haus 82 · Gesundheitliche Implikationen 83

Krebs, Mond und 4. Haus .............................. 85
   Sonne in Krebs oder im 4. Haus 86 · Mond in Krebs oder im
   4. Haus 90 · Aszendent Krebs 93 · Südlicher Mondknoten im
   4. Haus 94 · Transite von Saturn, Uranus, Neptun oder Pluto über
   das 4. Haus 97 · Mars in Krebs oder im 4. Haus 99 · Gesundheitliche Implikationen 100

Löwe, Sonne und 5. Haus ............................. 103
   Sonne in Löwe oder im 5. Haus 104 · Mond in Löwe oder im
   5. Haus 107 · Aszendent Löwe 109 · Südlicher Mondknoten im
   5. Haus 111 · Transite von Saturn, Uranus, Neptun oder Pluto über
   das 5. Haus 113 · Gesundheitliche Implikationen 116

Jungfrau, Merkur und 6. Haus ......................... 119
   Sonne in Jungfrau oder im 6. Haus 120 · Mond in Jungfrau oder im
   6. Haus 124 · Aszendent Jungfrau 125 · Südlicher Mondknoten im
   6. Haus 127 · Transite von Saturn, Uranus, Neptun oder Pluto über
   das 6. Haus 128 · Saturn in Jungfrau oder im 6. Haus 130 · Mars in
   Jungfrau oder im 6. Haus 131 · Gesundheitliche Implikationen 131

Waage, Venus und 7. Haus ............................ 135
   Sonne in Waage oder im 7. Haus 136 · Mond in Waage oder im
   7. Haus 142 · Aszendent Waage 144 · Südlicher Mondknoten im
   7. Haus 146 · Transite von Saturn, Uranus, Neptun oder Pluto über
   das 7. Haus 148 · Venus in Waage oder im 7. Haus 151 · Gesundheitliche Implikationen 152

Skorpion, Pluto (Mars) und 8. Haus .................... 155
   Sonne in Skorpion oder im 8. Haus 156 · Mond in Skorpion oder
   im 8. Haus 160 · Aszendent Skorpion 162 · Südlicher Mondknoten
   im 8. Haus 164 · Transite von Saturn, Uranus, Neptun oder Pluto
   über das 8. Haus 165 · Mars in Skorpion oder im 8. Haus / Pluto in
   Skorpion oder im 8. Haus 169 · Gesundheitliche Implikationen 170

Schütze, Jupiter und 9. Haus .......................... 173
   Sonne in Schütze oder im 9. Haus 174 · Mond in Schütze oder im
   9. Haus 177 · Aszendent Schütze 179 · Südlicher Mondknoten im
   9. Haus 181 · Transite von Saturn, Uranus, Neptun oder Pluto über
   das 9. Haus 183 · Gesundheitliche Implikationen 187

Inhalt

Steinbock, Saturn und 10. Haus ........................ 189
 Sonne in Steinbock oder im 10. Haus 190 · Mond in Steinbock oder im 10. Haus 195 · Aszendent Steinbock 197 · Südlicher Mondknoten im 10. Haus 199 · Transite von Saturn, Uranus, Neptun oder Pluto über das 10. Haus 202 · Gesundheitliche Implikationen 207

Wassermann, Uranus (Saturn) und 11. Haus ............. 209
 Sonne in Wassermann oder im 11. Haus 210 · Mond in Wassermann oder im 11. Haus 217 · Aszendent Wassermann 218 · Südlicher Mondknoten im 11. Haus 220 · Transite von Saturn, Uranus, Neptun oder Pluto über das 11. Haus 222 · Gesundheitliche Implikationen 227

Fische, Neptun (Jupiter) und 12. Haus .................. 231
 Sonne in Fische oder im 12. Haus 232 · Mond in Fische oder im 12. Haus 237 · Aszendent Fische 239 · Südlicher Mondknoten im 12. Haus 241 · Transite von Saturn, Uranus, Neptun oder Pluto über das 12. Haus 244 · Gesundheitliche Implikationen 249 · Die Blüte *Star of Bethlehem* 250

VIERTER TEIL
Der Berater und »seine« Blüten ........................ 253

Die Bach-Blüten ..................................... 260

Glossar ............................................. 262

Literaturempfehlungen ............................... 265

# Einleitung

Mit diesem Buch versuche ich, auf die in einer astrologischen oder therapeutischen Beratung immer wieder gestellte Frage des Klienten: »Was kann ich konkret für oder gegen mein aktuelles Problem tun?« eine Antwort zu finden. Meine Antworten sind entsprechend dem Gegenstand der Betrachtung – Astrologie in Verknüpfung mit Bach-Blütentherapie – nicht »wissenschaftlich« objektiv bzw. »intersubjektiv«, sondern rein subjektiv. Sie schliessen andere Antworten nicht aus. In der praktischen Anwendung können andere Astrologen, Therapeuten oder auch »fachkundige« Laien durchaus zu anderen, modifizierten Ergebnissen gekommen sein oder kommen. Da beide »Systeme« auf einer ganzheitlichen Betrachtung, Beratung und Behandlung des Menschen aufbauen, entspricht die Vielfalt der möglichen Fragen und Antworten der Vielfalt der Seinsäußerungen eines Menschen. Jede zwingende »Vorschrift« zu einer ausschließlichen Anwendung würde den vielfältigen und kreativen Austausch zwischen Berater und Klient verhindern.

Die meiner Darstellung zugrundeliegenden Erfahrungen mit beiden »Systemen« unterscheiden sich in einem wesentlichen Punkt. Im Bereich der Astrologie verfüge ich in der individuellen Beratung über eine langjährige Praxis. Im Bereich der Bach-Blütentherapie verfüge ich über keine praktische Erfahrung. Die naheliegende Frage, auf welcher Grundlage ich dann doch zu einem gemeinsamen Bezug zwischen der Astrologie und der Bach-Blütentherapie gekommen bin, möchte ich so beantworten: Am Anfang stand die eingangs genannte Frage nach einer konkreten Hilfe im Rahmen einer astrologischen Beratung. Aus der Vielfalt möglicher Hilfsmittel und Therapieangeboten wählte ich die Bach-Blütentherapie, weil zwischen ihr und der Astrologie die für mich innigste und lebendigste Beziehung besteht.

Im Mittelpunkt beider Methoden steht die Seele des Menschen. In der Analyse ihrer Verletzungen und den daraus resultierenden physischen und psychischen Beschwerden und deren Heilung vereinigen sich Weg und Ziel beider Methoden. Die Astrologie »heilt«, indem sie bei bestehenden Fehlentwicklungen die gleichfalls in einem Kosmogramm vorhandenen entlastenden und korrigierenden seelisch-psychischen Potentiale entschlüsselt und in der Beratung im Klienten zu aktivieren versucht. Die Bach-Blütentherapie »heilt«, indem sie die – eine Störung verursachenden – seelisch-psychischen Spannungen mit Hilfe erprobter Blütenextrakte löst und in dem Betroffenen neue, harmonische Schwingungen stimuliert. Beide Methoden beruhen nicht auf einem physikalisch sichtbaren oder meßbaren »Eingriff« in die körperliche Substanz eines Menschen, sondern versuchen, mit ihren »Mitteln« die Psyche des Betroffenen zum Positiven hin zu aktivieren.

Mein persönlicher Zugang zu den Bach-Blüten bestand darin, daß im Laufe einer intensiven Beschäftigung mit den Beschreibungen ihrer Wirkungsweisen durch *Edward Bach* und in Deutschland vor allem durch *Mechthild Scheffer*, sich immer deutlicher jeweils analoge astrologische Konstellationen ins Bewußtsein drängten. In der überlieferten Entstehungsgeschichte der Bach-Blütentherapie steht der Vorgang der intuitiven, sensitiven »Findung« durch *Edward Bach* im Vordergrund. Aufgrund seiner hochentwickelten Sensitivität entwickelte *Bach* eine unmittelbare Affinität zum Wesen, zum Geist, zur Seele der einzelnen Pflanzen und Blüten. Für seine als Arzt in gleicher Weise geöffneten Sinne für bestimmte seelisch-psychische Zustände bei seinen Patienten war es dann für ihn nur ein kleiner, folgerichtiger Schritt, beide Empfindungsbereiche zu einer heilenden Therapie zu verschmelzen. In einem natürlich in keiner Weise vergleichbaren, jedoch vielleicht annähernd nachzuvollziehenden Vorgang, erschlossen mir die Beschreibungen der Blüten eben die astrologischen Bewußtseinsfelder, in denen die Blüten gleichsam unterbewußt »aufblühten«. Vor dem Hintergrund praktischer astrologischer Erfahrungen und theoretischen Studiums der Blüten verschmolzen die Symbolik der astrologischen Konstellationen und der Bach-Blüten zu einer gemeinsamen, übergeordneten, inneren Identität.

*Einleitung*

Meine auf diese Weise entstandenen Erfahrungen bilden den Hauptteil des Buches. Dieser »offene«, assoziativ-sensitive Zugang zu den Blüten verbot es, die einzelnen Blüten in ihrer Wirkungsweise einem wie auch immer gearteten Schema zu unterwerfen. Wenn in der vergleichenden Literatur – Astrologie mit Bach-Blüten – versucht wurde, z. B. in einer zwölffachen Gliederung jedem Tierkreiszeichen »seine« Blüte zuzuordnen, so halte ich dies für ein rein »formales« Vorgehen, das weder der Vielfalt der individuellen Ausdrucksweise eines astrologischen Zeichens noch der differenzierten Wirkung der Bach-Blüten gerecht wird. Es war für mich im Gegenteil von ausschlaggebender Bedeutung, die jeweils inneren psychischen Zusammenhänge zwischen der Ausdrucksform des astrologischen Symbols oder Zeichens und einer Blüte herauszuarbeiten. Dies hat zur Folge, daß eine ganze Reihe von Blüten – rein äußerlich – astrologisch unterschiedlichen Konstellationen zugeordnet werden. Innerhalb der unterschiedlichen Tierkreiszeichen treten jedoch analoge Bewußtseinszustände auf, die mit den gleichen Blüten geheilt werden können.

Bei allen bestehenden individuellen Unterschieden verfügen die Menschen nur über ein Repertoire relativ ähnlicher Mittel, um Beschwerden seelisch abzuwehren, deren Lösung zu verweigern oder sie kompensatorisch zu verarbeiten. Im Detail durchaus differenziert, »reagieren« sie in der »Summe« vergleichbar. Ausschlaggebend für die wechselweise Zuordnung der Zeichen zu den Blüten war alleine die jeweils zugrundeliegende, identische und vergleichbare, psychisch-seelische Befindlichkeit eines Betroffenen.

Die schier unendliche mathematisch-astronomisch-astrologische und damit auch seelisch-psychische Differenziertheit eines Kosmogramms – alleine aus den Faktoren Sonne, Mond, Häusern und Aszendent ergeben sich 20 736 Varianten – machen es notwendig, daß in einem größeren und übergreifenden Rahmen Schwerpunkte gesetzt werden. Dies führte zu einer Gliederung, bei der unter jeweils einem »Thema« unterschiedliche Konstellationen eines Tierkreiszeichens zusammengefaßt wurden. Die einzelnen »Themen« behandeln in zyklischer Abfolge die Tierkreiszeichen von Widder bis Fische. Innerhalb der »Themen« werden aus Gründen der Sinnfälligkeit, der Anschaulichkeit und der Ökonomie die jeweils dominanten Konstellationen von Sonne und Mond in ihren Zeichen und Häusern sowie der Aszendent herausgehoben, zusätzlich die Position des Südlichen Mondknotens, da dieser meiner Erfahrung nach einen außerordentlich persönlichkeitsprägenden und damit aussagefähigen Faktor in einem Kosmogramm darstellt. Diese Einzelfaktoren bilden als astrologische Radixkonstellationen die Bezugspunkte für alle psychisch-seelischen Grundbefindlichkeiten eines Individuums. Sie betreffen dessen »Anlagen« und die daraus potentiell möglichen »dauerhaften« Fehlentwicklungen. Da in aller Regel Sonne, Mond, Aszendent und Südlicher Mondknoten nicht in einem Zeichen oder Haus zusammenfallen, muß in jedem Einzelfall analysiert werden, unter welchem dominanten Einfluß vorliegende Beschwerden in Erscheinung treten. Wenn unter Umständen mehrere unterschiedliche Faktoren kulminativ zu einem Befund geführt haben, sollte eine entsprechende Kombination der jeweils empfohlenen Bach-Blüten angewendet werden.

Über seine Grunddisposition hinaus ist jedoch jedes Individuum zyklischen Entwicklungsprozessen unterworfen. Die Analyse dieser Prozesse beschränkt sich hier bewußt auf die Wirkungen der Transite der langsam laufenden Planeten, da Auslösungen durch Direktionen, Progressionen oder Solare annähernd vergleichbare Auswirkungen haben und aufgrund einer nicht exakten Geburtsminute oft auch nicht verantwortlich berechnet werden können. In einzelnen Fällen wurden besonders markante Konstellationen auch anderer Planeten in bestimmten Zeichen und Häusern in die Untersuchung mit aufgenommen und den entsprechenden Bach-Blüten zugeordnet.

Es ist eine Selbstverständlichkeit, daß jeder Verordnung einer der empfohlenen Bach-Blüten eine genaue Analyse und Bewertung der besonderen Befindlichkeit des Klienten vorausgehen muß. Bei einer nicht eindeutig möglichen Zuordnung auf der Basis isolierter einzelner Faktoren sollte der Astrologe, Therapeut oder private Anwender sich über eine eingehende Beschäftigung mit dem jeweiligen »Thema« Gewißheit verschaffen.

In zwei, den Hauptteil einleitenden Kapiteln wird der Versuch unternommen, die innere Struktur zyklisch-evolutionärer Lebensprozesse des Menschen anhand von Grafiken zu entwickeln und darzustellen. Sie bilden den Ausgangspunkt für ein grundsätzliches Verständnis des holistischen »Systems« Mensch. Eine Unzahl störender innerer und äußerer Einflüsse verhindert, daß dieses »System« seine ihm adäquate körperliche, mentale, emotionale und psychisch-seelische Homöostase aufrechterhalten kann. Die dadurch auftretenden dauerhaften oder vorübergehenden »negativen« oder »unerlösten« Zustände können mit Hilfe der astrologischen Analyse und der Heilkraft der Bach-Blüten wirkungsvoll und segensreich – nicht »bekämpft« –, sondern wieder in ihr natürliches Gleichgewicht überführt werden. Bei entsprechender psychisch-seelischer »Empfänglichkeit« des Betroffenen stimulieren die Bach-Blüten eben die Kräfte und energetischen Schwingungen, die das dann sich selbstregulierende »System« Mensch wieder in die gewünschte und lebensnotwendige Harmonie versetzt. Das Ziel beider Methoden und ihrer vorliegenden Kombination liegt im schrittweisen und behutsamen Erreichen eines körperlich-seelischen Gleichgewichts im Menschen. Über den besonderen Beitrag, den die Bach-Blüten in diesem individuellen Prozeß leisten, berichtet das zweite Kapitel.

Abschließend sei noch auf zwei wesentliche Punkte, die die Rezeption des Buches betreffen, eingegangen.

1. Am Ende eines jeden Tierkreis-»Themas« finden sich kurzgefaßte Hinweise auf spezifische »gesundheitliche Implikationen«. Alleine die Kürze der Darstellung zeigt, daß es sich hierbei nur um »allgemeine« Dispositionen handelt, die in keiner Weise für jedes Individuum des jeweiligen »Themas« zutreffen müssen. Sie bieten lediglich eine erste Orientierung, die jedoch in einem akuten Fall unbedingt der gründlichen Anamnese eines Arztes bedarf.
2. Sie werden als Leserin oder Leser im Hauptteil des Buches überwiegend mit »negativen« oder »unerlösten« Zuständen konfrontiert. Dies mag auf Sie vielleicht mit der Zeit »frustrierend« wirken und Sie stellen unbewußt-bewußt mit Recht die Frage: »Wo bleibt das Positive?« Die Antwort auf Ihre Frage liegt darin, daß es in diesem Buch um genau solche akkumulierenden unerlösten Zustände geht, wie sie sich bei Ihnen bei der Lektüre aufbauen. Vielleicht verdichten sich Ihre Frustrationen zu einer unduldsamen Kritik, es fallen Ihnen nur die »Fehler« auf, dann wäre z.B. die Blüte *Beech* gerade jetzt für

Sie ein geeignetes Mittel, um Sie ein wenig toleranter zu stimmen. Vielleicht fühlen Sie sich auch durch die wiederholte Beschreibung unerlöster Seinszustände irgendwie »beschmutzt«, dann würde Ihnen die Blüte *Crab Apple* die hinter dem »Schmutz« liegenden größeren Zusammenhänge eröffnen. Vielleicht fühlen Sie aber auch schon nach wenigen Seiten den unbezwingbaren Drang, sich über das gerade erst Gelesene »sofort« mit einem anderen Menschen austauschen zu »müssen«. Dann würde Ihnen die Blüte *Heather* soviel Ruhe und Gelassenheit schenken, daß Sie sich erst einmal nur für sich selbst mit der Sache auseinandersetzen und sie zu verstehen suchen.

Diese kurzen Beispiele zeigen sehr deutlich, daß das Wesen des Positiven schon im Negativen verborgen liegt. Um es aufzuspüren und zu seiner Wirkung zu bringen, liefert die Astrologie die Analyse und die Bach-Blüten die Heilung. Beide fungieren als Hoffnungsträger, die den Menschen, die sich ihrer Führung anvertrauen, die Erkenntnis der wahren inneren seelischen Zusammenhänge im zyklisch-evolutionären Lebensprozeß schenken, und sind gleichzeitig die geeigneten Mittel, um »gespannte« seelische Energiemuster und -zustände wieder in Einklang mit sich selbst zu bringen. Das gemeinsame Ziel der Astrologie und Bach-Blütentherapie heißt demnach, den »unerlösten« Zustand und das erkannte »positive« Ziel zu einem die Seele individuell harmonisierenden »Weg« zu verbinden.

# Erster Teil

# Die beiden kosmisch-irdischen Halbsonnen des Tierkreises

Um die evolutionär-dynamischen Prozesse im Leben eines Menschen zu verstehen, erscheint es sinnvoll, sie anhand einiger Grafiken sinnlich zu verdeutlichen. In einer schrittweisen Darstellung und Weiterentwicklung der astrologischen Symbole erschließen sich die inneren, lebendigen Zusammenhänge, unter denen das Individuum mit dem Kosmos und den darin wirkenden Kräften verbunden ist.

Im Durchgang durch die einzelnen Tierkreiszeichen im Hauptteil des Buches dürfte deutlich werden, daß die Ursachen für bestimmte unerlöste (negative) Zustände im Individuum in seiner Weigerung oder kompensatorischen Übertreibung bei der jeweils zu lösenden Grundaufgabe oder zyklisch wiederkehrenden Neuorientierung liegen. Die Wirkungen eines solchen Versagens werden zwar überwiegend irdisch-materiell sichtbar, ihre Auslösungen finden sich jedoch allein im geistig-psychischen Bereich. In der Materie wird sichtbar, was der Geist vermochte oder woran er gescheitert ist. Sobald man versucht, die durch den Geist ausgelösten Entwicklungsprozesse in ein Bild zu übersetzen, wird klar, daß der Geist selbst keine irgendwie unfaßbare, »wabernde« Energie ist, sondern sehr klaren und für den Menschen nachvollziehbaren Strukturen folgt. Auch auf der geistigen Ebene verhalten sich Inhalte zu Formen, Zeiten zu Räumen.

Wenn es dem Verstand gelingt, sich über eine bildliche Darstellung in diese Zeit- und Raumstrukturen einzuleben, sich ihrer sichtbaren Dynamik anzuvertrauen und sich gleichsam mit dem Strom der Energien durch die Zeiten und Räume der Erfahrungen zu bewegen, gewinnt der im Kosmos und im Menschen gleichermaßen wirksame und bestimmende Geist eben die Konturen, die ihn für Menschen erfahrbar machen. Indem das Individuum diesen Bildern folgt und ihre Symbolik versteht, kann es zu jeder Zeit seines Lebens seinen jeweils genauen geistigen Standort bestimmen. Aus dieser Erkenntnis heraus vermag der jeweils Betroffene die im Hauptteil besprochenen unerlösten Zustände vorausschauend oder in der jeweils aktuellen Zeit leichter zu bewältigen.

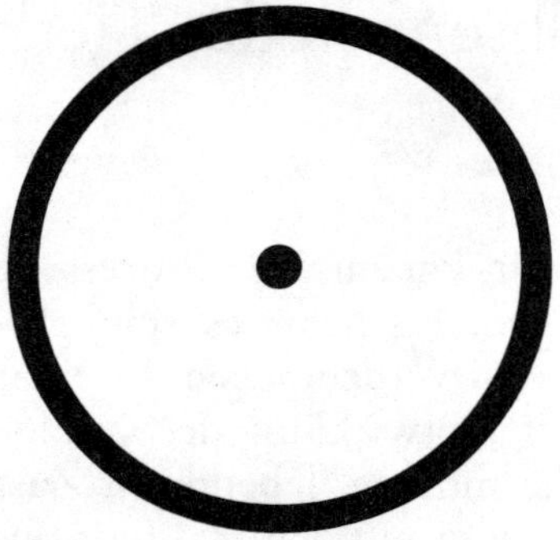

*Abb. 1: Die Sonne*

Im Kreissymbol für die Sonne erblicken die Menschen in allen Kulturen seit Jahrtausenden ein Sinnbild ihrer irdisch-kosmischen Existenz. In der Geschlossenheit des Kreises – es gibt keinen Anfang und kein Ende – findet das Kontinuum der Zeit seinen lebendigsten Ausdruck. Diese Symbolik überträgt sich auch auf den Raum, denn, auf den Kreis bezogen, umschließt alle Zeit allen Raum. In dieser Allzeit und in diesem Allraum, unter dieser Allmacht, in dieses universelle All ist der Mensch mit seiner konkreten irdischen Zeit- und Raumachse gestellt.

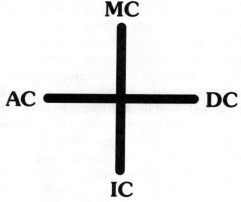

*Abb. 2: Das Kreuz des Menschen*

Die vier astrologisch-kosmologischen Grundfaktoren Aszendent, Deszendent, Medium Coeli und Imum Coeli bilden das Kreuz des Menschen. Im »entspannten« Zustand der Allzeit und des Allraumes entsteht durch die beiden bipolaren Achsen eben die »Spannung«, unter der sich das Leben des Menschen vollziehen kann. Die »Spannung« ist zu verstehen als ein Energieaustausch auf allen Ebenen, als Reibung, als wirkende Kraft, die das Leben erzeugt. Ihre Manifestation erfährt sie auf der Erde, ihr Produkt ist der Mensch. Folgerichtig entwickelt sich aus der Kombination der Ursache- und Wirkungsbilder das Symbol der Erde.

Abb. 3: Die Erde

Ausgehend von der bipolaren Grundstruktur der Erde und des Menschen kann die Geschlossenheit des anfänglichen Kreises nicht mehr aufrechterhalten werden. Der Großkreis der Allzeit und des Allraumes zerfällt notwendigerweise in zwei Halbkreise. Die Gleich-Zeitigkeit des Großkreises zerfällt in ein irdisches »Nacheinander«, die räumliche Geschlossenheit des Großkreises zerfällt in ein irdisches »Nebeneinander«. Die daraus abzuleitende Darstellung führt zu den beiden kosmisch-irdischen Halbsonnen und zur symbolischen Sinuskurve (Abb. 4+5).

Diese Sinuskurven des Lebens veranschaulichen bereits die wesentlichen Kriterien unserer irdischen Existenz. Sie markieren mit ihren Schnittpunkten auf der Zeitachse Anfang und Ende unserer irdischen Existenz – Geburt und Tod. Auf der Raumachse markieren sie die unterschiedlichen geistig-psychischen Bewußtseinsräume – Instinkt und Geist.

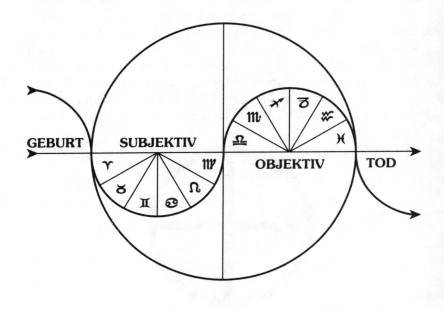

Abb. 4: *Die personale Ebene*

Unterteilt man die Zeit- und Raumkurve in zwölf gleiche Abschnitte und belegt sie mit den zwölf astrologischen Seinstypen des Tierkreises, so erhellen sich unmittelbar zwei neue bestimmende Merkmale menschlichen Lebens. Der Schnittpunkt der Zeitachse mit der Raumachse markiert den Übergang, in dem das Individuum seinen Raum vom subjektiven Ich zum objektiven Du erweitert. Der Schnittpunkt der Raumachse mit der Zeitachse dagegen markiert den Übergang, in dem das Individuum seinen subjektiven Instinkt in den objektiven Geist überführt.

Daß die Entfaltung und Entwicklung des Individuums sowohl auf der personalen als auch auf der bewußtseinsmäßigen Ebene

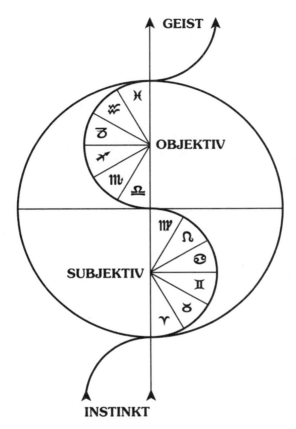

*Abb. 5: Die Ebene des Bewußtseins*

dynamischen Prozessen unterworfen ist, wird unmittelbar einsichtig, wenn man die zwölffache Unterteilung mit den ihr von der Astrologie zugeordneten drei unterschiedlichen Ausdrucksweisen der Energie kombiniert (Abb. 6+7).

In Widder, in Krebs, in Waage und in Steinbock werden jeweils gewaltige kardinale Kräfte freigesetzt, mit deren physisch-psychischer Schubkraft und Schwungkraft Entwicklungsprozesse zunächst einmal initiiert werden. Am Beispiel seiner Entwicklung von Widder bis Krebs durchläuft dieser energetische Prozeß folgende Stadien: In Widder (kardinal) wird eine Tat geboren. In Stier (fix) wird sie in ruhiger Anschauung geprüft und bei positi-

*Die beiden kosmisch-irdischen Halbsonnen des Tierkreises*

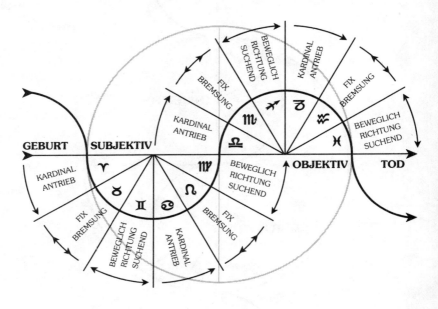

Abb. 6: *Die Achse der Zeit*

vem Ergebnis an Zwillinge weitergegeben oder bei negativem Ergebnis »einbehalten«, gestaut. Zwillinge greift die positiv geprüfte Tat auf und setzt sie bei einem positiv ausfallenden Vergleich mit anderen möglichen Taten in ihre Funktion um (beweglich) oder »behält sie ein«, sie kreist dann als nicht gelöstes Handelnwollen in seinem Bewußtsein. Um sich in ihrer Funktion auch zu »erfüllen«, bedarf es neuer, kardinaler Antriebskräfte in Krebs. Reichen diese Antriebskräfte aus, um den inneren Gehalt der Tat zu wahren, wird sie mit Selbstbewußtsein (Löwe) zur »Nutzung« an Jungfrau weitergegeben. Reichen die kardinalen Antriebskräfte nicht aus, wird sie in Krebs »einbehalten« und

*Die beiden kosmisch-irdischen Halbsonnen des Tierkreises* 25

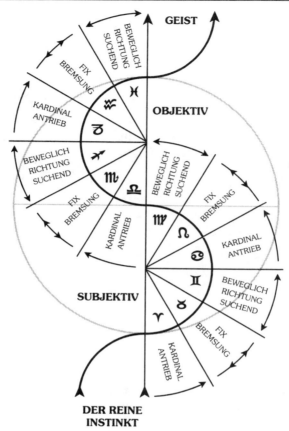

Abb. 7: *Die Achse des Raums*

sackt als unerfüllter Ballast in dessen Unterbewußtsein. Analog verhält sich die Weiterbearbeitung und -verarbeitung über alle Stadien bis endlich in Fische die ursprünglich »irdische« Tat in ihren »kosmischen« Zusammenhang gestellt werden kann oder »einbehalten« wird und im unkonkreten Nebel des Fische-Unterbewußtseins verschwimmt.

Wenn wir den Begriff »Tat« mit dem Begriff »Idee« ersetzen, erfolgt auf der geistigen Ebene in stetigem Wechsel zwischen erstem, äußeren Anstoß (Widder), ruhiger Prüfung (Stier), in Funktion setzen (Zwillinge) und zweitem, inneren Anstoß (Krebs) der gleiche Entwicklungsprozeß bis hin zu Fische, wo die

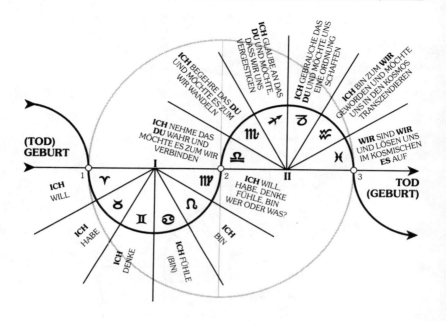

*Abb. 8: Die Achse der Person I*

»Idee« endgültig in die Transzendenz des Geistes übertragen wird oder »einbehalten«, als Tagtraum ihr »Leben« fristet.

Der dynamisch-evolutionäre Verlauf menschlichen Lebens im Hinblick auf die Subjektivität und Objektivität individueller Ich-Erfahrung wird an zwei anderen Grafiken deutlich. Betrachten wir zunächst den zyklischen Entwicklungsprozeß auf der personalen Ebene (Abb. 8+9).

Wenn im folgenden einzelne Punkte auf den Achsen herausgehoben werden, so bedeutet dies nicht, daß die mit ihnen verbundenen Entwicklungsprozesse gleichsam »punktuell«, ohne zeitlich-räumliche Ausdehnung ablaufen. Ihrem Wesen nach stellen diese optischen Markierungen jeweils zeitliche und räumliche »Umfelder« dar, in denen die aufgezeigten Entwicklungen prozessual ablaufen.

Folgt man dem Verlauf der mit der Sinuskurve verbundenen Tierkreiszeichen, so fallen drei markante Punkte ins Auge. An

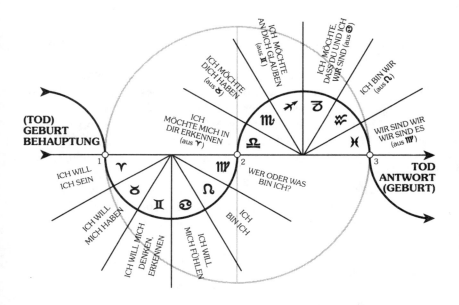

*Abb. 9: Die Achse der Person II*

ihren drei Schnittpunkten mit der Zeitachse ergeben sich eine Reihe von Analogien, die alle im klassischen philosophisch-logischen Dreischritt auf einer jeweils höheren Ebene wieder in die Allumfassenheit des Großkreises führen. Im ersten, linken Schnittpunkt (X 1) tritt die Kurve in ihre sichtbare, irdische »Erscheinung«. Aus einer anderen Zeit kommend, schneidet sie die Achse der Zeit und markiert damit ihren irdischen »Ausgangspunkt«, die Geburt des Lebens schlechthin, konkret: die Geburt des Menschen in der Zeit. In diesem Punkt manifestiert sich die »Behauptung« des Lebens, die Widder-These. Ihre energetische Dynamik ist nach vorne, in die Zukunft gerichtet. Im zweiten Schnittpunkt (X 2) erreicht die Kurve ihren »Mittelpunkt«. Sie schneidet gleichzeitig die Achse des Raumes. Für das Individuum heißt dies, daß es gleichfalls zu seinem Mittelpunkt gelangt ist und nun in doppelter Spannung zwischen seinem Anfang und seinem Ende steht. Aus dieser Spannung heraus muß das Individuum zwangsläufig die »Frage« nach dem künftigen Weg stellen (in Jungfrau) und sich – entsprechend der Antwort – »entscheiden« (in Waage).

Auf der personalen Ebene muß gefragt und entschieden werden, ob die bisher ausschließlich subjektive Lebensführung objektiviert werden soll, ob das Du nicht nur entdeckt, sondern auch integriert werden soll. Auf der Ebene des Bewußtseins muß gefragt und entschieden werden, ob die bisher erworbene Vernunft genügt, um den weiteren Weg zu gehen oder ob es dazu auch des Geistes bedarf. Um diese inneren Vorgänge überhaupt »in Frage« stellen zu können, bedarf es eines »vergleichenden« Entwurfs. Dieser Entwurf ist möglich, da das Individuum an diesem Punkt sowohl auf eine bereits gelebte Vergangenheit zurückschauen kann als sich auch eine hypothetische Zukunft vorstellen kann. Vor diesem Hintergrund entsteht die Antithese in Jungfrau und Waage.

Im dritten und letzten Schnittpunkt (X 3) schneidet die Kurve nochmals die Achse der Zeit. Dieses Mal jedoch, um aus ihr »herauszutreten«. Der sichtbar gewordene Zyklus hat seine Zeit vollendet und verlangt nach einer »Antwort« der in Jungfrau und Waage gestellten »Frage« und »Entscheidung«. Das Individuum ist aufgefordert, aus dem, was war, eine Bilanz zu ziehen, eine »Synthese« herzustellen. Im irdischen Tod endet der Zyklus des in die Sichtbarkeit getretenen Individuums.

Anfang und Ende der Kurve zeigen aber auch, daß sie nicht aus dem Nichts in die Erscheinung getreten ist und wieder ins Nichts verschwindet. Analog zur »ewig« verlaufenden Zeit kommen alle mit ihr verknüpften Wesenheiten »aus« und führen »hin« zu etwas anderem, das jeweils vor oder nach dem in Erscheinung treten liegt. Im astrologischen Zeichen für Fische sehen wir das Symbol für einerseits »Klammer zu" ) und andererseits »Klammer auf« (. In der vermittelnden Querverbindung (–) erkennen wir leicht eine rudimentäre Zeitachse. Die beiden »Schalen« entsprechen den beiden Halbsonnen (Abb. 10).

*Abb. 10*

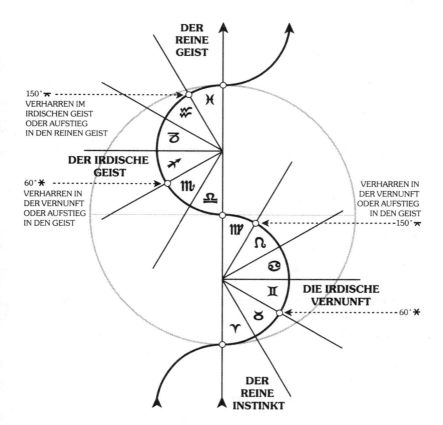

*Abb. 11: Die Achse des Bewußtseins*

Die Entwicklung des Individuums auf der personalen Ebene findet ihre Entsprechung auf der Ebene des Bewußtseins. Die geistige Entwicklung des Menschen erfolgt über die Achse des Raumes. Analog erobert sich der Mensch im Laufe seines Lebens bzw. seiner wiederkehrenden Inkarnationen neue, größere geistige »Räume«. Hier finden wir sechs markante Wendepunkte, an denen bedeutsame Anfänge oder Veränderungen in ihre Erscheinung treten. In der Kombination der Entwicklungskurve mit dem Tierkreis und den in seinen Zeichen wirksamen Energiequalitäten ergeben sich nun jedoch einige Änderungen (Abb. 11).

Im ersten Schnittpunkt (X 1) tritt das »Bewußtsein« in seine Erscheinung. Zunächst in seiner rudimentären Form als »Instinkt«. Wie auf der personalen Ebene die Person will auch das Bewußtsein zunächst einmal nur »überleben«. Dieses Bedürfnis wird vom Instinkt mit seinen überwiegend genetisch vorgegebenen Programmierungen geleistet. Alle »bewußten« Handlungen folgen einer gewissen Automatik, sie fragen nicht: warum so und nicht anders. Ihre kardinale Widder-Energie treibt sie zunächst nur dazu an, einfach zu funktionieren. Wenn dieser erste Impuls unter den bindenden Kräften in Stier zu einer ersten Ruhe und Selbstgewißheit gefunden hat, tritt mit beginnendem Sextil zu Zwillinge (X 2) eine erste Wende ein. Die »anstoßende« Kraft des Sextils im luftigen Element der Zwillinge läßt das Individuum unter der zusätzlichen Herrschaft von Merkur eine erste, zunächst noch bescheidene Frage nach einem »Warum« des Denkens und Handelns stellen. Das Individuum macht damit die Erfahrung, daß es seine Instinkte so oder auch anders einsetzen könnte, und muß sich nun unter den vielfältigen Möglichkeiten entscheiden, wie es sein »Denken« in die Funktion setzt und mit anderen Individuen austauscht. Dazu braucht es Gründe, die, da die Vielfalt nicht mehr mit dem Instinkt alleine bewältigt werden kann, von einer anderen Ebene gespeist werden müssen: der Vernunft. Die Vernunft gewährleistet, daß das Individuum seine Entscheidungen entweder weiterhin (insofern dies ausreicht) instinktiv treffen kann oder sie unter wechselnden Anforderungen auch jeweils neu modifizieren muß. Mit der sich entwickelnden Vernunft legt das Individuum gleichsam einen zweiten (Daten-)Speicher an, aus dessen Fundus es sich jederzeit bedienen kann.

Es erscheint sinnvoll, den weiteren Verlauf von seinem Ende

her zu betrachten. Da wir von Bewußtseinsstadien in ihrer irdischen Erscheinung sprechen, kann der Endpunkt der Zeitachse, der Tod, nicht mehr als Bezugspunkt dienen, denn in ihm erlöscht das irdisch wahrnehmbare Bewußtsein. Um seine irdische Manifestation sichtbar und vor allem für das Individuum auch erreichbar und verfügbar zu haben, müssen die Punkte der Wandlung »vor« dem Ende liegen. Wir finden sie in den Quinkunx-Aspekten in Jungfrau (X 3) von Widder aus gesehen und in Wassermann (X 5) vom Schnittpunkt der Zeitachse aus gesehen. An diesen Punkten artikuliert sich die Alternative »entweder – oder«. Nachdem die »irdische Vernunft«, die sich analog zur personalen Ebene durch den Anstoß unter Merkur im luftigen Element im Zeichen Zwillinge gebildet hat, ihre Arsenale zur Bewältigung des Alltags reichlich gefüllt hat (Krebs) und in Löwe zu einem Bewußtsein ihrer selbst gelangt ist, stellt sie im Anblick des vor ihr liegenden Überschreitens der Zeitachse und im Bewußtsein ihrer Vergangenheit und bevorstehenden Zukunft die »Frage« nach dem, was »über« (Raum) ihr liegen könnte. Diese Frage ist evolutionär bedingt, denn das Leben und damit auch die »Vernunft« erhalten sich nur, wenn sie sich in neue Räume ausgreifend weiterentwickeln können. Im Zeichen Jungfrau ist es wiederum Merkur, der nun die »philosophische« Frage nach dem Geist stellt. Unter dem Quinkunx-Aspekt kann das Individuum die Frage positiv oder negativ beantworten. Entsprechend der Antwort verharrt es entweder in der »irdischen Vernunft« oder findet wiederum in einem Sextil-Aspekt in Schütze (X 4) den »Anstoß«, den gefundenen Geist irdisch zu etablieren. Mit feurig-männlicher Energie wird der Geist nun in Schütze in seine irdische Funktion gesetzt (bewegliches Zeichen und Sextilaspekt). Sobald sich der Geist durch einen zweiten massiven kardinalen Schub (in Steinbock) und seiner Konsolidierung in Wassermann (fixes Zeichen) zu seiner »globalen« (Wassermann) Manifestation gefunden hat, entsteht die nächste »Frage«. Dem Gesetz der Evolution folgend will der irdische Geist über sich selbst hinauswachsen. Im Quinkunx-Aspekt (X 5) artikuliert sich aufs neue die Frage »entweder – oder«. Entsprechend der Antwort des Individuums verharrt der Geist in seiner irdisch-globalen Manifestation, oder er überschreitet unter dem revolutionierenden Einfluß des Uranus im luftigen Zeichen seine Grenze hin zum »reinen

Geist«. Im Zeichen Fische kann nun der reine Geist im Sinne einer neptunischen Partizipation sowohl in der bestehenden globalen als auch in der vor ihm liegenden kosmischen Dimension wirksam werden. Und er kann dies »noch« innerhalb der Zeitachse. Wie schon angedeutet, wird nun klar, daß die jeweils kritischen Punkte auf der Achse des Bewußtseins anders liegen müssen als auf der personalen Achse. Es ist die evolutionäre Aufgabe der Fische-Geborenen, den reinen Geist noch in der Zeit wirksam werden zu lassen. Im letzten Schnittpunkt (X 6) schneidet der reine Geist die Achse der irdischen Zeit und beendet damit seine irdische Erscheinung. Er geht in seine kosmische Dimension über, aus der er als neuer, gewandelter Instinkt im nachfolgenden Zyklus wieder in Erscheinung tritt.

Alle geschilderten Prozesse und Wandlungen treten unter den jeweiligen Tierkreisqualitäten innerhalb der Großkreise auf. Indem jedoch die personale und die bewußtseinsmäßige Achse in ihrem unendlichen Verlauf immer wieder »aus« etwas heraus und »in« etwas hineintreten, bilden sie auf einer höheren Ebene eine lebendige Verbindung – eine Nabelschnur – zwischen dem in Erscheinung getretenen Großkreis – dem irdischen Leben des Individuums – und einer unendlichen Zahl vor ihm liegender und ihm nachfolgender anderer Großkreise – Leben, Inkarnationen – in jeweils neuer irdischer Erscheinung.

Wenn im folgenden Kapitel die personalen und bewußtseinsmäßigen Werdeprozesse des Individuums, bereichert um ihre nicht minder bedeutsamen materiellen und seelisch-emotionalen Anteile, dargestellt werden, so zeigen vor allem die unerlösten (negativen) Zustände des Individuums an, wann und wie auf den beiden Kurven im Großkreis Leben durch Verweigerung oder kompensatorische Übertreibung Fehlentwicklungen entstanden sind. In den Bach-Blüten verfügt der Mensch über geeignete Helfer, die diese Fehlentwicklungen durch psychisch-mentale Einflüsse korrigieren und beseitigen können.

# Zweiter Teil

# Die Bach-Blüten

Es ist hier nicht der Ort, um in einem gleichsam historischen Rekurs auf die »Findung« der Blüten durch *Edward Bach* und deren schon viele Jahrzehnte nachweislich heilsame Wirkung im einzelnen einzugehen.

Eine Fülle ausgezeichneter Veröffentlichungen von *Bach* selbst und von seinen »Schülern« bieten hinreichenden Zugang zu jeder denkbaren Frage und Antwort (siehe Literaturliste auf Seite 265). Im vorliegenden Zusammenhang muß jedoch herausgestellt werden, worin der innere Bezug zwischen der Astrologie und der Bach-Blütentherapie zu suchen und zu finden ist.

Je eingehender man sich mit beiden Disziplinen beschäftigt, um so deutlicher wird, daß sie von den gleichen Grundvoraussetzungen ausgehen und – bei unterschiedlicher Methode – das gleiche Ziel verfolgen. Beide gehen davon aus, daß die Befindlichkeit des Menschen nur auf eine »holistische«, d.h. ganzheitliche, Weise zu erkennen und bei Fehlentwicklungen zu korrigieren ist. Im Laufe ihrer Entwicklung haben sich die Wissenschaften, insbesondere die Medizin, zunehmend in völlig von einander losgelöste Teil- oder Spezialgebiete aufgespalten. Folgerichtig erkennt jede Wissenschaftsdisziplin nur noch selten die übergreifenden Zusammenhänge ihrer eigenen Forschung und Lehre und deren praktische Umsetzung. Sie fokussiert ihr jeweiliges Spezialgebiet und verliert dadurch den Überblick. Astrologisch gesehen, befinden sich ganze Berufsgruppen (Wissenschaftler, Ärzte, Techniker, Politiker usw.) in einem unerlösten Jungfrau-Zustand bzw. in einer Analogie zum Südlichen Mondknoten im 3. Haus. Sie alle sind fixiert auf das Symptom, auf das Detail und blind für die tieferen Zusammenhänge. In ihrem Kampf gegen die Symptome schaffen sie immer weitere, aufs neue bekämpfenswerte Symptome. Sie zerstören damit von der

Peripherie her Schritt für Schritt auf die Mitte zustoßend jede innere Einheit.

Im Gegensatz dazu versuchen die Astrologie und die Bach-Blütentherapie, in jeder negativen Symptomatik die sie auslösende gestörte Mitte zu finden. Da sie sich beide mit dem Menschen befassen, führt jede ihrer Analysen von einer äußeren Symptomatik ins Zentrum des Individuums: in seine Seele, in seinen Geist. Erst wenn hier, an der Wurzel, das Übel erkannt wurde, können die Schäden am Stamm behandelt werden. Astrologie und Bach-Blütentherapie gehen davon aus, daß alle physisch oder psychisch sichtbaren negativen Erscheinungen in einer Schädigung der Seele und des Geistes ihre tiefste Ursache haben. Diese Betrachtungsweise setzt ein von der heutigen Wissenschaft weitgehend abweichendes Welt- und Menschenbild voraus und geht davon aus, daß der Mensch über seine Seele und seinen Geist eingebunden ist in die übergeordneten Zusammenhänge eines kosmischen Geschehens. Die den Menschen mit dem Kosmos verbindenden Faktoren heißen Energie und Schwingung. Beide »Systeme« (Mensch und Kosmos) bilden ein sich gegenseitig durchdringendes Energiefeld, in dem das menschliche Leben schwingt, pulsiert und atmet. Genauso wie auf der grobstofflichen Ebene eine Maschine nur dann »läuft«, wenn die sie antreibende Energie im rechten Schwingungsverhältnis zu ihrer Funktion steht, lebt der Mensch nur, wenn auf der feinstofflichen Ebene seine geistige Energie im Rhythmus seiner Seele schwingt. Wenn dieses Verhältnis gestört ist, erkrankt der Mensch.

Jede verantwortungsvolle Analyse und Beratung in der Astrologie oder Bach-Blütentherapie muß, um zu einer Heilung der Krankheit zu kommen, zunächst einmal den Weg von den sichtbaren Beschwerden zurück zu den unsichtbaren Disharmonien der Seele verfolgen. In der schrittweisen Rückführung – »religio« – vertrauen sich der Astrologe und der Therapeut dem Geist des Patienten an. Je nach seiner individuellen Befähigung wählt der Astrologe oder der Therapeut bestimmte »Mittel«, um den Geist so zu stimulieren, daß er die Seele des Patienten wieder in Einklang mit sich selbst bringt. Erst wenn die Seele diesen Zustand ihrer inneren Harmonie gefunden hat, wird auch das körperliche Symptom, das ja nur ein Signal der Seele war, verschwinden und der Patient gesunden. Dieser Heilungsprozeß beruht jedoch nicht darauf, daß gleichsam ein Kampf des »guten« Geistes mit den »bösen« Geistern initiiert wird. Es wird nicht versucht, eine Minus-Spannung durch eine Plus-Spannung zu eliminieren, sondern beide Spannungen in eine höhere energetische Einheit zu überführen. Um dies an einem Beispiel zu demonstrieren: Es geht nicht darum, einem Fische-Geborenen seine meist charakteristischen Tagträume zu »nehmen«, sondern sie dem Betroffenen bewußt zu machen und die in ihnen wirkenden seelischen Kräfte in seine Wirklichkeit zu integrieren.

Das sowohl von der Astrologie als auch von der Bach-Blütentherapie angestrebte Ziel liegt grundsätzlich darin, die bipolare Grundstruktur des Menschen in ein übergeordnetes Drittes zu überführen. Auf der personalen Ebene heißt dies: Verschmelzung des Gegensatzes zwischen dem Ich und dem Du zu einem gemeinsamen Wir.

Um zu dieser Gemeinsamkeit zu kommen, müssen individuelle Blockaden abgebaut werden. Diese Blockaden begegnen uns in ihrer Reaktion auf bestimmte seelisch-geistig-psychische Zustände als Verweigerung oder kompensatorische Übertreibung der jeweils anstehenden evolutionären Aufgabe des Individuums. Im analytischen Gespäch mit dem Astrologen oder mit Hilfe der Bach-Blüten vermögen sich diese Blockaden zu lösen. Sowohl das gesprochene Wort als auch die verabreichte Blüte erzeugen im Stimmungs- bzw. Schwingungswesen Mensch die gleiche Harmonie, die er auch im Alltag – bewußt/unbewußt – in der Beziehung zu guter Musik, wohltuenden Farben und einschmeichelnden Gerüchen empfindet. In allen Fällen wird die Seele über sinnlich-emotionale Kanäle positiv beeinflußt und geheilt.

Aus dem Zusammenhang gerissen, verschiebt die apodiktische Formel »mens sana in corpore sano« – »Ein gesunder Geist in einem gesunden Körper« – ihre Aussage zu Gunsten des Körpers und zu Lasten des Geistes. In seinen Originalzusammenhang zurückversetzt, klingt diese Forderung zwar weniger zitatenhaft flüssig, setzt dagegen jedoch einen eindeutig »geistigen« Akzent: »Orandum est ut sit mens sana in corpore sano« – »Darum laßt uns beten, daß ein gesunder Geist in einem gesunden Körper sei.«

Ungeachtet der heilsamen Wirkungen der astrologischen Beratung und der Bach-Blütentherapie muß nachdrücklich darauf hingewiesen werden, daß sie den Arzt nicht ersetzen. Im Sinne einer »vorbeugenden« Maßnahme können eine astrologische Beratung und eine Bach-Blütentherapie das Entstehen körperlicher oder psychischer Krankheiten verhindern. Im akuten Zustand bedarf es der fachkundigen Behandlung des Arztes. Eine die Behandlung begleitende Therapie vermag den Heilungsprozeß zu vervollständigen.

## Praktische Hinweise zur Anwendung

Die folgenden Angaben zur praktischen Anwendung der Bach-Blüten lehnen sich eng an die Empfehlungen des englischen und deutschen Bach-Zentrums an.

### Herstellung, Dosierung und Anwendung der Bach-Blüten

Die Original Bach-Blüten-Konzentrate werden in der Größe von 10 ml geliefert. Aus diesem Konzentrat stellen Sie sich in einer zweiten kleinen Flasche Ihren verdünnten Einnahmevorrat her. Als Behälter eignen sich am besten kleine Medizinfläschchen von 10 ml und mehr Inhalt mit zusätzlicher Pipette, die Sie in jeder Apotheke erhalten.

Als Träger für die Verdünnung wählen Sie am besten klares Mineralwasser ohne Kohlensäure oder andere Zusätze. Auf je 10 ml Mineralwasser geben Sie 1–3 Tropfen Blüten-Konzentrat. Diese Mischung sollte – auch vor jedem Gebrauch – gut durchgeschüttelt werden. Damit haben Sie Ihre Vorratsflasche, aus der Sie Ihren täglichen Bedarf decken.

Die tägliche Dosierung beginnt mit 4 Tropfen aus Ihrer Vorratsflasche gleich morgens nach dem Aufstehen. Es folgen drei weitere Einnahmezeiten, mit jeweils wiederum 4 Tropfen, mittags vor dem Essen, nachmittags, und abends, bevor Sie ins Bett gehen. Die Tropfen sollten entweder nüchtern oder eine halbe Stunde vor dem Essen eingenommen werden. Sie geben die 4 Tropfen auf einen Löffel mit Mineralwasser oder träufeln sie mit der Pipette direkt auf die Zunge. Vor dem Schlucken sollten Sie die Tropfen einen Moment lang im Munde wirken lassen.

Die Anwendung sollte solange fortgesetzt werden, bis Sie von

Ihren Beschwerden spürbar befreit sind. Sollte sich im Laufe der Behandlung Ihr Zustand verändern, sollten Sie auf eine entsprechende neue Bach-Blüte in der weiteren Behandlung übergehen. Häufig treten mehrere unerlöste Zustände gleichzeitig auf. In diesen Fällen stellen Sie sich aus den jeweils gewählten Blüten-Konzentraten eine Mischung, wie oben beschrieben, her. Es sollten jedoch höchstens 5–6 Blüten zu einer Kombination vermischt werden. Sollten bei einer Häufung unterschiedlicher Beschwerden mehr als 6 Blüten notwendig sein, empfiehlt es sich, die einzelnen Beschwerden schrittweise nacheinander zu beseitigen.

## Wo kann man die Bach-Blüten beziehen?

Sie erhalten die Bach-Blüten-Konzentrate rezeptfrei in jeder Apotheke.

Zu allen für Sie wichtigen weiteren Fragen über Bach-Blüten können Sie sich wenden an:

Dr. Edward Bach Centre
German Office
Mechthild Scheffer HP
Himmelstraße 9
22299 Hamburg
Telefon: 0 40 / 48 06 78 - 0
Telefax: 0 40 / 47 83 00

# Dritter Teil

# Dritter Teil: Zeichen, Planeten und Häuser

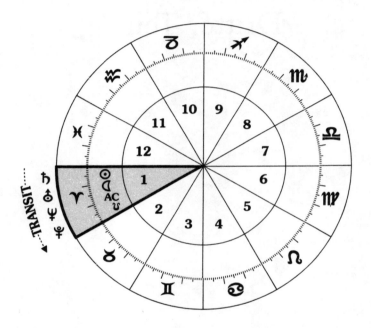

# Zeichen, Planeten und Häuser

## Widder, Mars und 1. Haus

*Astrologische Konstellationen:*

Grundkonstellationen: Sonne oder Mond in Widder oder im 1. Haus, Aszendent Widder, Südlicher Mondknoten im 1. Haus

Zeitliche Auslösungen: Transite von Saturn, Uranus, Neptun oder Pluto über das 1. Haus

Einzelaspekte: Mars in Widder oder im 1. Haus

Empfohlene Bach-Blüten: *Impatiens, Vine, Larch, Olive*

*Erlöster Zustand:*

Gelassenheit in der Aktivität, Geduld, der ›kühle‹ Kopf, man läßt den Dingen ›ihre‹ Zeit, Souveränität, in der Ruhe liegt die Kraft, Selbstsicherheit, fähig zur Teamarbeit, der Führer, die natürliche Autorität, ungebrochener Lebensmut, Herr seiner Affekte, kann Schwäche zeigen, kontrollierte Kreativität, der ›gerüstete‹ Pazifist, die Kraft des sittlichen Willens

*Unerlöster Zustand:*

Übersteigerte Extroversion, Hektik, falsche Impulsivität, Ungeduld, der Choleriker, der Draufgänger, der Streiter, sich immer in Konkurrenz befinden, ungezügelter Ehrgeiz, der Verführer, der rücksichtslose Egoist, Imponiergehabe, affektbetont, der Krieger

## Symptomatik im unerlösten Zustand:

### Sonne in Widder oder im 1. Haus

Mit einem Urknall setzt die Sonne im Frühlingspunkt eine neue Entität in die Erscheinung: das Potential Mensch, den Widder. Die sich selbst offenbarende Potenz besteht zunächst aus reiner Energie. Im zyklischen Ablauf des Tierkreises wird diese Energie mit Hilfe der Geschenke der nachfolgenden Tierkreiszeichen in stetiger Metamorphose in ihre Lebensspirale nach oben einsteigen. In Stier wird sie ihre Form annehmen, in Zwillinge ihre Funktionen aufnehmen, in Krebs ihre Seele entdecken, in Löwe ihre irdische Vollendung feiern, in Jungfrau die Frage nach ihrem selbsterhaltenden Bestand stellen, in Waage das Du entdecken, in Skorpion das Du integrieren, in Schütze ihren Geist und Glauben in die Welt tragen, in Steinbock zur Geschlossenheit ihrer Wirklichkeit finden, in Wassermann die Idee ihrer selbst erkennen, in Fische ihren Urgrund erkennen und sich für eine neue Saat bereit halten.

Die Saat bricht auf, der Keim sprengt seine Hülle und strebt machtvoll in die Achse seiner Verwirklichung: mit seinen Wurzeln nach unten, in die Erde, mit seinen Stengeln nach oben, zum Licht. Die Widder-Sonne, das Widder-Selbst sagt: »Ich will«. Der erste Ausdruck der sich selbst offenbarenden Existenz. Alle Energien sind in die Zukunft gerichtet, wollen sich ungehemmt entfalten und entwickeln. Zunächst (im positiven Sinne) kein Gedanke an einen Kreislauf, kein Bewußtsein dafür, daß dieses gerade erst geborene Ich des ersten Augenblicks vielleicht aus einem anderen, in einer gemeinsamen seelischen Vergangenheit liegenden Ich entwachsen sein könnte. Erweitert man die Manifestation »Ich will« nur ein wenig zu einem »Ich will werden« und bezieht die darin liegende Perspektive auf den nachfolgenden Tierkreis, so kann man ermessen, welch immense Schwungkraft ein unter Sonne in Widder Geborener braucht, um den ganzen Tierkreis bis hin zu den Fischen zu durchmessen. Freilich, der Native selbst hat noch keine konkrete Vorstellung von seinem Ziel. Instinktiv weiß er jedoch, daß er viel Energie und Durchhaltevermögen braucht, um das Ideal seines ersten Lebensimpulses zu erreichen.

Es ist hier wie in allen folgenden Tierkreiszeichen: Die Qualitäten der in der Abfolge der Tierkreiszeichen jeweils neu hinzukommenden Kräfte und Fähigkeiten stellen einerseits das jeweils größte Potential, andererseits aber auch die größte Schwäche, die Falle, für das Individuum dar. Es entspricht der Erfahrung, daß sich das Neugierwesen Mensch besonders auf gerade die evolutionären »Geschenke« stürzt, mit denen es eigentlich noch keine Erfahrung haben kann. Im mächtigen Wunsch, den Gesamttierkreis gleichsam in einem Schritt zu durchmessen, kompensiert der Widder-Geborene alle noch weit vor ihm liegenden Erfahrungen durch unbedenkliche Energieentfaltung und einen durch Enttäuschungen nicht zu entmutigenden Willen zum Leben. Sein keine Grenzen ahnendes kardinales, feuriges Energiezentrum läßt den Nativen bedenkenlos vorwärtsschreiten. Er treibt an, als Chef oder in der Familie, er macht lieber alles selbst, als zu delegieren, sein brüskes Verhalten – seine Form der Offenheit – schafft ihm mehr Feinde als Freunde. Sein gesamtes Lebensmuster gleicht einem machtvollen Blitz, der überall einschlagen kann. Der geringste innere Impuls oder äußere Reiz führen zur Entladung.

Da seine innere Motivation sich unmittelbar in Handlung umsetzen möchte, bleibt der abwägende Gedanke oft weit hinter der Tat zurück. Im Umkehrschluß formuliert der Native im unerlösten Zustand: »Erst handeln, dann überlegen« – »Erst reden, dann denken«. Da er sich überhaupt nicht vorstellen kann, daß andere Menschen oder die Dinge jeweils *ihre* Zeit zur Reife und Vollendung haben, mißt er alle Lebens- und Handlungsprozesse an seiner Zeitauffassung und schießt immer wieder mit Verlust weit über das Ziel hinaus.

Alle Lebensprozesse unterliegen dem karmischen Gesetz des ›Stirb und Werde‹. Im Kosmogramm des Menschen wird dieses Gesetz im Zeichen Skorpion (im Herbstpunkt) versinnbildlicht. Es entspricht der inneren Logik und Weisheit der astrologischen Beziehungen untereinander, daß der Frühlings- und Herbstpunkt durch einen Winkel von 210 Grad bzw. 150 Grad miteinander verbunden sind. *Dane Rudhyar* interpretiert den 210 Grad Winkel als eine »Feinabstimmung der Vision in bezug auf die Realität«. Im Quinkunx erfahren wir ein jeweiliges Entweder – Oder. Damit der Stirb-und-werde-Prozeß jedoch wirksam werden kann, muß im Ausgangspunkt Widder zunächst einmal etwas »werden«. Folgerichtig steht der Widder-Geborene unter der Umkehrmaxime eines »Werde und Stirb«. Dies ist insofern bedeutsam, da dem Widder-Geborenen immer wieder nachgesagt wird, er sei egoistisch. Er kann es eigentlich gar nicht sein, denn ihm fehlt ganz einfach das Bewußtsein einer zweiten Dimension außerhalb seiner selbst. Er hat also gar keine Wahl. Er will das Ideal seiner selbst verwirklichen. Sein Ideal liegt jedoch nur in ihm selbst. Wenn überhaupt, kann der Widder eigentlich nur »in Unschuld« egoistisch sein. Dies ist er allerdings über alle Maßen.

Damit ist auch schon ausgedrückt, worin die Hauptursache für alle unerlösten Zustände liegt: im Übereifer, in der Übertreibung. Der Native neigt im unerlösten Zustand dazu, all seine originären Potentiale überwertig auszudrücken, sie im Extrem zu leben. Kampfbereit und ungeduldig geht er alle Aufgaben an, ignoriert auch den wohlmeinendsten Rat, verausgabt sich physisch und psychisch bis an seine Grenzen. In der Folge davon schwanken seine Energiezustände zwischen äußerster Vitalität und tiefster Erschöpfung. Auf der psychischen Ebene finden wir die Extreme eines mentalen Höhenfluges und geistiger Apathie.

Seine grenzenlose Energie setzt er im unerlösten Zustand dazu ein, andere Menschen einfach zu überrennen, ihnen sein Gesetz aufzuzwingen. Da immer neue Reize ihn permanent umpolen, gelingt es ihm selten, eine Tat zu vollenden. Was auch immer in seinem Kopf, hinter der Widder-typischen dicken Stirnplatte, als Idee seinen Ursprung hat, soll unmittelbar in die Tat umgesetzt werden. Im unerlösten Zustand begegnet der Native nicht der Welt, er rammt sie, er walzt sie nieder. In der Figur des *Wilhelm Tell* hat *Friedrich Schiller* eine genuine Widder-Persönlichkeit gestaltet. Dessen aufbegehrender Ruf: »Wär' ich besonnen, hieß' ich nicht der Tell« könnte das Motto aller Widder-Menschen sein. Im besonderen Ausdruck seines Egoismus vermag sich der Native in keinen sozialen Verband einzugliedern. Absolut undiplomatisch, sprengt er jedes Team. Wenn er nicht unangefochten die Führung übernehmen kann, wird er zum Verführer, der skrupellos zu allen Mitteln greift, die den Zweck heiligen. Übergangslos schlagen seine positiven Kräfte in ihr Gegenteil um: aus dem Helden wird der Verbrecher, sein Idealismus geht über Leichen.

Um den Nativen aus diesem teuflischen Kreislauf aus überwertigem Impuls und Blockade zu befreien, wird die Blüte *Impatiens* empfohlen. Die Blüte *Impatiens* hilft in allen geschilderten unerlösten Zuständen vor allem zur Geduld, zu einem physischen und psychischen Spannungsausgleich. Unter dem beruhigenden Einfluß von *Impatiens* vermag der Betroffene seine ungestümen Impulse unter eine kreative Kontrolle zu bringen. Er lernt an sich, an anderen Menschen und den Dingen den Faktor Zeit kennen: Zeit verstanden als das Potential einer notwendigen inneren, kontinuierlichen, abwägenden, geduldigen Entwicklung.

Durch die beruhigende Wirkung dieser Blüte kann sich in der harten Stirnplatte ein Auge, ein Fenster öffnen. Durch das dort einfallende Licht (Sonnenenergie) wird der Native fähig, die Bedürfnisse seiner Umwelt zu erkennen und seine Energien in den umfassenden Kreislauf des Lebens einzuspeisen. Der Native lernt durch die Blüte *Impatiens*, seinen Willen zu kontrollieren und seine Energie konsequent auf ein Ziel zu richten. Vorausgreifend aktiviert sie sein Wir-Gefühl (Stier), mit dessen Hilfe er sich verständnisvoll, diplomatisch und kooperativ in die Gesellschaft einbringen kann.

Für alle Fälle, in denen die üblicherweise zentrifugal wirkende Energie des Betroffenen ihre Richtung ändert und sich im unerlösten Zustand zentripetal gegen ihn selbst richtet, wird die Blüte *Larch* empfohlen. Im Zustand dieses umgepolten Energiestromes verfällt der Native in Selbstzweifel, fühlt sich als Versager und »underdog«. Von Fehlschlägen entmutigt, verzichtet er zunehmend auf jede Initiative, rettet sich kompensatorisch in eine falsche Bescheidenheit oder Krankheit, nur um sich den gegebenen Anforderungen nicht stellen zu müssen. *Larch* ernüchtert den Nativen und schenkt ihm wieder eine realistische Einschätzung seiner Kräfte. Pervertieren die Führungseigenschaften des Nativen im unerlösten Zustand zur Despotie, kann die Blüte *Vine* ihm wieder die Qualitäten des Dienens eröffnen. Er gewinnt durch *Vine* die Fähigkeit, zu delegieren, zu kooperieren und sich ohne egoistische Motivationen in den Dienst der Allgemeinheit zu stellen. Wenn im unerlösten Zustand eine unkontrollierte Energieabfuhr zu einem physischen oder psychischen Blackout geführt hat, regeneriert die Blüte *Vine* die vitalen Kräfte des Betroffenen. Sie füllt seine Batterien mit neuer, marsischer Kraft.

## Mond in Widder oder im 1. Haus

Unter dieser Konstellation verlagert sich die grundlegende Widder-Thematik in den Bereich der seelischen und gefühlsmäßigen Lebensäußerungen. Hier handelt und fühlt der Betroffene nach dem Motto: »Angriff ist die beste Verteidigung«. Im unerlösten Zustand erlebt er seine Umwelt unter dem Aspekt eines permanenten, potentiellen Widerstands, den es für ihn zu brechen gilt. Seine gefühlsmäßige Hinwendung zu anderen Menschen ist affektbetont, von demonstrativer Omnipotenz und nicht selten von latenten Gewaltphantasien geprägt. Die seelische Welt des Mond-in-Widder-Geborenen wird von archaischen Mustern bestimmt. Seelische Bindungen und liebevolle Hinwendung zu einem anderen Menschen stehen unter dem Primat einer relativ groben schwarz-weiß oder ja-nein Entscheidung. Diese gefühlsmäßigen Freund-Feind-Konstellation führt einerseits zu sehr spontanen Kontakten, die andererseits aber auch ebenso schnell wieder gelöst werden können, vor allem dann, wenn sich der Native gefühlsmäßig »bedroht« glaubt. Häufig bildet die besondere Gefühlswelt der Eltern dafür den Erfahrungshintergrund. Als Kind fühlte sich der Native von seinen Eltern entweder sehr vernachlässigt oder mit »Affenliebe« überschüttet. Er hat nur Extreme kennengelernt und überträgt diese Muster in sein eigenes erwachsenes Leben. Schnell entflammte Liebe oder schnell entflammter Haß bilden die Pole, zwischen denen er sich »fühlt«. Eine behutsame, einfühlsame und liebevolle Annäherung an einen Partner ist seine Sache nicht. Alle seelischen und emotionalen Prozesse werden unter dem Motto »jetzt oder nie« angegangen.

In partnerschaftlichen Bindungen schaffen die zentrifugal wirkenden Seelen- und Gefühlskräfte im unerlösten Zustand ein gravierendes Ungleichgewicht. Der Betroffene will Hammer, nicht Amboß sein. Unterwirft sich der Partner nicht dieser gewaltbetonten Einseitigkeit, vertreibt ihn der Native durch Verweigerung des emotionalen Kontaktes. Da er im unerlösten Zustand in jedem anderen Menschen und in jeder ihn konfrontierenden Lebenssituation zunächst den potentiellen Gegner wittert, reagiert er wesensgemäß motorisch: er schlägt zu. Im konkreten wie im übertragenen Sinne. Da er unfähig ist, die Polarität zwischen Annäherung und Vermeidung harmonisch zu bewältigen, beruhigt er sich kompensatorisch und selbstsuggestiv mit dem »Schlag«-Wort: »Viel Feind, viel Ehr'«. Die Sexualität des Nativen ist stark affektbetont und neigt, wenn der sexuelle Drang nicht unmittelbar seine Erfüllung findet, dazu, sich in seiner Phantasie (und dort auch als Gewaltphantasie) einzunisten.

Da alle aufgezeigten Phänomene ihre Ursache in der Unbeherrschtheit und Ungeduld des Betroffenen haben, wird zu ihrer Behandlung die Blüte *Impatiens* empfohlen. Die durch sie gedämpften seelisch-emotionalen Impulse erschließen dem Nativen das so sehnlich gewünschte Gefühl von innerer Harmonie. Aus ihr heraus wird er wieder fähig, sich Menschen und Dingen liebevoll, zärtlich und abwartend zu nähern. Der Native lernt wieder, daß Liebe Zeit braucht, um zu ihrer Erfüllung zu gelangen. In allen Fällen, in denen den sexuell-erotischen Überrumplungsversuchen des Nativen gegenüber dem Partner von diesem noch Widerstand geleistet wird, begibt sich der Native in einen zerstörerischen Kreislauf. Er kompensiert seine Verlustängste durch erhöhte emotionale Kraftanstrengungen, die wiederum eine erhöhte Abwehr seitens des Partners zur Folge haben. Gibt der Betroffene irgendwann entnervt auf, gleitet er unmerklich in eine ins Negative drehende Spirale. Um seinen Pessimismus und seine Minderwertigkeitsgefühle zu kompensieren, flieht er in die Krankheit oder in die Arbeit. Um seine Versagensängste aufzufangen und die Spirale wieder nach oben zu öffnen, wird die Blüte *Larch* empfohlen. *Larch* revitalisiert seine Seelen- und Gefühlskräfte und läßt den Nativen wieder optimistisch und geduldig neuen emotionalen Kontakt aufnehmen. Beide Blüten im Verbund kühlen seine emotionale Atmosphäre, ohne sie einzufrieren. Sie harmonisieren sein überreiztes seelisches Binnenklima, kappen die extremen Gefühlsausschläge und versetzen den Nativen in eine gleichmäßige – nichtsdestoweniger kraftvolle – Gefühlsschwingung.

**Aszendent Widder**

Wenn man die Funktion des Aszendenten als angenomme Lebensrolle, als Persona, charakterisiert, so erhält man bei einem Vergleich zwischen dem Theater des Lebens und dem

Theater auf der Bühne – dem Ort des berufsmäßigen Rollenspiels – wertvolle Hinweise. Für den Widder-Aszendenten erschließt sich aus dieser Analogie das Fach des »Alles-Spielers«. Ohne Proben und Konzept stürzt er auf die Bühne und »spielt«, was das Zeug hält. Unbedenklich übernimmt er jede sich bietende Rolle von seinen Kollegen, improvisiert, greift auf und läßt fallen, kümmert sich als »Kulissenstürmer« (die Dekorationen wanken bedenklich) weder um seine Partner noch um den Regisseur. Ein echter Macher macht eben alles am besten selbst. *Shakespeare* hat diesem Typ »Schauspieler« in der Figur des *Zettel* im *Sommernachtstraum* ein bleibendes Denkmal gesetzt. Bei der Rollenverteilung des Spiels im Spiel der Handwerker begeistert sich *Zettel*: »Laßt mich den Löwen auch noch spielen«.

Mit Aszendent Widder hat sich der Native zu einem Selbstbild der Aktivität, der Stärke, der Unabhängigkeit und Unbeugsamkeit entschlossen, dem er sich im Sinne einer Rolle verpflichtet fühlt. Er subjektiviert das Gefühl, er müßte »so sein«. Und dies auch dann, wenn z. B. eine Sonne im Wasserzeichen ihm ganz andere Gefühle nahelegt. Auch unter jeder anderen Sonne kämpft der Native um seinen subjektiven Platz zwischen den Polen des Selbst-Seins und Selbst-Scheinens. Als »Hans Dampf in allen Gassen« ruft er: »Hoppla, jetzt komm' ich.« Der Native hat sich im unerlösten Zustand entschlossen, das Leben eines Kriegers zu führen. Ob in der materiellen oder psychischen Welt, überall lauern für ihn Gefahren, die es zu besiegen gilt. Diesen Kämpfer von hinten zu erschießen ist unmöglich. Er bietet dem Gegner jederzeit die dick gepanzerte Stirn. Sein verinnerlichtes Vorbild ist *Alexander der Große*, dem man nachsagt, er habe den *Gordischen Knoten* »zerschlagen«. Den Knoten zu lösen, und die Seile vielleicht nützlich zu verwenden (wie es vielleicht Aszendent Jungfrau getan hätte), ist seine Sache nicht. Dafür hat er einfach keine Zeit, es harren einfach zu viele andere Knoten seines erlösenden Schlages. Der den Widder mit der Jungfrau verbindende Quinkunx-Aspekt zeigt, wie man ein Problem auf gegensätzliche Weise lösen kann. Dies beweist einmal mehr die organisch-vitale Struktur des Tierkreises.

Da alle Lebensäußerungen des Nativen im Sinne der Persona im unerlösten Zustand ursächlich auf seine Ungeduld zurückgeführt werden können, wird auch hier die Blüte *Impatiens* empfohlen. Sie weckt im Nativen ein pazifistisches Potential, denn den Frieden zu erhalten, braucht mindestens so viel (geduldige) Energie und Durchsetzungsvermögen, wie einen Krieg zu führen. *Impatiens* zentriert und harmonisiert seine Energien und macht sie allgemein verwertbar. Um das Anfangsbild der Theaterbühne wieder aufzugreifen, vermag *Impatiens* den Widder-Solisten zu einem Waage-Ensemble-Spieler zu wandeln.

Wenn der Native im unerlösten Zustand auf die schlimmste Gefahr, die ihm drohen kann, daß man ihn überhört oder übersieht oder ihn einfach nicht machen läßt, mit Resignation und Selbstzweifeln reagiert, wird zur psychisch-mentalen Regeneration die Blüte *Larch* empfohlen. *Larch* überführt seine mentale Impotenz wieder zurück in einen Zustand selbstbejahender Aktivität.

Sollten bei dem Nativen die Selbstdarstellungsenergien erlahmen und sich in extremen Erschöpfungszuständen manifestieren, wird zur Abhilfe die Blüte *Olive* empfohlen. *Olive* läßt den Nativen sich wieder an seine Feuer-(Element) und Mars-(Herrscher) Energien erinnern und sie nutzbringend aktivieren. Schließlich wird ihm die Blüte *Vine* helfen, sich wieder zu sozialisieren und die Energien seines dominanten Führungsanspruches so umzupolen, daß sie sich wieder konstruktiv in ein Team einbinden lassen.

Es liegt in der Natur der Sache, daß das Widder-Thema bzw. der negative Widder-Zustand eher in einem männlichen Individuum seinen spezifischen Ausdruck findet. Für Frauen mit diesen Konstellationen kommt jedoch erschwerend hinzu, daß sie an sich wahrnehmen, daß ihr innerer Ausdruck nicht mit dem geschlechtsspezifischen allgemeinen Bild von der Frau übereinstimmt. Sie empfinden einen Widerspruch zwischen ihrer subjektiven und einer außerhalb ihrer selbst liegenden, normativen Identität. Wenn für den Mann Durchsetzungsvermögen, Konfliktbereitschaft und Ungeduld als irgendwie »natürliche« Eigenschaften angesehen werden, so stellen sie für eine Frau gleichsam einen inneren, »biologischen« Widerspruch dar. Aus diesem Grunde findet man vor allem bei Frauen die selbstzerstörerische Variante des unerlösten Zustandes besonders häufig. Die genannten Blüten helfen, diesen – nicht zuletzt gesellschaftlich bedingten Konflikt – zu bewältigen.

## Südlicher Mondknoten im 1. Haus

Wenn dieser Aspekt vom Nativen konkret ausgedrückt wird, lebt das Individuum gleichsam wie vor der Folie einer anderen, zweiten Wirklichkeit: vor seiner karmischen Vergangenheit. Die in seinem Unterbewußtsein liegenden Bilder eines Lebens in scheinbar totaler Unabhängigkeit und Selbstbestimmung drängen machtvoll an die Oberfläche. Der sich hier offenbarende Ausdruck ist weniger geprägt von der Widder-typischen Ungeduld, als von der Unfähigkeit zu einer harmonischen sozialen Anpassung und Eingliederung. Es handelt sich de facto jedoch nur um die unterschiedlichen Seiten einer Medaille. Die Ungeduld erscheint hinter oder unter der Maske eines machtvollen Dranges nach persönlicher Freiheit und Unabhängigkeit. Das Individuum phantasiert seine frühere Unabhängigkeit in seine neue Wirklichkeit. Das Ziel ist die Aufrechterhaltung oder Wiederherstellung einer erinnerten Autokratie.

Auf Grund seiner mangelnden Integrationsfähigkeit möchte der Native ständig im Mittelpunkt stehen. Höchst widerspruchsvoll geht er mit von anderen Menschen an ihm vollzogenen Trennungen vor. Obgleich er sich seinem Selbstbild entsprechend nach einer Trennung endlich wieder »frei« und mit sich identisch fühlen könnte, hinterläßt eine Trennung doch gravierende Minderwertigkeitsgefühle bei ihm. Er fühlt sich entmachtet. Aus diesem Widerspruch heraus werden verbindliche Verpflichtungen gegenüber anderen Menschen für ihn zum Fluch und Segen zugleich. Erträgt der Partner seinen gewaltsamen Zugriff, glaubt sich der Betroffene in seiner Macht bestätigt und vermag bei entsprechenden zusätzlichen Konstellationen sogar zu einem verständnisvollen »Führer« werden. Entzieht sich jedoch der Partner, fühlt sich der Betroffene in seinem Einzelgängertum bestätigt. Im unerlösten Zustand verschließt sich der Native dem Thema des 7. Hauses, der Waage.

Im unerlösten Zustand lebt der Native in einem Dauerkonflikt zwischen »solitaire ou solidaire« (einsam oder gemeinsam). Wenn hier zunächst die französische Schreibweise benutzt wurde, so deswegen, weil an ihr, mit dem einen vertauschten Buchstaben »t/d« noch deutlicher wird, wie schmal der Grad ist, auf dem der Native wandelt. Wenn der Betroffene den anderen

»braucht«, soll dieser da sein. Ansonsten ist er lieber alleine, da er fürchtet, der andere könnte ihn einschränken oder zuviel von ihm verlangen. Darüber hinaus haßt er es, anderen Menschen gegenüber Rechenschaft abgeben zu müssen. Für diesen ambivalenten Zustand zwischen rigoroser Ich-Erfüllung und Sehnsucht nach dem Du werden je nach konkreter Ausdrucksweise durch den Nativen die Blüten *Impatiens, Larch, Olive* oder *Vine* empfohlen. *Impatiens*, um seine soziale Integrationsfähigkeit zu fördern, *Larch*, um auf diesem Weg sein Selbstbewußtsein zu ermutigen, *Olive*, um ihn in Zeiten der Erschöpfung physisch und psychisch zu revitalisieren, *Vine*, um sein Dominanzstreben in kooperative Bahnen zu lenken. Diese Blüten transferieren in der Summe die negative Einer-Gegen-Alle-Symptomatik auf die Ebene eines kooperativen Verhaltens. Die starken »ererbten« Ich-Kräfte integrieren sich zunehmend und nutzbringend in die Gemeinschaft. Die karmische Erfahrung der Egozentrik verwandelt sich in Altruismus und Toleranz.

**Transite von Saturn, Uranus, Neptun oder Pluto über das 1. Haus**

Dem Charakter dieser Konstellationen entsprechend handelt es sich hier um zeitlich begrenzte Auslösungen. Sie können dessen ungeachtet im Nativen gravierende unerlöste Zustände auslösen, auch dann, wenn im übrigen ein »starkes« Kosmogramm vorliegt. Da die unerlösten Zustände vor allem dadurch ausgelöst werden, daß der Native die durch die Transite angezeigten Veränderungen verweigert und sie kompensatorisch zu bekämpfen sucht, verhindert er die für ihn wichtigen evolutionären Entwicklungsschritte. Der Native klammert sich an den status quo und verpaßt seine entwicklungsspezifische Zukunft.

Wenn unter einem Saturntransit die innere und äußere Struktur der Persönlichkeit geformt werden soll, wird der Native im unerlösten Zustand infolge seines Sich-Selbst-Fremdwerdens in eine umso ungebärdigere Selbstdarstellung fliehen. Ein mehr Introvertierter wird in Selbstzweifel verfallen, sich allein gelassen fühlen und sich weitgehend den Anforderungen des täglichen Lebens entziehen.

Gerät der Native unter die transitären Stromstöße des Uranus, wird er kompensatorisch in blindwütigem Eifer alle persönlichen Strukturen zerschlagen. Persönliche oder berufliche Partnerschaften oder Freundschaften wird er überfallartig und verantwortungslos an ihre Grenzen führen und durch sein provokatives Verhalten zerbrechen lassen.

Wenn der Native unter der vorübergehenden Herrschaft des Neptuns seine fest gefügt geglaubten Persönlichkeitsstrukturen zunehmend verschwimmen sieht, wenn er sich selbst zunehmend zum Rätsel wird, sich in Allmachtsphantasien oder Ekstasen der eigenen Minderwertigkeit hineinphantasiert, rettet er sich kompensatorisch in ein chamäleonhaftes Verhalten und zeigt hinter ständig wechselnden Farben doch nur das leere Grau seiner augenblicklichen Identität.

Den wohl nachhaltigsten Zusammenbruch seiner Persönlichkeit erlebt der Native im unerlösten Zustand unter einem Plutotransit. Indem er seine »Neugeburt« verweigert, regrediert er in ein frühkindliches Stadium. Trotz, Aufbegehren, Unbarmherzigkeit, Engstirnigkeit, Verantwortungslosigkeit, der Ausbruch primitivster Begierden bilden das Spektrum seines Verhaltens. Kompromißlos will er seine Eigenart bewahren. Dabei zerstört er aber mit seiner maßlosen Übertreibung u. U. alle zwischenmenschlichen und beruflichen Bande.

Die Ursache für all diese negativen Auswirkungen liegt wesentlich darin, daß der Native nicht bereit ist, sich geduldig auf die notwendigen evolutionären Prozesse einzulassen. Mit gesteigerten Antriebskräften versucht er vielmehr, die Uhr seiner Persönlichkeitsstruktur zurück oder weit nach vorne in die Zukunft zu stellen.

Um den Nativen wieder in die natürlichen Entwicklungsprozesse einzubinden, wird die Blüte *Impatiens* empfohlen. Sie bewahrt den Nativen vor übereilten Hals-über-Kopf-Entscheidungen und entwickelt in ihm das notwendige Verständnis für die sich vollziehenden Wandlungen. *Impatiens* befreit ihn von Überspannung und Sprunghaftigkeit. Der Native findet durch diese Blüte zur inneren Ruhe und kann aus einer neu gefundenen Mitte heraus die anstehenden Wandlungen seines Ichs kontrolliert in die eigene Hand und eigene Verantwortung nehmen.

Die Blüte *Larch* unterstützt diesen Vorgang, indem sie dem Nativen das notwendige Selbstvertrauen schenkt und ihn erkennen läßt, daß in allen zeitbedingten »Fehlschlägen« der Samen für eine neue Saat liegt. In allen Fällen, in denen der psychische Wachstumsprozeß von physischen Erschöpfungszuständen begleitet wird, kann die Blüte *Olive* dem Nativen neue Energiepotentiale erschließen.

## Mars in Widder oder im 1. Haus

Die bisher unter der Widder-Thematik beschriebenen unerlösten Zustände betrafen in ihrer Summe immer die Gesamtpersönlichkeit. Bei Mars in Widder oder im 1. Haus finden diese unerlösten Zustände einen eher partiellen Ausdruck. Sie äußern sich überwiegend im direkten energetischen Verhalten der Individuums, auf dessen konkreter Handlungsebene. Wir finden dann den ungezügelten Tatmenschen.

Der Native verfügt über außerordentlich große vitale Energien, die er jedoch bedenkenlos und ungerichtet einsetzt. Einmal initiierte Handlungsabläufe verselbständigen sich. Der Native verliert die Übersicht sowohl über deren Eigendynamik, als auch über deren moralische oder ethische Implikationen. Handeln wird zum Selbstzweck und fragt nicht mehr nach Recht und Gesetz. Dadurch gerät manch positiver Ansatz in den Sog einer negativen Entwicklung. Der Betroffene erkennt nicht oder leugnet die Konsequenzen seiner ungestümen Aktivität und steht am Ende eines Handlungsablaufes nicht selten vor einem Scherbenhaufen. »Das hab ich nicht gewollt« wäre dann die typische Entschuldigung. Der ungehemmte und skrupellose Tatendrang des Nativen führt jedoch nicht nur zu moralischen Schäden. Ebenso negativ wirken sich seine brachialen Energieentladungen auch physisch aus. Sportliche Leistungen im Grenzbereich seiner physischen Möglichkeiten – ungesichert am Rande des Abgrundes klettern – bringen den Nativen und auch andere Menschen nicht selten in tödliche Gefahren.

Zusammenfassend läßt sich dieser unerlöste Zustand mit einem Nichtanerkennenwollen physischer und moralisch-ethischer Grenzen bei sich selbst und bei anderen beschreiben. Die Blüte *Vine* vermittelt dem Betroffenen ein Bewußtsein für die natürlichen Grenzen menschlichen Handelns. Er erfährt durch *Vine* eine innere Weisheit, ein vertieftes Bewußtsein für den Umgang mit seinen enormen Energien. *Vine* erweckt in dem Nativen eine Art höhere innere Führung. Aus Draufgängertum wird Besonnenheit, aus Bedenkenlosigkeit kalkulierter Mut. Insofern diese negativen Auswirkungen über ihren partiellen Charakter hinaus vom Nativen dominant gelebt werden, sollte zusätzlich die Blüte *Impatiens* gegeben werden.

**Gesundheitliche Implikationen**

Die Grunddisposition des Widder-Typs, mit dem »Kopf durch die Wand« zu gehen, kennzeichnet exakt den Bereich der körperlichen Anfälligkeit und Schwäche: den Kopf. Kopfschmerzen und Migräne infolge eines überaktiven Nervensystems sind ebenso zu finden wie jede Art von Verletzungen in dieser Region. Innere Streßsituationen führen zu Herz- und Kreislaufschwäche und Durchblutungsstörungen. Die aufgeführten Bach-Blüten wirken – physisch und psychisch – regulierend auf die übersteuerte Motorik des Nativen.

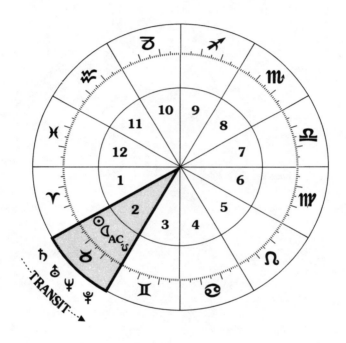

## Stier, Venus und 2. Haus

*Astrologische Konstellationen:*

Grundkonstellationen: Sonne oder Mond in Stier oder im 2. Haus, Aszendent Stier, Südlicher Mondknoten im 2. Haus

Zeitliche Auslösungen: Transite von Saturn, Uranus, Neptun oder Pluto über das 2. Haus

Einzelaspekte: Venus in Stier oder im 2. Haus

Empfohlene Bach-Blüten: *Gentian, Chicory, Red Chestnut, Mimulus, Cherry Plum, Wild Rose, Centaury, Pine, Holly*

*Erlöster Zustand:*

Harmonischer Energieaustausch, Weltoffenheit, Transformation der Materie in den Geist, teilen können, die »eigene« Gruppe nach außen hin öffnen können, Toleranz, körperliche und geistige Flexibilität, Genuß in Maßen, gesunder Pragmatismus, kann geben, ohne zugleich zu nehmen, Konfliktfähigkeit, unerschütterliche Zuversicht, strahlt Liebe aus, frei von Ängsten

*Unerlöster Zustand:*

Übersteigertes Wir-Gefühl, Depressionen aus bekannten Gründen, übermäßige Genußsucht, dogmatische Besserwisserei, Neigung zur Hörigkeit, besitzergreifend, Schuldgefühl, nicht vergeben und vergessen können, körperliche und geistige Apathie, Flucht in die Krankheit, Angst vor allem Fremden, Geiz, blockierter Energieaustausch, Eifersucht, fehlende geistige Toleranz

## Symptomatik im unerlösten Zustand

### Sonne in Stier oder im 2. Haus

Im Thema Stier geht es darum, den ersten Lebens- und Energieimpuls des Widder nun zu materialisieren, zu festigen (Element Erde), zu verdichten (in festen Zeichen) und zu harmonisieren (Herrscherin Venus). Das kosmische Feuer, die Idee, das Ideal (Feuer, Widder) wollen sich konkretisieren und irdische Wurzeln schlagen. Im unerlösten Zustand führt dann die Notwendigkeit einer Erdung zur Abhängigkeit von allem Materiellen, die Notwendigkeit einer Verdichtung der Energie zu einem energetischen Stau, die Notwendigkeit einer Harmonisierung zur Abhängigkeit von Gewohntem. Seinem kosmischen Auftrag gemäß steht der Stier-Geborene unter dem Primat des »Ich habe«, »Ich besitze« und »Ich möchte behalten«.

Da wir uns im Stier im ersten Stadium des Habens und Behalten-Wollens befinden, verteilen sich im unerlösten Zustand seine Verlustängste auf das ganze Spektrum seiner Persönlichkeit und deren Lebensäußerungen. Dies beruht im übertragenen Sinne darauf, daß im Gesamtdurchgang durch den Tierkreis sich die einzelnen Zeichen der in den jeweils vorangegangenen Zeichen erworbenen Eigenschaften und Fähigkeiten zunehmend »sicher« sein können. Dies führt z. B. dazu, daß ein Krebs-Geborener um seine materielle Sicherheit weniger bangt – er hat sie ja im besten Falle im Stier erworben – als um seine emotionale Sicherheit. Dieser innere Ablauf führt schließlich dazu, daß ein Fische-Geborener bereit ist, alles bisher Erworbene aufzugeben, um sich für eine neue Saat (im Widder) frei- und bereitzumachen.

Das breite Spektrum des unerlösten Zustandes macht es notwendig, den sich jeweils auf der materiellen, emotionalen oder geistigen Ebene manifestierenden Verlustängsten mit unterschiedlichen Bach-Blüten entgegenzuwirken. Entsprechend seiner erdigen Veranlagung kann der Native die Ursachen seiner

Ängste in der Regel sehr genau benennen. Vielleicht am stärksten im Vordergrund steht dabei seine Angst zu »verarmen«, von seinen materiellen Ressourcen abgeschnitten zu werden. Seine typischen Reaktionen darauf äußern sich in einer Anhäufung materieller Güter, in einer Unfähigkeit, teilen zu können, die sich bis zum Geiz entwickeln kann. Daß er sich, gleichsam auf einem Goldberg sitzend, dennoch weiterhin Sorgen macht, gehört zu den gravierendsten Äußerungen dieses Lebensmusters.

In seinem Bemühen um materielle und/oder geistige Aneignung unterwirft sich der Native im unerlösten Zustand einem zweifachen Zwang. Sein erster falscher Ansatz besteht darin, daß er möchte, daß das zu erzielende Ergebnis größer, wertvoller und befriedigender ist als die dafür aufgewendete Energie. Zweitens kalkuliert sein Sicherheitsbedürfnis schon am Beginn einer Handlung die Möglichkeit eines Verlustes oder Mißerfolges ein. Diese Verhaltensweise macht den Betroffenen einerseits abhängig vom »Mehrwert« (bezeichnenderweise hat *Karl Marx* Sonne und Mond in Stier und im 2. Haus), andererseits wird dadurch jede spontane Reaktion, jede Flexibilität oder gar Risikobereitschaft im Keim erstickt. Diese mentale Starrheit findet auf der rein energetischen Ebene ihre Entsprechung. Wenn die Widder-Tat noch durch eine Initialzündung explosionsartig in Gang gesetzt wurde, so braucht es beim Stier-Geborenen lange bis der Funke überhaupt zündet. Wenn dies jedoch endlich geschehen ist, setzt er seinen Handlungsablauf gleichsam auf ein Geleis, auf dem dieser dann mit zunehmender Dynamik, aber eben nur in einer einmal festgelegten Richtung ablaufen kann. Jede Weiche oder Weichenstellung wirft den Nativen dann zunächst einmal total aus der Bahn.

Da im unerlösten Zustand das Urvertrauen in die eigenen Möglichkeiten eingeschränkt ist, wird der Native von permanenten Selbstzweifeln, von Pessimismus, von Skepsis und Entmutigung geplagt. Da es sich hierbei wesentlich um eine mentale Blockade handelt, wird die Blüte *Gentian* empfohlen. *Gentian* erweckt im Betroffenen neue Zuversicht in eine gesicherte materielle und geistige Zukunft und Existenz, auch dann, wenn er vorübergehend aus der Bahn geworfen wurde. Der Native lernt wieder, seine Sorgen in einen objektiven Rahmen zu stellen und sich spontan an ihre Bewältigung zu wagen.

Richten sich die Wünsche des Nativen nach einer allgemeinen Grundversorgung auch auf psychische Felder, greift sein Besitzdenken auch auf Menschen über. Er betrachtet dann seinen Partner, seine Familie, seine Freunde als seinen Besitz. Sie müssen für ihn vor allem von praktischem Nutzen sein, ihm materielle Vorteile bieten. Beziehungen beruhen für ihn wesentlich auf der Basis eines »do, ut des« (»Ich gebe dir, damit du mir gibst«). Solange der Native sich einen Vorteil verspricht, umsorgt und umhegt er diesen Kreis von Menschen, ohne jedoch einen Augenblick den »Mehrwert« seiner Fürsorge aus den Augen zu verlieren. Im unerlösten Zustand ist dieses Verhalten dem eines Krebs-Geborenen nicht unähnlich. Der Krebs verfolgt mit seiner Fürsorge jedoch emotionalen, seelischen Gewinn. Dem praktischen, pragmatischen Stier genügt im Zweifelsfalle Geld, ein Geschenk, ganz allgemein etwas, was man anfassen kann. Für diesen problematischen Zustand wird die Blüte *Chicory* empfohlen. Sie befreit den Betroffenen von seinen überwertigen Besitzansprüchen und läßt ihn wieder zu den rechten Proportionen zwischen Geben und Nehmen zurückfinden.

Diese Problematik ist sehr eng verwandt und oft kaum zu unterscheiden von zwei anderen unerlöst gelebten Zuständen. Deren hervorstechende Merkmale sind Furcht und Angst. Im Zeichen Stier soll das subjektive Ich-Gefühl des Nativen (aus Widder) sozialisiert werden. Im positiven Zustand entwickelt der Stier-Typ dann ein natürliches Wir-Gefühl. Die Gemeinschaft geht ihm über alles. Hier führt jedoch Übertreibung zu einem fragwürdigen Clanbewußtsein, das alles Fremde kategorisch ausschließt. Den Nativen überfällt dann die Angst, er könne durch Fremdberührungen in seinem Besitz (materiell und geistig) geschädigt werden oder ihn ganz opfern müssen. Kompensatorisch zieht er dann um seinen Partner, seine Familie, seine Stadt, sein Land, seine Religion, seine Weltanschauung eine nicht zu überwindende Mauer. Menschen und Ideen werden rigoros ausgegrenzt. Innerhalb der Grenzen finden wir dann ein physisches und psychisches Binnenklima, das jede Form einer lebendigen Diffusion verweigert. Dieses dumpfe Sich-Aneinander-Klammern kann durch die Blüte *Red Chestnut* aufgelöst und in eine größere Flexibilität zurückverwandelt werden. Wenn es in Krebs darum geht, die seelische Nabelschnur zu durchtrennen, so geht es hier in Stier um die »soziale« Nabelschnur. Die im unerlösten Zustand vollzogene distanzlose Integration in die Gruppe wird durch *Red Chestnut* behutsam gelockert, und der Native findet wieder zu einer echten, partnerschaftlichen Autonomie und zu einem toleranten Verhältnis gegenüber allem Fremden.

In allen Fällen, in denen der Native seine Ängste am eigenen Körper erfährt, finden wir in aller Vielfalt auftretende Phobien (Angst vor Hunden, Katzen, Aufzügen, Dunkelheit, Licht, der Zahl 13 usw.). Die Betroffenen fühlen sich den Anforderungen und Belastungen der physischen Welt nicht gewachsen. Immer dann, wenn sie sich aus Angst einer bestimmten Situation nicht stellen möchten, »nehmen sie ihre Krankheit«: bei Schwierigkeiten im Beruf ihre »Migräne«, bei Veranstaltungen ihre »Platzangst«, im Kontakt zu fremden Menschen ihr »Lampenfieber«. Diese Art der Flucht in die Krankheit finden wir auch ähnlich beim Krebs. Während der Krebs jedoch seine Krankheit instrumentalisiert, um damit Liebe und Zuneigung zu erpressen, will der Stier mit seiner Krankheit im direkten Sinne (ausnahmsweise) nichts »gewinnen«, er will nur seine Ruhe, sich einen für ihn unangenehmen Zustand »vom Halse halten«. Zur Heilung dieser Variante wird die Blüte *Mimulus* empfohlen. Sie befreit den Nativen von seiner Überempfindlichkeit. Er erkennt, daß er eigentlich gar nicht krank ist, sondern nur seine Ruhe haben will. *Mimulus* schenkt dem Nativen Gelassenheit und Souveränität im Umgang mit allem, was ihm als fremd und befremdlich erscheint.

Im unerlösten Zustand verweigert der Native den natürlichen Energieaustausch. Seine mentale Fixierung auf das Haben und Behalten-Wollen läßt ihn überwertig Energie ansammeln, sie jedoch nicht abgeben. Dies führt dann in regelmäßigen Abständen zu einem wahren Energiestau, den der Betroffene zunächst hinter einer Fassade der Ruhe und Gelassenheit verbirgt. Er unterdrückt seinen inzwischen zu Wut und Zorn pervertierten Energieüberschuß solange, bis ein Funke genügt, um das Pulverfaß zur Explosion zu bringen. In dieser »Schwel«-Periode glaubt der Betroffene, gleichsam dunklen Mächten ausgeliefert zu sein, die er rational nicht mehr kontrollieren kann. Er sieht ganz einfach »rot«. Für diesen Zustand empfiehlt sich die Blüte *Cherry Plum*. Sie bewahrt den Nativen vor Kurzschlußhandlungen und sorgt wieder für einen natürlichen physischen und psychischen Energieaustausch. Indem *Cherry Plum* die Spontaneität des Betroffenen fördert, kommt dieser gar nicht erst in die Lage, akkumulierend Energie aufzubauen.

Es ist oft zu beobachten, daß ein Stier-Geborener auch in die gegenteilige Reaktionsweise verfällt. Er entwickelt dann einen Zustand völliger physischer und psychischer Apathie, Gleichgültigkeit und Resignation. Seine Verlustängste können ihn derart lähmen, daß er keine Versuche mehr unternimmt, seine Lage zu verändern. Objektiv betrachtet, ist die Lage gar nicht so schlecht, denn es gibt keinen Stier, der nicht über einen ansehnlichen »Notgroschen« verfügte. Um dieser Lethargie und diesem Fatalismus zu entkommen, hilft die Blüte *Wild Rose*. Sie schenkt dem Nativen neue Vitalität im Alltag. Da seine Sorgen überwiegend mentaler Natur sind, hilft ihm *Wild Rose*, sich wieder mental umzuprogrammieren und mit neuer Lebenszuversicht, aktiv zu werden. Ergänzend wird auch die Blüte *Centaury* empfohlen. Sie hilft dem Nativen dann, wenn er sich in seiner Passivität zu sehr von anderen Menschen abhängig gemacht hat, mehr deren als sein eigenes Leben lebt und sich aus einer gewissen Fremdbestimmung nicht lösen kann. Durch *Centaury* findet der Native wieder zurück zu einer neuen, aktiven Selbstbestimmung.

**Mond in Stier oder im 2. Haus**

Die intensive Bindung des Stiertyps an die Materie läßt ihn auch seinen seelisch-emotionalen Bereich unter einem »materiellen« Aspekt wahrnehmen. Er legt Wert darauf, daß auch Gefühle einen »substantiellen« Charakter haben. Dies kann im unerlösten Zustand zu einer großen Sammelleidenschaft führen. Seine Lustgefühle nehmen dann für ihn in den gesammelten Objekten dingliche Gestalt an. Seine Sammlungen fungieren als »gefrorene« Lust. Sätze wie: »Liebe geht durch den Magen« oder »Kleine Geschenke erhalten die Freundschaft« bezeichnen im unerlösten Zustand seine Unfähigkeit, auch im Immateriellen einen emotionalen Wert zu erkennen.

Unter dem Einfluß der Venus ist der Native sehr harmoniebedürftig. Es ist jedoch zu unterscheiden, daß die Venus uns in zwei unterschiedlichen »Färbungen« beeinflußt. In ihrer engen

Anbindung an den Lauf der Sonne erscheint sie sowohl als Morgen- wie auch als Abendstern. Ihre besondere Färbung als Morgenstern liegt in der stärkeren Betonung der mehr sinnlich-körperlichen, irdischen Liebe. Als Abendstern stimuliert sie wesentlich die geistig-höhere, kosmische Liebe. Als Morgenstern ist sie die Herrscherin im Stier, als Abendstern wird sie uns als Herrscherin der Waage begegnen. Zusätzlich zu seinem Element Erde bindet diese besondere Färbung der Venus den Nativen noch stärker an das sinnlich Greifbare. In Partnerschaften entwickelt er in Kombination mit dem schon erwähnten starken Wir-Gefühl eine Art Glucken-Mentalität. Der Partner wird zum Ei degradiert, auf dem die Henne sitzt. Im unerlösten Zustand führt dies zu eher dumpfen Beziehungen, in denen die Abhängigkeit des Nativen vom Gewohnten (das sichere Einkommen des Partners, eine stark genußorientierte Sexualität, eine eher schwüle Heimeligkeit) überwertig gelebt wird. Der Native lebt dann unter dem Primat einer Genußmaximierung, die sich jedoch im wesentlichen in einem Mehr vom Gleichen erschöpft. Jede Öffnung nach außen, sowohl in menschlicher als auch geistiger Hinsicht, wird tunlichst vermieden. Im unerlösten Zustand lebt der Native nach dem Sprichwort: »Was der Bauer (Element Erde) nicht kennt (Erkenntnis aus Zwillingen fehlt noch), frißt (Venus) er nicht.«

Um diese Blockade zu lösen, können mehrere Bach-Blüten angewendet werden. Die Blüte *Chicory* läßt (um im Bilde zu bleiben) die Glucke auch einmal vom Ei auffliegen. Sie läßt den Nativen seine Liebe auch einmal ohne Gegenleistung verschenken. In dem eher schwülen Partnerverhältnis weht dann plötzlich ein frischer Wind und schenkt dem Betroffenen wieder echte Wärme und einen wohltemperierten Austausch der Gefühle. Die Blüte *Gentian* löst seine Zweifel, seine Skepsis und seine Verlustängste und seine auf den Tag fixierte Kleingläubigkeit. Sie eröffnet ihm neue Zukunftsperspektiven. Auf die im unerlösten Zustand entstandene falsche Gemütlichkeit fällt ein Strahl geistiger Erhellung. Die Blüte *Holly* befreit ihn von Eifersucht und Mißgunst auf andere, die mehr haben. Der Native wird wieder zufrieden mit dem, was er hat, und dies ist in der Regel mehr als genug. Um die erstickende Wir-Umklammerung zu lösen, sollte der Native *Red Chestnut* nehmen. Durch sie (um nochmals im Bilde zu sprechen) erkennt die Glucke, daß im Ei ein eigenständiges Wesen existiert. In allen Fällen, in denen ein Überdruß an der Genußmaximierung zu Apathie und Gleichgültigkeit führt, aktiviert die Blüte *Wild Rose* neue Lebensgeister und schafft wieder einen flexiblen Energieaustausch.

## Aszendent Stier

Wenn man die in Widder begonnene Analogie zwischen dem Rollenspiel im Leben und auf der Bühne auf den Stier-Aszendenten anwendet, finden wir ein Schauspieler-Individuum, für das vor allem zwei Kriterien wichtig sind: Es möchte die einmal gewählte Rolle nicht mehr wechseln (sie wird als eine Art Erbpacht betrachtet), und die Gage muß stimmen. Am besten die gleiche Rolle auf Lebenszeit mit Pensionsanspruch.

Die einerseits erdige und andererseits venushafte Betonung seines Wesens führt im unerlösten Zustand zu einer Lebensäußerung des »Haste was, biste was«. Aus dieser Mentalität heraus umgibt sich der Native demonstrativ mit Besitz: Menschen, Dinge, Meinungen. Seine Habe gewinnt für ihn den größten Wert, wenn er sie vorzeigen kann und wenn sie gesellschaftlich anerkannt ist. Im unerlösten Zustand begegnet uns dann der protzige Rolexträger, im Mercedes-Diesel (sparsam und wertbeständig), vor seinem stattlichen Landhaus (Erbe), mit dem weitläufigen Garten (Erde), an dem er sich erfreut (Venus), aber lieber von anderen pflegen läßt (er kann es sich ja leisten). Sein Selbstwertgefühl ist wesentlich materiell bestimmt. Da er in stillen Stunden aus seinem Gegenzeichen Skorpion unbewußt eine Ahnung von der Unbeständigkeit alles Materiellen und der Notwendigkeit einer Transformation desselben in den Geist empfängt, gilt seine ganze Fürsorge dem Erhalt und der Vermehrung des Bestehenden. Diese einseitige Ausrichtung auf Ansammlung erreicht im unerlösten Zustand ihre prägnanteste Ausprägung im Geiz. Der Native zeigt im unerlösten Zustand die Eigenschaften eines geschlossenen Systems, in dem es nur Zuleitungen und keine Ableitungen gibt. In der Folge entsteht in diesem Becken ohne Abfluß ein Überdruck. Die Materie schwappt entweder flutartig über den Rand oder schafft sich explosionsartig Luft. Auf der körperlichen Ebene bekommt der Native dann einen »dicken Hals«, er hat zuviel geschluckt.

Seine im unerlösten Zustand überwertig gelebten Wir-Gefühle lebt der Native am liebsten in Vereinen oder Interessenverbänden aus. Unter Umständen berüchtigt für seine Traditionspflege, versucht er, das Clanbewußtsein der Mitglieder durch gegenseitige geschäftlich-materielle Verpflichtungen und vor allem durch Geselligkeit zu zementieren. Jede Öffnung nach außen wird von ihm mit sturer Hartnäckigkeit unterminiert. Hinter seiner Fassade der Gemütlichkeit lauert jedoch ein gefährlicher Gegner, der immer dann aktiv wird, wenn seine materielle oder auch geistige Substanz gefährdet erscheint. Dann fällt er in die Rolle des blindwütigen Stiers. Dieses Bild ist insofern typisch, da der wirkliche Stier ja nicht auf das rote Tuch, sondern auf dessen Bewegung reagiert. Und unser Stier haßt falsche oder überflüssige Bewegung. Um diese unterschiedlichen unerlösten Zustände zu behandeln, können folgende Bach-Blüten benutzt werden: *Chicory* dämpft seine überzogenen Besitzansprüche, der Native findet wieder zurück zum christlichen Gebot: »Geben ist seliger, denn nehmen«. Die Blüte *Cherry Plum* kann ihm helfen, seinen Energiestau abzubauen und in einen natürlichen Kräfteausgleich zu kommen. Durch sie kann er auch die plutonischen Wirkungen aus seinem Gegenzeichen Skorpion erfahren, den Sinn eines lebendigen Stirb-und-Werde-Prozesses, und er vermag sich ohne Verlustängste von seinem überschüssigen materiellen Ballast zu befreien. *Red Chestnut* transformiert sein gluckenhaftes Wir-Gefühl in selbstverantwortliche private und öffentliche Partnerschaften.

**Südlicher Mondknoten im 2. Haus**

Mit dieser Mondknotenstellung kommt der Native aus karmischer Sicht aus einem Leben, das von einer grundlegenden existentiellen Sicherheit geprägt war. Im unbewußten Wunsch, diese Lebenssituation auch im Jetzt fortzusetzen, stößt der Betroffene jedoch zunehmend auf Widerstand. Das für alle Mondknotenkonstellationen typische Festhalten am Bewährten, an dem, was man schon »kann«, worin man schon »Erfahrung« hat, führt im 2. Haus dazu, daß der Native im unerlösten Zustand die auflösenden, transformatorischen Impulse aus dem 8. Haus verweigert. Kompensatorisch entwickelt er im Gegenteil eine unersättliche Gier nach Besitz. Er möchte Dinge, Menschen und Wissen besitzen und nicht mehr loslassen. In panischer Angst, etwas zu verlieren oder opfern zu müssen, klammert er sich an seinen Besitz und glaubt irrigerweise, durch Anhäufung von weiterem Besitz einem Verlust entgehen zu können. Da er die Welt und ihre Erscheinungen nur durch die materielle Brille wahrnehmen kann, verdinglicht er auch seine Gefühle und seine Seele. Dies führt in Partnerschaften dazu, daß der Native im unerlösten Zustand für seine Liebe entschädigt werden möchte. Er liebt unter der Prämisse: Geld für Liebe. Er wählt im Zweifelsfalle immer die »gute Partie«. In einer akkumulierenden Spirale verläuft sein Leben zwischen ständiger Sorge um mögliche Verluste, kompensatorisch vermehrter Aneignung und dadurch wieder gesteigerten Verlustängsten. Seine totale Fixierung an die Materie verhindert jede freie, spontane Lebensäußerung. Den Urprinzipien des Lebens – Bewegung, Austausch, Erneuerung und Zerfall – widersetzt sich der Native, indem er trotzig »aushält«, festhält und die »Ruhe bewahrt«. Es ist für die Mondknotenkonstellationen ganz allgemein typisch, daß der Native seinen unerlösten Zustand nicht als aktive Handlungsaufforderung empfindet, sondern das Gefühl hat, er handele auf höheren Befehl.

Um aus diesem Teufelskreis herauszukommen, sollte der Betroffene wahlweise mit folgenden Bach-Blüten behandelt werden. Die Blüte *Chicory* lockert ganz allgemein seine überwertigen Besitzansprüche und führt den Betroffenen auf seinem inneren Weg in die Qualitäten des 8. Hauses, vor allem zu einem Bewußtsein für die anstehende Transformation der Materie in den Geist. Um den Nativen aus seinem Syndrom der Furcht, des Zweifels und der Skepsis zu befreien, sollte er die Blüte *Gentian* nehmen. Durch sie erfährt er, wie fruchtbar, lebendig und fördernd auch Konflikte sein können, wenn man sich ihnen ohne Angst stellt. Wenn der Native im unerlösten Zustand durch Neid und Mißgunst geplagt wird, wird ihn die Blüte *Holly* lehren, frei von seinen egoistischen Wünschen nach dem Motto »Jedem das Seine« zu leben. Betreffen die Ängstlichkeiten des Nativen auch seine körperlichen Funktionen, und leidet er unter den vielfältigsten Phobien, wird ihm die Blüte *Mimulus* diese Befürchtungen nehmen und seiner »Sensibilität« wieder einen robusteren Charakter verleihen. Die Blüte *Cherry Plum* wird sein oftmals gestautes Energiesystem in natürliche Schwingungen zurückversetzen und den Zünder an seinem inneren Pulverfaß durch ein Abflußventil ersetzen. Fällt der Native im unerlösten Zustand kompensatorisch in Apathie und Resignation, wird die Blüte *Wild Rose* wieder neue Lebensgeister in ihm wecken.

**Transite von Saturn, Uranus, Neptun oder Pluto über das 2. Haus**

Wenn diese Transite in ihrem zyklischen Verlauf über das 2. Haus den Nativen zu einer Bilanz (Saturn), zu einer Neuorganisation (Uranus), zu einer Umwertung (Neptun) oder zu einer Metamorphose (Pluto) seiner materiellen und geistigen »Habe« auffordern, treten – unabhängig vom Sonnenzeichen – die für das Zeichen Stier typischen Ängste und Sorgen auf. Zusätzlich Stier-betonte Menschen erleben diese Zeiten entsprechend einschneidender. Im unerlösten Zustand erkennt der Native nicht oder will nicht wahrhaben, daß alle unter diesen Transiten zu verzeichnenden »Verluste« und »Fehlschläge« auf einer höheren Ebene Aufforderungen an ihn darstellen, sich mit seinem Besitz (materiell und geistig) neu auseinanderzusetzen. Die typische erste – menschliche – Reaktion unter diesem Zeitzyklus ist »anklammern«, das Vorhandene nicht loslassen können. Eine vielleicht theoretisch mögliche Erkenntnis, daß jeder Lebensäußerung (also auch dem Besitz) Grenzen gesetzt sind (Saturn), daß sie sich im Laufe der Zeit einer Mutation unterziehen muß (Uranus), daß sie auch mit Opfern verbunden ist (Neptun) und nur durch eine Metamorphose eine neue Saat entstehen kann (Pluto), wird in der Regel durch Entmutigung, Skepsis und Pessimismus in der Praxis verhindert.

Wenn der Native sich unter einem Saturn-Transit dessen normativen Kräften widersetzt und kompensatorisch, z. B. durch eine Geschäftserweiterung oder den Kauf von Luxusgegenständen, seinem Selbstwertgefühl (Erde) schmeicheln möchte (Venus), wird er durch entsprechende Verluste nachhaltig auf den richtigen Weg gewiesen. Wer in dieser Zeit nur ans Geld denkt, wird automatisch seinen Kontostand vermindern und zunehmend rote (Stier) Zahlen schreiben. Je hartnäckiger sich der Native unter einem Uranus-Transit an seinen Besitz klammert, um so mehr wird er in den Strudel irritierender Gewinn-Verlust-Rechnungen involviert. Wenn der Native unter einem Neptun-Transit verbissen an seinem Erfolg arbeitet und sich, angespornt vom großen Gewinn, in spektakuläre geschäftliche oder finanzielle Abenteuer einläßt, wird ihm der Gewinn unter den Fingern zerrinnen. Kommt der Native unter einem Pluto-Transit nicht zu der Erkenntnis, auch sein geistig-spirituelles Selbst zu entwickeln, wird ihm u. U. seine gesamte substantielle Basis entzogen.

Da sich in allen genannten Fällen der unerlöste Zustand wesentlich aus einer mentalen Dysfunktion ableitet, wird die Blüte *Gentian* empfohlen. Diese Blüte löst in dem Betroffenen neue Zuversicht und Glauben aus. Sie lehrt den Nativen, den eigenen Anteil an seinen Verlusten zu erkennen und Rückschläge nicht als ein blind waltendes Fatum zu erfahren. Wenn bei dem Betroffenen die Resonanz auf diese Transite mehr im Emotionalen stattfindet, wäre die Blüte *Holly* ein geeignetes Mittel, seine Neid- und Mißgunstgefühle zu glätten. Eine überwiegend emotionale Reaktion auf die Transite verstrickt den Nativen in Eifersucht (bei »Verlust« eines Menschen), in lähmende Frustration beim Verlust von Sachen (»Allen anderen geht es gut«). Da auch hier der eigene Anteil am Unglück nicht wahrgenommen werden kann, wittert der Betroffene überall zunächst das Negative, fühlt sich hintergangen und gekränkt. Die Blüte *Holly* wird dieses gestörte Verhältnis zwischen »Nehmen und Geben« harmonisieren und im Nativen Erkenntnis und Einsicht in den konstruktiven Sinn seiner – vorübergehenden – Verlustängste wecken.

**Venus in Stier oder im 2. Haus**

Wenn diese Konstellation vom Nativen extensiv gelebt wird, finden wir ein Individuum, bei dem die Grenzen zwischen Treue und Hörigkeit verschwimmen. Es handelt sich dabei keineswegs nur um sexuelle Hörigkeit. Die gleiche dumpfe, kritiklose Abhängigkeit kann den Betroffenen auch an Ideologien (politische Parteien) oder Glaubensinhalte (Kirche, Esoterik) binden. Der für den Stier-Geborenen natürliche Wunsch nach sozialer Integration verselbständigt sich und artet zur Selbstaufopferung für die gewählte Gemeinschaft (Ehe, Partnerschaft, Partei, Kirche,

Guru usw.) aus. Diese Haltung ist wesentlich masochistisch geprägt. Die im Venus-Aspekt beinhaltete Tendenz, disharmonische und konfliktbetonte Umstände gar nicht erst wahrzunehmen, wird überwertig ausgedrückt und in Resonanz gelebt. Die Blüte *Pine* hilft hier, die Minderwertigkeitsgefühle abzubauen und die selbst gesetzten Grenzen zu einer freien persönlichen Entfaltung zu überschreiten. *Pine* eröffnet dem Nativen einen Ausweg aus seiner Rolle als physischer und/oder psychischer Prügelknabe.

### Gesundheitliche Implikationen

Die grundlegende Ursache für gesundheitliche Beschwerden liegt in einem gestörten Energieaustausch. Wenn der Zwillinge-Geborene Schwierigkeiten hat, eine Harmonie zwischen einatmen und ausatmen herzustellen, also sein Energie-»Rhythmus« gestört ist, so finden wir bei Stier-Geborenen eine Überbetonung der Energie-»Aufnahme«. Er atmet nur ein und verhindert durch Ansammlung den energetischen »Austausch«. Dies führt zu wiederkehrenden Energieblockaden, die sich vor allem in den dem Stier zugeordneten Körperregionen niederschlagen. Betroffen sind die gesamte Halsregion mit Nacken, Kehle, Luftröhre und vor allem die Schilddrüse. Daraus resultieren Nackenversteifungen, Angina, immer wiederkehrende Erkältungskrankheiten und hormonelle Störungen. Eine andere Quelle gesundheitlicher Störungen stellen die Ernährungsgewohnheiten des Nativen dar. Unter Venus liebt er den Genuß beim Essen und Trinken und bekommt dann oft den »Hals nicht voll«. Daraus sich ergebende Gewichtsprobleme eröffnen einen Teufelskreis, da sie eine notwendige Bewegung (Sport) und damit Energieabgabe eher verhindern. Eine erfolgreiche Behandlung mit Bach-Blüten ist für den Nativen vor allem dann gewährleistet, wenn es dem Nativen gelingt, die Materie (Element Erde – die Blüte) liebevoll (Venus) anzunehmen.

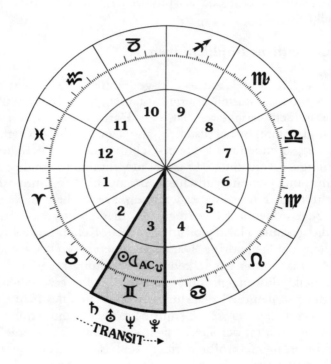

# Zwillinge, Merkur und 3. Haus

*Astrologische Konstellationen:*

Grundkonstellationen: Sonne oder Mond in Zwillinge oder im 3. Haus, Aszendent Zwillinge, Südlicher Mondknoten im 3. Haus

Zeitliche Auslösungen: Transite von Saturn, Uranus, Neptun oder Pluto über das 3. Haus

Einzelaspekte: Merkur in Zwillinge oder im 3. Haus, Saturn in Zwillinge oder im 3. Haus

Empfohlene Bach-Blüten: *Cerato, Chestnut Bud, Wild Oat, Heather, White Chestnut, Oak*

*Erlöster Zustand:*

Die feste eigene Meinung, innere Selbstgewißheit, Vertrauen in die eigene Intuition, die gelebte Harmonie zwischen einatmen und ausatmen, einen Dialog führen können, der überwundene Zweifel, Ausdauer, der scharfe, unbestechliche Verstand, das sichere Urteil, entscheidungsfähig, der persönliche Standpunkt, sich auf das Wesentliche konzentrieren können, Klarheit der Gedanken, Tiefe der Erkenntnis, Konzentration

*Unerlöster Zustand:*

Ständige Selbstzweifel, Informationshunger ohne konkrete Verarbeitung der Antworten, das verantwortungslose Kind, der ungehemmte Redefluß, Telefonitis, zwanghaftes Mitteilungsbedürfnis, wenig Ausdauer, unverbindlich, Entscheidungsschwierigkeiten, Zersplitterung, Aktionismus, emotionale Selbstentfremdung, keine qualifizierten Zielvorstellungen, mangelndes Selbsturteil, Hyperaktivität, Verwirrung der Gedanken, der Schmetterling

## Symptomatik im unerlösten Zustand:

### Sonne in Zwillinge oder im 3. Haus

Als drittes Zeichen im zyklischen Werdeprozeß des Individuums vereinigen die Zwillinge in sich schon die Elemente Feuer (aus Widder) und Erde (aus Stier). Die im Widder freigesetzte und im Stier verdichtete Energie soll in Zwillinge verteilt und in ihre Funktion überführt werden. Analog zu seinem Element Luft versucht der Zwilling-Geborene, alles physisch und psychisch Bestehende mit seinem Geist und Intellekt zu durchdringen. Er vernetzt und verkabelt die ohne ihn isolierten Teile des sozialen Lebens. Zwillinge sind die genuinen Vermittler. In ihrer ruhelosen Tätigkeit, den wechselweisen Austausch alles Lebendigen aufrechtzuerhalten, beschränken sie sich jedoch darauf, nur der Träger der Information zu sein. Indem sich die Nativen ausschließlich als Medium der Vermittlung verstehen, sind sie am Inhalt der vermittelten Botschaft ebenso wenig interessiert, wie die uns umgebende Luft an den durch sie rund um den Globus getragenen Wellen der Radio- und Fernsehstationen. Technisch nicht korrekt, aber im Bilde stimmig, könnte man sagen, die Luft sendet, ist aber nicht Teil der Sendung. Gerade darin liegt jedoch die Hauptursache, daß sich ein Unerlöster Zustand entwickeln kann.

Der Native hält im unerlösten Zustand irrigerweise die Form für den Inhalt, für die Substanz. Dieser Irrtum wird leicht deutlich, wenn man eine Querverbindung zwischen dem Element Luft und der menschlichen Atmung knüpft. Die Atmung als wohl lebenswichtigste Funktion des Körpers vollzieht sich, physiologisch gesehen, im Normalfall unbewußt. Der Mensch registriert sie – wenn überhaupt – als einen rein formalen Ablauf. Erst in dem Augenblick, wenn er sich in der Meditation oder einer Atemschulung bewußt mit seinem Atem auseinandersetzt, erfährt er auch etwas über die Substanz seiner Atmung. Dieses Bewußtsein ist im unerlösten Zwillinge-Zustand noch nicht entwickelt worden.

In der Mythologie finden wir in *Castor* und *Pollux* die charakteristische Zwillingeentsprechung. *Castor* und *Pollux* sind zwar Zwillinge, jedoch Kinder einer Mutter und zweier Väter. Der von *Zeus* gezeugte *Pollux* ist göttlich-unsterblich, der von *König Tyndareus* gezeugte *Castor* dagegen irdisch-sterblich. Diese göttlich-irdische Dualität finden wir in den Zwillinge-Geborenen in einer Person vereint. Zwei Seelen wohnen, ach, in ihrer Brust. Wo immer der Zwilling denkt, fühlt und handelt, unterliegt er dem Prinzip der Dualität, der göttlichen Zerrissenheit. Hinter seinem geradezu monströsen Informationshunger, seiner ewigen Fragerei, verbergen sich eigentlich nur die Fragen: »Wer bin ich?«, „Wo finde ich mein geistig-mentales Selbst, meine rationale Selbstgewißheit?« Der erst im Krebs hinzukommenden seelisch-emotionalen Komponente ist er sich noch nicht bewußt.

Indem der Zwilling seine Potentiale ins Zentrum seiner Lebensäußerungen stellt, bleibt er gleichzeitig abhängig von ihnen. Er bleibt der ewige Sucher, der seinen eigenen Erkenntnissen mißtraut, die Antworten von heute morgen wieder in Frage stellt. Suchen erscheint ihm wichtiger als finden. So befindet sich der Zwilling ständig sowohl in sich als auch außer sich. Der den unerlösten Zustand am trefflichsten charakterisierende Begriff des Zweifels – Zwei-fel – zeigt auch semantisch die Grundbefindlichkeit des Nativen: immer zwischen zwei Polen hin- und hergerissen zu sein. Da er noch keine Einsicht in die Substanz gewonnen hat, geht er mit den Formen spielerisch um. Im unerlösten Zustand manipuliert er die Wahrheit ebenso wie die Lüge. Er setzt seine und die Meinungen anderer Menschen immer wieder bedenkenlos neu zusammen. Er gibt sich voll dem Spiel zwischen »try and error« hin. Seine geistige Haltung ist geprägt von Eklektizismus, seine Liebe gilt dem Fragmentarischen.

Wenn der Native wie ein Schmetterling von einer Informationsquelle zur anderen fliegt, veranlaßt ihn die Blüte *Cerato*, auch einmal länger auf einer Blüte auszuharren, ihre besondere Essenz, ihre sinnlich-emotionale Besonderheit und vor allem ihre Substanz zu erforschen. *Cerato* verhilft dazu, sich emotional in rational gefundene Erkenntnisse zu vertiefen, zu einem inneren Glauben (Gegenzeichen Schütze) an die gefundene Wahrheit zu finden. Durch diese Blüte wird die unruhige geistig-mentale Pendelschwingung des Zwillingebewußtseins zurückgeführt in die Harmonie einer ausgeglichenen Sinusschwingung. Der an die irdische Dualität adaptierte Zwilling vermag dann, seine Zweipoligkeit positiv zu überwinden und durch Vertiefung seiner mentalen Prozesse zu »seiner« Trinität zu gelangen.

Da der Native im unerlösten Zustand auch dazu neigt, immer wieder die gleichen Fehler zu machen bzw. nie eigentlich richtig bei der Sache ist, wird außerdem die Blüte *Chestnut Bud* empfohlen. Sie koppelt den Nativen bewußt an bereits gemachte Erfahrungen und läßt sie ihn in seine aktuellen Aufgaben konstruktiv integrieren. Außerdem zentriert sie seine Aufmerksamkeit auf das Naheliegende. Der Native wird dadurch fähig, sich selbst und seine Aufgaben objektiv wahrzunehmen. Durch *Chestnut Bud* kann der Native die Substanz der Erscheinungen erkennen.

Um die irritierende Vielfalt seines Denkens und Handelns in geordnete Bahnen zu lenken, wird die Blüte *Wild Oat* empfohlen. Sie hilft ihm, seine wahre Begabung auszuloten und sie mit klaren Zielvorstellungen in die Tat umzusetzen. Er lernt durch *Wild Oat* die Spreu vom Weizen zu trennen.

**Mond in Zwillinge oder im 3. Haus**

Da eine seelisch-emotionale Anbindung an andere Menschen erst im Zeichen Krebs »gelernt« wird, fühlt der Zwillinge-Mond gleichsam mit dem Kopf. Wenn beim Stier-Geborenen die Gefühle durch den Magen gehen, gehen sie beim Zwilling durch den Verstand, den Intellekt, ihm steigen Gefühle zu Kopf. Im unerlösten Zustand wird dann an ihnen solange herumvernünftelt, bis sie sich in Luft aufgelöst haben. In allen zwischenmenschlichen Beziehungen manifestiert sich der unerlöste Zustand in übertriebenen Anforderungen an die Intellektualität des Partners. In der Ausübung seiner Sexualität ist der Native eher zurückhaltend, er liebt es jedoch, über Sex zu reden und sich durch äußere Reize (die besonders aufregende Situation, Reizwäsche, stimulierende Bilder oder Filme usw.) in Stimmung zu bringen. Auf seine Treue ist wenig Verlaß, da er sich durch seine mentale Flexibilität nicht festlegen kann oder will. Im Extremfall gerät seine ambivalente Zwillingenatur in die Nähe des Hermaphrodismus. Da der Native sich selbst als Zwitterwesen wahrnimmt, liegen ihm bisexuelle Kontakte nicht fern. Auch hier steht wesentlich der formale Reiz im Mittelpunkt, weniger die Substanz einer partnerschaftlichen Verbindung. Es bleibt alles ein Spiel. Da sich sein ganzer Lebensausdruck auf der intellektuell-rationalen Ebene abspielt, neigt der Betroffene im unerlösten Zustand dazu, immer wieder in verbale Händel (Diskussionen, Prozesse, Leserbriefe) involviert zu sein. Es geht ihm dabei weniger um einen Gewinn oder die Wiederherstellung z.B. seiner Reputation, er schätzt vielmehr die blanke Waffe des Wortes, sie wird ihm zum Selbstzweck. Er wird keinem Gegner aus dem Wege gehen, mit dem er sich »rabulistisch« messen kann.

Da diese Tendenz auch in Partnerschaften wirksam ist, besteht die Gefahr, daß der Native eine Beziehung leicht zerredet und sie durch permanentes Infragestellen schließlich zerstört. Um seine innere Unsicherheit zu kaschieren, legt der Betroffene sehr viel Wert auf gesellschaftliche Etikette. Ohne nach der darin liegenden Substanz zu fragen, dient sie ihm als formaler Panzer zur Bewältigung seiner Sozialisation. Wenn im unerlösten Zustand der vom Nativen dringend gewünschte rational-verbale Austausch nicht harmonisch abläuft, können leicht Sprachstörungen (Stottern) entstehen. Dem Nativen gelingt es dann nicht, seine mentale Reizüberflutung in geordnete Bahnen zu lenken. Dies tritt vor allem dann ein, wenn sich der Native auf der emotionalen Ebene sehr intensiv angesprochen fühlt. Mit seinen überdrehten Reden lenkt er sich dann selbst von der Gefahr der in ihm auftauchenden Gefühle ab. Für diese unbewältigte Reizüberflutung bietet die Blüte *Cerato* den geeigneten Schutz. *Cerato* dämpft die überhitzten mentalen Schwingungen und läßt den Betroffenen wieder auf seine innere Stimme hören. Er wird fähig, die Vielfalt seiner Eindrücke zu koordinieren und in angemessene Proportionen zu versetzen. *Cerato* stärkt seine Konzentrationsfähigkeit auf das Wesentliche. Daraus erwächst dem Nativen die Kraft, eigenständige Entscheidungen zu treffen und sie auch zu verantworten. Seine Intuitionen werden zu einem substantiellen Ausdruck gebündelt. *Cerato* fokussiert die Wißbegierde des Nativen über die Form hinaus auf die Substanz. Sie öffnet dem Nativen seine kosmologischen Perspektiven: zum Gefühl, zur Seele in Krebs, zum Glauben in Schütze.

## Aszendent Zwillinge

In der Analogie Bühne des Lebens und Bühne des Theaters finden wir den Zwillinge-Aszendenten nicht mehr ausschließlich als Darsteller. Er erscheint als Multitalent. Unter dem Motto: »Figaro hier, Figaro dort« wirbelt er, immer in Eile, durch die Flure, über die Bühne, durch die Chefetage und durch die Werkstätten. Multifunktional ist er heute denkender Künstler, morgen kopflastiger Dramaturg, dann wieder kontaktfreudiger Öffentlichkeitsarbeiter oder geschäftiger Betriebsratsvorsitzender. Es liegt ihm nicht, sich auf eine Rolle festzulegen, ausgenommen die des großen Kommunikators. Er weiß, für ihn gibt es überall etwas zu organisieren, zu kontaktieren oder zu arrangieren. Tief im Innern möchte er eigentlich unverwechselbar sein. Seine mannigfachen Ambitionen verhindern jedoch im unerlösten Zustand die Eindeutigkeit seiner Person. Da Bewegung sein Hauptlebenselexier ist, bleibt er immer an der Wasseroberfläche, denn er weiß, wie schwer die Grundwasser zu bewegen sind. Im Wellenspiel der freien Kräfte treibt er von Versuch zu Irrtum, stellt Fragen, ohne die Antwort abzuwarten, und erscheint als jedermanns Liebling vordergründig für alle nützlich. Seine wertfreien Energien setzt er im unerlösten Zustand oft in blinden Aktionismus um, so daß zwar immer Bewegung festzustellen ist, jedoch nur selten ein Ergebnis.

Die Blüten *Cerato*, *Chestnut Bud* und *Wild Oat* harmonisieren auf unterschiedlichen Ebenen den überspannten Tonus seiner Lebensäußerungen. *Cerato* schenkt dem Nativen Vertrauen in die eigene Intuition, den Glauben an sich selbst. *Chestnut Bud* fokussiert seinen Aktionismus auf ein konkretes Ziel und läßt ihn aus Erfahrungen lernen. *Wild Oat* hilft ihm, sich positiv festzulegen und seine Talente nicht durch übertriebene Vielseitigkeit zu verwässern. Hinter der Maske des oberflächlichen Vordenkers und

Machers lassen diese Blüten einen ernsten und gewissenhaften Menschen sichtbar werden.

### Südlicher Mondknoten im 3. Haus

Vor dem Hintergrund dieser Mondknotenkonstellation finden wir ein Individuum, das aus einem Leben der Verstrickung kommt. Im unerlösten Zustand fühlt es sich in seinem jetzigen Leben fortwährend durch kleine Verpflichtungen, Irritationen im Ablauf seiner alltäglichen Handlungen und durch verwirrende Formen der zwischenmenschlichen Kommunikation am Wesentlichen gehindert. Einen spezifischen Ausdruck dieser Persönlichkeitsstruktur stellt der typische Enzyklopädist dar. Indem er zur Beantwortung einer Frage eine schier unerschöpfliche Menge an Informationen einholt, kommt er nicht dazu, einen größeren thematischen Zusammenhang herzustellen. Er fokussiert die Welt, anstatt sie auch zu schauen. Er sieht den Wald vor lauter Bäumen nicht, er kommt immer wieder vom Hölzchen aufs Stöckchen. Nur beiläufig benötigte Informationen in einem Arbeitsprozeß weiten sich zu einem intensiven Studium dieser Nebensächlichkeiten aus.

Der Native steht hilflos vor der Vielfalt seiner Möglichkeiten, kann sich aber letztendlich wie *Buridans* Esel nicht entscheiden. Zu viele eigene und fremde Ratschläge und Einflüsterungen verhindern die Entschiedenheit einer Wahl.

Fragt man den Nativen um Rat, so überschüttet er einem mit detaillierten Auskünften und Anweisungen, Informationen, Richtlinien, kommt vom Hundertsten ins Tausendste, erschöpft sich in Nebensächlichkeiten, vergißt das Wesentliche, so daß der Frager am Ende so klug ist wie zuvor. Typisch für diesen unerlösten Zustand ist auch die Gewohnheit des Betroffenen, seine Erklärungen immer wieder mit der Frage zu unterbrechen, ob man auch alles verstanden hat. Trotz eines eindeutigen Ja wird er fortfahren, die Sache doch noch vielleicht aus einem anderen Blickwinkel zu erklären. Diese übertriebene Weitschweifigkeit kann mit Hilfe der Blüte *Cerato* konzentriert werden. Sie läßt den Nativen das Wesentliche erkennen und zur Grundlage der Lösung seiner Aufgaben machen. *Cerato* verschafft dem Nativen »Übersicht«, die »Schau« der Dinge.

Ergänzend läßt *Chestnut Bud* den Nativen nicht immer wieder die gleichen Fehler machen, sondern aus seinen Fehlern lernen. Er kann wieder »bei der Sache« sein, verzettelt sich nicht mehr. Er kann in sich die Qualitäten seines Nördlichen Mondknotens im 9. Haus aktivieren. Die Schütze-Symbolik erhebt ihn gleichsam über seine Verstrickungen, objektiviert sein Denken und Handeln und schenkt ihm vor allem einen neuen Glauben an seine eigene innere Wahrheit. Dieser Glaube an sich selbst und die zu vertretende Sache kann auch von der Blüte *Wild Oat* unterstützt werden. Diese Blüte fördert die Einsicht, mehr in Richtung Qualität, als in Quantität zu arbeiten, mehr in der Tiefe, als in der Breite tätig zu werden. Berufliche Zersplitterungen verdichten sich zur Berufung. In allen Fällen einer geistig-mentalen Hyperaktivität, in der der Native keine Kontrolle mehr über die unablässig hin- und herschießenden Weberschiffchen seiner Gedanken und Ideen hat, schafft die Blüte *White Chestnut* die notwendige mentale Ausgeglichenheit. Der Native gewinnt wieder »Übersicht« über seine Ratio.

**Transite von Saturn, Uranus, Neptun oder Pluto über das 3. Haus**

Die Auswirkungen dieser Transite betreffen die alltäglichen Lebensabläufe, die Kommunikation und das praktische Lernen. Unter einem Saturn-Transit wird der Betroffene im unerlösten Zustand unter ähnlichen Schwierigkeiten leiden, wie wir sie noch unter Saturn in Zwillinge oder im 3. Haus kennenlernen werden. Indem der Native die von Saturn geforderte Objektivierung und Versachlichung seiner täglichen Lebensabläufe und seiner Kommunikation verweigert, sucht er kompensatorisch sein Heil in einem Mehr vom Gleichen. Da über das 3. Haus auch eine merkurische Komponente mit einfließt, steht vor allem die Ökonomie des Verhaltens im Mittelpunkt. Im unerlösten Zustand ist die ökonomische Reihenfolge von Aneignung, Verarbeitung und Verteilung bzw. Funktionalisierung gestört. Es fehlt eine klare, objektive, rationale Einschätzung und Beurteilung aller Lebensabläufe. Die mentale Steuerung des Nativen ist überhitzt und er reagiert kurzschlußartig. Der Native wird alle auftretenden Probleme kompensatorisch mit verstärktem Einsatz und einer Intensivierung seiner Kommunikation zu lösen versuchen. Sein Verhalten ist geprägt von Ungeduld, Hektik, immer wieder neuen, engagierten Anläufen, die jedoch alle im Sande verlaufen. Unermüdlich kreisen seine Gedanken um mögliche Lösungen, bleiben jedoch in diesem Zustand immer nur an der Peripherie der Ursachen. Es gelingt dem Nativen nur sehr schwer, die Substanz, den Kern der anstehenden Problematik zu erkennen.

Ein Uranus-Transit bringt für den Nativen eine Steigerung seiner gesamten Lebensabläufe. Je nach Grundveranlagung wird der Betroffene im unerlösten Zustand auf diese uranischen Stromstöße entweder mit Übertreibung oder Verweigerung reagieren. Da die uranischen Kräfte schockartig auftreten, äußert sich die gewählte Reaktionsform des Nativen ebenfalls entsprechend extrem. Seine Situation ist wieder vergleichbar mit der von *Buridans Esel*, nur daß der Betroffene jetzt nicht nur vor zwei, sondern vor einhundert Heuhaufen steht. Auch hier führt die schon erwähnte mentale Überhitzung zu besonders krassen Kurzschlußhandlungen.

Unter einem Neptun-Transit beginnen sich die täglichen Lebensabläufe zunehmend der rationalen Kontrolle zu entziehen. Im unerlösten Zustand werden Mißverständnisse, Täuschungen und Sinnentstellungen das Leben und die Kommunikation bestimmen. Der Betroffene tritt dabei sowohl als Opfer als auch als Verursacher für die Unschärfen der Ereignisse und Begegnungen auf. Seine Handlungen und seine Kommunikation werden immer wieder durch »unerklärliche« Phänomene ihrer beabsichtigten Wirkung beraubt.

Seinem Auftrag gemäß (stirb und werde), wird ein Pluto-Transit das gesamte geistig-mentale Ökonomiesystem des Betroffenen zusammenbrechen lassen. Pluto löst in dem Naiven ein mentales »burn-out« aus. Kein Bereich auf der Handlungs- oder Kommunikationsebene bleibt davon verschont. Da der Native im unerlösten Zustand die plutonischen Kräfte nicht nach innen, sondern nach außen lenkt, löst seine Hyperaktivität immer neue Katastrophen aus. Alternativ wird der Native versuchen, anstehende Veränderungen kompensatorisch unter den Teppich zu kehren, wo sie im Stillen jedoch als Saat für neue Fehlschläge keimen.

Für diese zeitlich bedingten Einflüsse werden folgende Bach-Blüten empfohlen: Um den Betroffenen aus dem Laufrad der unfruchtbaren Selbstreflexion zu befreien, wird die Blüte *Heather* empfohlen. Durch *Heather* lernt der Native wieder hören: in sich selbst hineinhören und anderen Menschen zuhören. *Heather* dämpft seine aktionistische Hektik in Richtung auf das Wesentliche. Um sich aus dem zermürbenden Kreislauf zwischen Versuch und Irrtum zu befreien, sollte der Betroffene die Blüte *Chestnut Bud* nehmen. Sie objektiviert seine Lebensabläufe, der Native kann aus dem gewonnenen Abstand wieder aus seinen Erfahrungen lernen. Um den Nativen wieder in einen ausgeglichenen Energiezustand zu versetzen, sollte neben den Blüten *Heather* und *Chestnut Bud* auch die Blüte *Oak* angewendet werden. Die Blüte *Oak* reguliert und konzentriert die Ökonomie seiner vielfältigen Zielvorstellungen. Sie hilft dem Betroffenen wieder klare Entscheidungen zu fällen und zielorientiert tätig zu sein. Die Blüte *White Chestnut* kühlt die Überhitzung der merkurischen Übersteuerung und schenkt dem Betroffenen wieder seinen »gesunden Menschenverstand«.

**Merkur in Zwillinge oder im 3. Haus**

Diese Konstellation kann auch in einem im übrigen weitgehend ausgeglichenen Kosmogramm zu einer gewissen mentalen Überhitzung führen. Der Native möchte dann um jeden Preis immer als informiert, intellektuell und »auf dem Laufenden« gelten. Begierig greift er Tagesmeinungen auf, um sie sofort ungefiltert weiterzuverbreiten. Im übertragenen Sinne fungiert Merkur hier wie ein Katalysator oder – trivial ausgedrückt – wie ein Durchlauferhitzer. Anstatt im logischen Dreischritt – These – Antithese – Synthese – zu kommunizieren, kollabiert das merkurische System infolge zu schneller Eigendrehung. Die Blüte *Heather* kann hier wieder eine geistig-mentale Mitte, einen eigenen festen Standpunkt finden helfen.

**Saturn in Zwillinge oder im 3. Haus**

Unter dieser Konstellation finden wir zwei grundlegend unterschiedliche Ausdrucksweisen. Einmal einen schüchternen, wortkargen Menschen, dessen Gespräche überwiegend durch Ernsthaftigkeit geprägt sind, der jeden »small-talk« innerlich ablehnt, zum anderen aber auch den oberflächlichen »Schwätzer«. Um diesen Typus geht es hier. Als Hintergrund für diese Variante finden wir Kompensation. Man könnte diesen unerlösten Zustand zutreffend mit der abgewandelten Behauptung beschreiben: »Ich rede, also bin ich.« In der Regel stammt der Native aus einem Elternhaus, in dem er nur geringe emotionale Zuwendung und Aufmerksamkeit erfuhr. Sein Gefühl, emotional nicht angenommen zu sein, mußte auf einer anderen Ebene kompensiert werden. Der Native erkennt früh, daß in seinem familiären Umfeld persönliche Identität nicht durch Gefühl, sondern durch Sprache sichergestellt wird. Er wird durch Saturn früh »erwachsen« und lernt, Gefühle durch reden zu kompensieren. In beiden Fällen vermag die Blüte *Heather* den Blick in zwei Richtungen zu öffnen. Sie hilft einerseits die merkurische, mentale Egozentrik aufzulösen und das Du einfühlend zu integrieren, andererseits wird die saturnisch eingefrorene Emotionalität in Richtung auf einen »unbegrenzt« vertrauensvollen Umgang mit sich und anderen Menschen erweitert. *Heather* fördert hier das seelisch-emotionale Erwachsenwerden.

## Gesundheitliche Implikationen

Bei allen unerlösten Zwillingezuständen finden wir auf der psychischen und physiologischen Seite Beschwerden, die in ihrer Summe aus einer Diskoordination der Funktionen einatmen und ausatmen resultieren. Betroffen werden davon der gesamte Atmungsapparat, Luftröhre, Bronchien, Lungen. Weiterhin die oberen Extremitäten – Hände, Arme, Schultern –, die immer wieder infolge von »Unkonzentriertheit« verletzt werden. Vor allem bei Saturn in Zwillinge oder im 3. Haus ist zu beobachten, daß der Native in seiner Kindheit oder auch noch später unter Sprachstörungen, Stottern oder sich im Redefluß »verhaspeln« leidet oder litt.

84  Dritter Teil: Zeichen, Planeten und Häuser

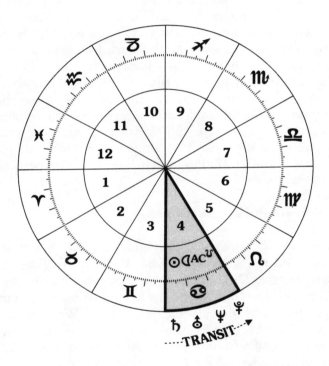

# Krebs, Mond und 4. Haus

*Astrologische Konstellationen:*

Grundkonstellationen: Sonne oder Mond in Krebs oder im 4. Haus, Aszendent Krebs, Südlicher Mondknoten im 4. Haus

Zeitliche Auslösungen: Transite von Saturn, Uranus, Neptun oder Pluto über das 4. Haus

Einzelaspekte: Mars in Krebs

Empfohlene Bach-Blüten: *Chicory, Red Chestnut, Heather, Honeysuckle, Vine*

*Erlöster Zustand:*

Die selbstlose Liebe, das fürsorgliche Ego, die harmonische Synthese zwischen der »liebenden« und der »strafenden« Mutter, die archetypische Urmutter, der Tröster, die Sicherheit der Gefühle, handeln aus dem Instinkt, durch eigene Zuversicht andere Menschen stärken können, Selbstvertrauen, der kreative Umgang mit der Vergangenheit, der ausgeglichene Pegel zwischen Ebbe und Flut, seelische Stärke, die seelische Identität

*Unerlöster Zustand:*

Besitzergreifende Liebe, seelisch-emotionale Erpressung, die fürsorgliche Übermutter, Mitleid als Waffe, Selbstmitleid, Herrschaft durch Verpflichtung, erstickende Nächstenliebe, seelische Ambivalenz, Gefühlstyrannei, Hunger nach Liebe, kann nicht allein sein, Gefühls-Egoismus, die angenommene Opferrolle, tut alles, um versorgt zu sein, leicht beleidigt, sentimental, passiver Widerstand, die negative symbiotische Verbindung

## Symptomatik im unerlösten Zustand:

### Sonne in Krebs oder im 4. Haus

Im zyklischen Aufbau und Wandel des Tierkreises erfährt das Individuum im Zeichen Krebs eine neue Dimension. Es entdeckt an sich und an anderen die Welt der Seele und Gefühle. Im bisherigen Durchlaufen des 1. Quadranten hat das Individuum den Höhepunkt seiner – zunächst noch latenten – Subjektivität erreicht. Im Zeichen Löwe wird sie sich endgültig manifestieren. Der neu gewonnene Seelenanteil löst im Nativen einerseits den Wunsch aus, ihn sofort und uneingeschränkt besitzen zu wollen, andererseits aber auch die ständige Furcht, ihn wieder zu verlieren.

Schon allein die Elementverteilung – das Feuersymbol im kardinalen Wasserzeichen – beschreibt die Grundsymptomatik: Herrschaft durch Gefühle und Abhängigkeit von Gefühlen. Der für den Krebs-Geborenen typische erste Lebensausdruck ist Furcht. Furcht, überhaupt geboren zu werden, Furcht die pränatale Geborgenheit im Wasser, im Gefühl, gegen das Geworfensein in die Materie, ins Feuer (Sonne) tauschen zu müssen.

Solange das Kleinkind noch – biologisch bedingt – die ungeteilte Aufmerksamkeit und Liebe der Mutter, aber auch aller anderen Erwachsenen, genießt, kann es sich noch darüber hinwegtrösten, daß der erlittene Verlust nur relativ groß ist. Der kritische Punkt wird erreicht, wenn sein eigener Entwicklungsprozeß und der Druck der Erwachsenen zur Selbständigkeit wächst. Das Kind lernt dann, daß es um Liebe und Anerkennung kämpfen muß. Seine Waffen wählt es aus dem Fundus dessen, worüber es am meisten verfügt: aus dem Gefühl. Nur ein Krebskind verfügt über so viele »weiche« Aggressionen, um sich wieder ins Zentrum der allgemeinen Liebe und Aufmerksamkeit zu rücken.

Muttertage, Geburtstage oder Weihnachten sind willkommene Anlässe, die Eltern mit phantasievollen Zeichnungen, liebevollen Gedichten oder heimlich einstudierten Liedern zu beschenken. Diese Geschenke werden oft über längere Zeit vorher geheimnisvoll angedeutet. Dem Augenblick des eigentlichen Schenkens soll damit gleichsam eine gewisse Dauer verliehen werden. Aber wehe dem Erwachsenen, der es versäumt, auch noch den letzten »Gefühls«-inhalt des Geschenkes – »Schau doch mal, die Sonne strahlt nicht nur, sie lacht auch« – zu würdigen und das Kind mit Dankbarkeit zu »überschütten« (Analogie Wasser). Die Folge wäre ein zutiefst enttäuschtes Kind, das sich schmollend verkriecht oder sich im schlimmsten Falle in eine Krankheit flüchtet. Mit zunehmendem Alter wird das Krebskind versuchen, sich den Erwachsenen gegenüber durch »freiwillig« übernommene kleine Aufgaben »unentbehrlich« zu machen. Sein größtes Glück besteht darin, wenn man es braucht.

Bleibt das Krebskind auch im Erwachsenenalter bei seiner »Kindrolle«, so ändern sich lediglich die Kampfmittel, die Struktur der »weichen« Aggression bleibt erhalten. Die Krebsfrau wird partnerschaftliche Probleme dann mit einer wiederkehrenden Migräne zu lösen versuchen, der Krebsmann suggeriert subtil den drohenden Herzinfarkt. Die Erfahrung zeigt, daß diese seelische Disposition von Frauen häufiger ausgedrückt wird als von Männern. Frauen wählen aus dieser Konstellation alternativ, oder auch in wechselnder zeitlicher Folge, entweder die Rolle »Mutter« oder die Rolle »Kind«. Diese doppelte Wahlmöglichkeit führt dazu, daß sich dieser unerlöste Zustand bei Frauen oft ein ganzes Leben durchziehen kann. Die jeweilige Rollenwahl resultiert aus der Resonanz auf unterschiedliche Partner und ist unabhängig vom Alter der Frau.

Wählt die Frau die Mutterrolle, ändert sich das Repertoire. Der Partner wird »zugekocht« oder »zugestrickt«. Wehe dem Partner, der nicht sofort auch die letzte Gewürznuance schmeckt, der nicht sofort bemerkt, daß das Muster der nächtelang heimlich gestrickten Weste dem gleicht, das er auf der Norwegenreise vor zehn Jahren an dem Lofotenfischer so bewundert hat. »Dann koche ich in Zukunft eben nur noch Spiegelei mit Spinat« oder »Du kannst Dich aber auch wirklich an gar nichts erinnern« sind dann zwar tränenreiche, aber noch harmlose Sätze. Der mit Sicherheit folgende seelische Terror durchmißt die gesamte Bandbreite zwischen kleinlicher Mäkelei und sexuellem Entzug. Erst wenn vom Partner »spontan« Blumen oder größere Geschenke – ohne »äußeren« Anlaß – präsentiert werden, erscheint der Krebsfrau die »Keiner-liebt-mich«-Runde fürs erste gewonnen.

Die Wahl der Mutterrolle erweist sich unter Umständen als noch gravierender. Dann betrachtet die Krebsfrau ihren Partner lediglich als Mittel zum Zweck. Der Zweck ist dann die »geschenkte« Mutterschaft und die lebenslange materielle Versorgung. Hat der Mann seinen Zweck erfüllt, wird er unweigerlich zum kleinen Jungen, zum Kind degradiert. Die doppelte, die Supermutterschaft ist erreicht. Die emotionale Herrschaft über die beiden »Kinder« vollzieht sich dann im Wechselbad zwischen »Affenliebe« und demonstrativen Martyrium: »Wenn ich nicht alles alleine mache« oder »Ich habe Dir meine besten Jahre geschenkt«. Von »Egoisten« umzingelt, zieht sich die Krebsfrau in ihren Panzer aus Selbstmitleid und Aufopferung zurück.

Der Krebsmann reagiert analog. Unabhängig davon, welche Rolle er wählt, die Regie seines Spieles (Kampfes) um Liebe und Anerkennung führt seine Mutter. Wählt er die »Mutterrolle«, wird er seine Partnerin auch gegen ihren Willen »auf Händen tragen« und höchst eingeschnappt reagieren, wenn sie lieber auf eigenen Füßen stehen möchte. Widersetzt sich die Partnerin seinen weichen Unterwerfungsritualen, wird sie ihren Krebsmann immer häufiger »einsam« in seinem Bastelkeller finden oder mit seinen diversen Sammlungen beschäftigt. Dort holt er sich dann kompensatorisch all die Liebe und Aufmerksamkeit, die ihm die Menschen in ihrer »Gefühllosigkeit« verweigern.

Unabhängig von der jeweiligen Rollenwahl zeigt sich der Native im unerlösten Zustand äußerst sensibel, immer leicht gekränkt, in stetigem Wechsel zwischen seelischer Stärke und Schwäche. Sein Stolz reagiert überempfindlich auch auf die wohlmeinendste Kritik. Vordergründig entwickelt der Native eine Art Mimikry, die ihm jedoch nur dazu dient, unterschwellig doch seinen Kopf durchzusetzen. Für diesen unerlösten Zustand wird die Blüte *Chicory* empfohlen. Sie nimmt dem Betroffenen seine Ängste, sich gefühlsmäßig aufzugeben, sie stabilisiert seinen emotionalen Austausch mit anderen Menschen. Der Native kann wieder sein großes Potential an seelischer Kraft für andere einsetzen. *Chicory* öffnet sein Herz für die selbstlose Liebe und Hingabe an den Nächsten. Der Betroffene lernt wieder, sich instinktiv auf seine Gefühle verlassen zu können. Er vermag wieder, anderen Menschen Trost und Beistand zu spenden. Die Blüte *Chicory* stärkt seine Selbstlosigkeit. Der Betroffene kann wieder geben, ohne zu nehmen. Seine zwanghaften seelisch-gefühlsmäßigen Abhängigkeiten werden abgebaut und in ein freies Spiel der seelischen Kräfte überführt. Unabhängig davon, ob der Native weiblich oder männlich ist, verkörpert sich in ihm durch *Chicory* wieder das Ideal einer umfassenden, altruistischen, selbstlosen Liebe.

Dieser unerlöste *Chicory*-Zustand tritt oft in Kombination mit zwei anderen, sich teilweise überschneidenden Zuständen auf. Im ersten Fall unterliegt der Betroffene dem zwanghaften Wunsch, mit anderen Menschen eine symbiotische Verbindung herzustellen. Mit sichtbarer Übertreibung sorgt er sich um das Wohl seiner Nächsten, erstickt sie mit seiner Fürsorge. Seinen markantesten Ausdruck findet dieser unerlöste Zustand vor allem in den zwischenmenschlichen Beziehungen, die von ihrem natürlichen Charakter her auf einer sehr engen seelisch-emotionalen Bindung aufgebaut sind. Am typischsten ist die Mutter-Säugling-Bindung. Im unerlösten Zustand wird diese zunächst biologisch wichtige Bindung jedoch mit zunehmendem Alter des Kindes nicht kontinuierlich abgebaut, sondern bleibt unter Umständen ein ganz Leben lang erhalten. Die Mutter – im Einzelfall auch der Vater – »verwöhnen« dann das mittlerweile erwachsene »Kind«, halten alle Schwierigkeiten von ihm fern und lassen es eigentlich nicht erwachsen werden. Sie leben in ständiger Angst um das »Kind«. Hauptcharakteristikum dieses Zustandes ist die Einseitigkeit innerhalb einer solchen Paarverbindung. Wir finden sie analog auf allen Ebenen: Großeltern gegenüber den Enkeln, zwischen Ehepartnern, zur »guten« Freundin oder zum »alten« Freund. Hier schafft die Blüte *Red Chestnut* Vertrauen in die eigene seelisch-gefühlsmäßige Eigenständigkeit und in die des jeweiligen Partners. *Red Chestnut* stärkt das Gefühl, auch bei einer räumlichen Trennung dennoch emotional eigenverantwortlich miteinander verbunden zu sein. Eltern lernen durch sie, ihre Kinder auch einmal an der »langen Leine« laufen zu lassen. *Red Chestnut* hilft dem Betroffenen, sich emotional vom jeweiligen

Partner abnabeln zu können. Dadurch kann wieder eine echte partnerschaftliche Beziehung entstehen.

Im zweiten Fall leidet der Betroffene im unerlösten Zustand unter einer extremen Egozentrik. Er glaubt, nicht mehr alleine sein zu können. Er unternimmt alles, um bei jeder Gelegenheit im Mittelpunkt zu stehen. Ununterbrochen signalisiert er seinen Mitmenschen, daß er sie braucht. Seine Sorgen und sein Gefühl der Verlassenheit bilden das Zentrum seines Ich-Ausdrucks. Indem er auch kleinsten Besorgnissen den Charakter einer Katastrophe verleiht, schafft er um sich ein Klima, das seine Mitmenschen nachhaltig zur Hilfe auffordert. In seiner mitleidheischenden Selbstbezogenheit läßt der Native andere Menschen seine Sorgen – ganz im Sinne der »weichen« Krebsaggressionen – »spüren«. Sein stummer Schrei ist unüberhörbar. Der Tonfall seiner typischen Auskunft: »Nein, nein, mir geht es gut« gemahnt den Adressaten um so nachhaltiger, sich um den Betroffenen zu kümmern. Ähnlich wie bei einem Kleinkind, fällt jedoch jede liebevolle Hinwendung in ein Faß ohne Boden. Für diesen Zustand wird die Blüte *Heather* empfohlen. *Heather* unterstützt den Nativen dabei, seine seelisch-emotionale Mitte nicht nur von anderen Menschen gleichsam zu erpressen, sondern sie in sich selbst wachsen zu lassen und zu finden. Sie befreit den Betroffenen aus seiner Egozentrik und gibt ihm die Kraft, mit seinen Problemen auch einmal alleine fertig zu werden. Gleichzeitig erschließt sie ihm die Fähigkeit, auf andere Menschen einzugehen und deren Sorgen zu teilen. Sie löst ihn aus seiner starren Selbstzentrierung und gliedert ihn wieder in einen lebendigen Kreis ein.

**Mond in Krebs oder im 4. Haus**

Bei Mond in Krebs erscheinen die negativen Symptome leicht modifiziert. Duldet, leidet und unterdrückt die Sonne in Krebs noch irgendwie »aktiv« und »feurig«, so wird nun die geforderte emotionale Zuwendung passiv erpreßt. Der sonst noch artikulierte Ruf nach Mutter, wird nun vollends zum stummen Schrei. Diese Mond-in-Krebs-Konstellation bietet insofern einen Ausweg aus dem unerlösten *Chicory*-Zustand, als z. B. eine feurige Sonne oder ein feuriger Aszendent energetische Impulse setzen können, die es dem Nativen ermöglichen, seine seelische Kindheit zu überwinden. Unter dieser Konstellation fällt besonders der große Ehrgeiz des Nativen auf, der immer dann in den Vordergrund tritt, wenn der Native ein seelisches Vakuum kompensieren muß. Die Kompensation kann jedoch auch passiv erfolgen, dann überfällt den Nativen eine tiefe Depression. Da der Native im unerlösten Zustand nicht bereit ist, dem Partner seine Gefühle zu »schenken«, verhält er sich oft grob und liebt nur bei entsprechender Gegenleistung. Er kompensiert damit seine Furcht, gekauft zu werden oder für erfahrene Liebe selbst eine Gegenleistung erbringen zu müssen. Zugleich leidet er aber selbst unter dem Gefühl, undankbar zu sein und entwickelt daraufhin die entsprechenden Schuldgefühle. Er setzt damit einen emotionalen Kreislauf in Gang, der ihn zwischen »himmelhoch jauchzend und zu Tode betrübt« hin und her schwanken läßt. Seine außerordentliche Sensibilität reagiert seismographisch auf die feinsten Gefühlsnuancen des Partners. Der Native »fühlt« das Gras wachsen. In seiner eigenen Kommunikation ist er eher grob und brüsk, legt jedoch jedes Wort des Partners auf die Goldwaage. Die Bandbreite seiner emotionalen Toleranz ist äußerst schmal. Es gibt wohl keinen »Schlips«, auf den man bei ihm nicht »treten kann«.

Um sich aus diesem unerlösten Zustand zu befreien, sollte der Betroffene die Blüte *Chicory* wählen. Ihre Wirkung öffnet sein Herz und stabilisiert sein labiles gefühlsmäßiges Gleichgewicht. Der Native lernt, auch einmal etwas »einzustecken«, ohne dadurch sofort aus der Bahn geworfen zu werden. Er findet wieder zurück zu einer seelischen Stärke, die er auch – helfend, sorgend und liebend – auf andere Menschen übertragen kann. Uneigennützig und Trost spendend strahlt er wieder innere Geborgenheit aus.

In allen Fällen, in denen der Native im unerlösten Zustand dazu neigt, seine Liebe und Zuneigung allzu gluckenhaft auf andere Menschen zu übertragen und ihnen durch seine aufdringliche Fürsorge den eigene Freiraum beschneidet, sollte die Blüte *Red Chestnut* verabreicht werden. *Red Chestnut* befreit den Betroffenen von seinen Ängsten um andere, die ihn z.B. veranlassen bei Freunden noch spät nachts anzurufen, um zu fragen, ob denn auch alle gesund, oder von einer Reise unbeschadet zurückgekehrt sind. Sie hindert den Nativen auch daran, stets und unaufgefordert bei der geringsten Erkältung seiner Lieben gleich den Notarzt zu rufen oder mit nicht erwünschten Wadenwickeln allzeit dienlich zu sein. *Red Chestnut* verhindert auch, daß der Native auch den gesündesten Freund besorgt fragt, wie es ihm denn gehe, und nicht eher ruht, bis er ihm trotz einer positiven Antwort doch noch prophylaktisch einige gute Ratschläge mit auf den Weg gibt und anbietet, der Freund könne ihn jederzeit anrufen, für den Fall, daß ... Kompensatorisch gibt der Betroffene damit natürlich zu verstehen, daß er eigentlich der Hilfe bedürfe und daß man sich eigentlich um ihn kümmern müsse. Es ist naheliegend, daß unter Mond in Krebs der Wunsch nach einer symbiotischen Vereinigung mit dem Partner besonders intensiv ist. Der Native nimmt im unerlösten Zustand dann jede Gelegenheit wahr, dem Partner damit zu drohen oder ihn damit zu erpressen, daß er ohne ihn »nicht leben kann«. Entzieht sich der Partner dennoch, scheut sich der Native nicht, auch härtere Mittel einzusetzen und mit Selbstmord zu drohen. In diesem Zustand ist Raum für jede Form gefühlsmäßiger Unterdrückung und Erpressung, mit dem Ziel, den Partner an sich zu schweißen. *Red Chestnut* hilft hier, wieder einen natürlichen und lebendigen Abstand zwischen den Partnern herzustellen.

In einer Variante des gleichen Gefühlsmusters lebt der Native seine »Versorgungsansprüche« eher introvertiert aus. Im ständigen Kreisen um sich selbst gerät seine Seele dann ins Strudeln. Der Betroffene strauchelt bei der geringfügigsten gefühlsmäßigen Belastung. Ein falsches Wort, ein falscher Blick genügen, um ihn aus dem seelischen Gleichgewicht zu bringen. Aus jeder seelischen Mücke wird ein Elefant. Der Betroffen manövriert sich selbst bei den alltäglichsten Lebensäußerungen in eine Situation, in der er ohne fremde Hilfe nicht mehr auszukommen glaubt. Jede angebotene Hilfe versickert dann in einem Faß ohne Boden. Diese Form der überwertigen Selbstzentrierung kann mit der Blüte *Heather* gedämpft und abgewendet werden. Sie befreit den Blick des Nativen von der Perspektive einer ständigen Besorgnis um sich selbst und läßt ihn wieder neue Zuversicht und Hoffnung schöpfen.

## Aszendent Krebs

Sowohl auf der Bühne des Lebens als auch auf der Theaterbühne finden wir beim Krebs-Darsteller die gleichen Ausdrucksweisen. Im Leben wie im Theater wird er seiner »Heimat«-Bühne immer treu bleiben. Ein fester, individuell gestalteter, gemütlicher Garderobenplatz ist ihm wichtiger als die große Rolle. Unermüdlich springt er helfend ein, versorgt das Ensemble mit Kaffee oder Streicheleinheiten und ist sich auch nicht zu schade, einmal »nur« zu soufflieren (geradezu die Inkarnation eines Helferberufes). All diese Dienstleistungen stehen jedoch wesentlich unter der Prämisse, daß er seinerseits von seinem »Haus«, von seinen Kollegen den notwendigen Schutz erfährt, daß er sich »aufgehoben« fühlt, seine Heimeligkeit nicht gestört wird. Seine im unerlösten Zustand enervierende Tendenz, sich unentbehrlich zu machen, dient ihm dazu, insgeheim Macht auszuüben. Da er selbst unter einer gewissen »Beißhemmung« leidet, also von sich aus niemals angreifen würde, jedoch dauernd fürchtet, angegriffen zu werden, schafft er durch seine demonstrative Fürsorge ein Klima, das den »bösen Feind« erst gar nicht angreifen läßt. Helfen und Fürsorge werden zum Charakterfach. Daß diese Hilfen auch zum Schaden anderer gereichen können und deswegen nicht immer Dank zu erwarten ist, erscheint für das in sich geschlossene Gefühlssystem des Nativen nur natürlich. Auch der größte »Undank« vermag diesen Teufelskreis nicht zu durchbrechen. Der Verlust an seelischer Kontrolle über andere bewirkt bei ihm wie bei einer Sucht Entzugserscheinungen. Die Sorge um, mit und für andere muß immer wieder zwanghaft aufgenommen werden.

Um die den Nativen im unerlösten Zustand umgebende Aura von gefühlsmäßiger Manipulation Sentimentalität, seelisch-gefühlsmäßigem Besitzanspruch, Gefühlsterror und launenhaften Primadonna-Allüren zu neutralisieren, sollte die Blüte *Chicory* angewendet werden. Sie verwandelt die berechnende Fürsorge des Nativen in echte Hingabe. Sie läßt den Nativen – auch als Mann – die Qualitäten einer echten, liebenden Mutter, die auch strafen kann, in sich entwickeln. Er kann dann auch dort Liebe geben, wo keine Gegenliebe zu erwarten ist. *Chicory* läßt seine enormen seelischen Kräfte erwachen und erstarken und den Nativen seelisch-emotional erwachsen werden.

Wenn sich der Native im unerlösten Zustand allzu sehr in seine Schalen zurückzieht und über ihm die seelische Decke einzustürzen droht, sprengt die Blüte *Heather* diesen Seelenpanzer und läßt den Nativen sich wieder frei und unverkrampft den Lebensfluten anvertrauen. Seine Griesgrämigkeit wandelt sich in Zuversicht, er lernt wieder, sich selbst und nicht nur andere Menschen zu »brauchen«. *Heather* läßt ihn als seelisches Küken erwachsen werden und es notfalls auch mit dem Hahn aufnehmen.

Die Blüte *Red Chestnut* schließlich hilft dem Krebs-Darsteller, auch einmal seine Heimat-Bühne zu verlassen und sich frei von den Sorgen um seine Mitspieler emotional auf Tournee zu begeben. Nicht länger löst er durch seine ständige Sorge bei anderen ein schlechtes Gewissen und Schuldgefühle aus. Er wird erfahren, daß er nun viel mehr Liebe geschenkt bekommt, denn jetzt geben die anderen freiwillig und spontan und nicht durch seine »Liebe« genötigt. Indem er sich durch *Red Chestnut* von anderen Menschen zu lösen beginnt, kann der Betroffene seine nun freien seelischen Kräfte vermehrt in seine eigene Entwicklung schöpferisch integrieren. Auf der Bühne des Lebens erscheint dann ein Individuum, dem zur positiven Vollendung seiner subjektiven Selbstheit nur noch das doppelte Feuer des Löwen fehlt.

**Südlicher Mondknoten im 4. Haus**

Da diese Konstellation sich auf eine der Hauptachsen im Horoskop – die Achse IC zu MC – bezieht, greift sie besonders tief in die Erlebniswelt des Betroffenen ein. Wenn andere Mondknotenachsen entsprechend ihrer Hausposition sich mehr auf einzelne transformatorische Aufgaben »beschränken«, so wird hier die Totalität des Individuums erfaßt. Je enger der Aspekt zwischen dem Südlichen Mondknoten und dem IC ist, um so weniger kann sich der Betroffene dann dieser doppelten Pointierung seiner Lebensaufgabe entziehen.

Im unerlösten Zustand klammert sich der Betroffene an seine »Wurzeln«. Wurzeln steht hier synonym für Heimat, Familie, Herkunft, Vergangenheit in jeder Form. Er weigert sich, das grundlegende Lebensprinzip der stetigen Wandlung zu akzeptieren. Die Gegenwart wird permanent aus der Perspektive der Vergangenheit erlebt und bewertet. Der Zeitbegriff »damals« wird zum Zentrum seiner Erlebniswelt und Erlebnisfähigkeit. Es ist dies eine Lebensperspektive, die man häufig bei älteren Menschen findet. In dieser altersgemäßen abschließenden Lebensbetrachtung hat sie auch bedingt ihre Berechtigung. Bei jungen Menschen führt sie jedoch zur Stagnation aller zukunftsweisenden Lebensenergien.

Das grundlegende Mißverständnis in diesem unerlösten Zustand besteht darin, daß der Native den Fluß der Zeit und damit den Fluß der Ereignisse und Wandlungen nicht versteht. Er erkennt nicht, daß sein heutiges »Damals« damals ein »Heute« war und daß sein »Heute« zwangsläufig zu einem »Damals« wird. Konsequent idealisiert der Native seine Vergangenheit, so daß auch eine früher negativ erfahrene damalige Gegenwart im Abstand von einigen Jahren zu einer positiven Vergangenheit verklärt werden kann. Wenn in diese Konstellation auch noch ein saturnisches Element mit hineinspielt, kommt es zusätzlich zu Schuldgefühlen. Da jedoch in der Regel keine wirkliche Schuld besteht, handelt es sich eigentlich nur um ein wiederkehrendes Bedauern oder wehmütig, sentimentales Erinnern. Eine Aussage wie: »Wenn ich mich nur damals anders entschieden hätte, ginge es mir heute besser« gehört zum ständigen Repertoire des Nativen.

Karmisch gesehen kommt der Native aus einem Leben, das für ihn durch die totale Sicherheit seiner individuellen materiellen, geistigen und emotionalen Wurzeln geprägt war. Seine im Nördlichen Mondknoten liegende jetzige Aufgabe, »öffentlich« zu werden, sich nun in der Gesellschaft zu verwurzeln, schafft für den Nativen das Problem, nun z.B. in seinem Beruf eine Heimat finden zu müssen. Da jedoch das öffentliche Leben durch Parameter bestimmt wird, die nur sehr bedingt etwas mit Ruhe und Geborgenheit zu tun haben, sucht der Native nun auf diesem »Kampfplatz« etwas, was es dort eigentlich nicht zu finden gibt. Bevor er sich aus dieser karmischen Illusion befreit hat, verharrt der Native in starker emotionaler Abhängigkeit von seiner beruflichen Situation. Er legt sehr viel Wert darauf, daß z.B. das Arbeits- oder Betriebsklima stimmt und ist sogar bereit, dafür finanzielle Opfer zu bringen oder Aufstiegschancen nicht wahrzunehmen. Er verzichtet dann darauf, in eine höhere Position aufzusteigen, weil er weiß, daß dort das Klima »rauher« ist. Möglich auch, daß eine überwertige Bindung an seine Familie ihn an der Wahrnehmung öffentlicher Aufgaben hindert. Kompensatorisch kann er auch die Flucht in einen eher »helfenden« Beruf antreten, da er dort die gesuchte »Nestwärme« eher vermutet. Die Ursache für diese kompensatorischen Ausflüchte liegt in der emotionalen Selbstmanipulation des Betroffenen. Um sich nicht der rauhen Wirklichkeit (MC) aussetzen zu müssen, verharrt er zwanghaft in der gewohnten Heimeligkeit seines IC. Die Symbolkette Südlicher Mondknoten – 4. Haus – Krebs – Mond verweist darauf, daß der Native aus seiner »Kind«-Vergangenheit in eine »Erwachsenen«-Gegenwart hineinwachsen soll. Im übertragenen Sinne soll neben einer individuellen auch eine soziale Abnabelung vollzogen werden. Je mehr der Native im unerlösten Zustand emotional in der Abhängigkeit von seinen Wurzeln verhaftet bleibt, um so mehr wird für ihn gerade dieses sicher geglaubte Feld seiner Persönlichkeit zur Ursache seiner Leiden an der »Welt«.

Die Blüte *Honeysuckle* erschließt dem Betroffenen einen kreativen Blick auf seine Gegenwart. Durch sie wird der Native fähig, aus seinen »Wurzeln« einen Stamm mit Ästen, Zweigen, Blättern und Früchten treiben zu lassen. Dies gelingt vor allem dann am besten, wenn der Betroffene in seinem Beruf (MC) einen Weg findet, sich zukunftsweisend mit seiner Vergangenheit (IC) auseinanderzusetzen. Dafür eignen sich in besonderer Weise Berufe wie Restaurateur, Historiker, Archäologe, Archivar usw. Aber auch bei einer anderen beruflichen Orientierung stimuliert *Honeysuckle* positiv die Fähigkeit, die inneren Zeitzusammenhänge, die Vergangenheit und Gegenwart miteinander verbinden, in ihrer positiven Substanz zu erkennen und sich selbst als ein kreatives und lebendiges Bindeglied dieser Zeitachse zu erfahren. *Honeysuckle* führt den Nativen zur konstruktiven und bewußten Erkenntnis seiner Bestimmungsachse IC zu MC.

Es ist naheliegend, daß diese Grundsymptomatik gleichzeitig von den schon unter dem Thema Krebs behandelten anderen unerlösten Zuständen »peripher« begleitet wird. Für alle im Einzelfall unterschiedlichen Auswirkungen sollten die schon genannten Blüten zusätzlich wahlweise in die Behandlung mit aufgenommen werden.

## Transite von Saturn, Uranus, Neptun oder Pluto über das 4. Haus

Alle vier Transite greifen tief in die seelische Substanz des Betroffenen ein. Jegliches Gefühl der Geborgenheit und Verwurzelung, die emotionale Heimat, sei es die Familie, der Kreis der Freunde, Partner oder »nur« die Stadt oder das Land, denen man sich zugehörig fühlt, werden unter diesen Transiten nachhaltig unterminiert.

Unter Saturn tritt zunehmend eine Lähmung und Erstarrung der familiären Situation ein, äußere, berufliche Zwänge, gebieten dem Nativen, seinen emotionalen Dornröschenschlaf zu beenden. Krisen in der Partnerschaft, in der Ehe, in familiären Beziehungen ganz allgemein oder im Beruf sollen durch eine Neuorganisation des wechselweisen Beziehungsgeflechtes umstrukturiert werden. Kompensatorisch wird der Native versuchen, sich zunächst noch intensiver an die bestehenden Strukturen anzuklammern. Er möchte die anstehenden Veränderungen »aussitzen«. Er sucht sein Heil in der Erstarrung und wird versuchen, sich noch symbiotischer in den bereits bestehenden Verbindungen zu verankern. Der Native beginnt, auch die unheilvollste Vergangenheit zu verklären. Die in diesem Zustand besonders ausgeprägte Zukunftsangst läßt *Shakespeare* seinen *Hamlet* in die Worte fassen: »... daß wir die Übel, die wir haben, lieber ertragen, als zu unbekannten fliehn.« Unbemerkt vom Nativen baut sich damit ein neuer Kreislauf auf, denn die ungesichert erscheinende Gegenwart bedarf ja nur einiger Jahre, um von dem Betroffenen dann als glanzvolle Vergangenheit erinnert zu werden. Für diesen Zustand werden die Blüten *Red Chestnut* und *Honeysuckle* empfohlen. *Red Chestnut* befreit den Nativen von seinem zwanghaften Wunsch nach symbiotischer Vereinigung und läßt ihn seine Gefühle wieder frei und individuell entfalten. Er begreift, daß er sich aus den bestehenden zwischenmenschlichen Beziehungen, die mittlerweile zu Verstrickungen geworden sind, abnabeln muß, um auf einer höheren Ebene eben diese Kontakte wieder neu zu etablieren. Die Blüte *Honeysuckle* entzerrt das verklärende Bild der Vergangenheit und öffnet dem Nativen einen lebendigen und wagemutigen Blick in die Zukunft. Der Native lernt, wie er die wertvollen Teile seiner Vergangenheit in die Zukunft integrieren kann.

Wenn die Wurzeln des Nativen durch einen Uranus-Transit erschüttert werden, treten die auslösenden Ereignisse schlagartig auf. Wohnungswechsel, Verlust von Angehörigen durch Krankheit oder Tod, berufliche Schwierigkeiten lösen in der Privatsphäre der Nativen ein Chaos aus. Kompensatorisch wird er versuchen, entweder die Situation auszusitzen oder er stürzt sich – überkompensierend – in einen Strudel selbstausgelöster äußerer Veränderungen. Alte familiäre oder freundschaftliche Bande werden von ihm ohne jegliche Vorwarnung rigoros abgebrochen und durch neue Beziehungen ersetzt. Bei längerer Dauer des Transits sprengt der Betroffene unter Umständen auch wiederholt seinen räumlichen Bezugsrahmen, er zieht mehrmals um, renoviert oder stellt ganz einfach seine Möbel immer wieder um. Für diesen stark selbstzentrierten Aktionismus schenkt die Blüte *Heather* dem Betroffenen die Fähigkeit, wieder konzentriert in sich selbst hineinzuhören und vor allem auch anderen Menschen zuzuhören. Dem Betroffenen ist es dadurch möglich, für seine hektische Umtriebigkeit einen allgemeinen Konsens herbeizuführen. Er schwingt durch *Heather* wieder »mit« seinem Transit und beginnt, die Beziehungsmuster seiner Gegenwart nicht mehr unkontrolliert zu zerstören, sondern sinnvoll neu zu organisieren.

Wenn ein Neptun-Transit seine auflösenden Energien in dem Betroffenen auslöst, verschwimmen die Konturen aller sicher geglaubten sozialen Bindungen. Der Native schwankt zwischen einer Verklärung seiner inneren und äußeren »Heimat« oder fühlt sich seinen Nächsten gegenüber mit einem Mal unwürdig. Daraus resultierende Schuldgefühle wird er kompensatorisch durch noch engere Anbindung oder Anklammerung an seine »Familie« zu bewältigen suchen. Der zwanghafte Wunsch nach symbiotischer Veschmelzung mit allem, was ihm konkret oder im übertragenen Sinne als »Heimat« erscheint, kann bis zur völligen Selbstaufgabe entarten. Auch in diesem Zustand schenkt die Blüte *Red Chestnut* dem Nativen wieder einen natürlichen Abstand zu seinen Mitmenschen und seinen anderen seelischen »Heimaten«. Aus den bindungsauflösenden Tendenzen des Neptun erwachsen dem Nativen neue Konturen seiner seelischen Bezugspunkte. Der neptunische Schleier wird gelüftet, alle verklärenden Perspektiven weichen einem nüchternen und objektiven Erfassen der eigenen Lage. *Red Chestnut* ersetzt die vorherrschende Wahrnehmung der Gegenwart durch die rosarote Brille durch eine neue konstruktive Lebensperspektive. Unter einem Pluto-Transit wird der Native aufgefordert, tief in die Abgründe seiner eigenen Seele einzutauchen. Weit zurückliegende Traumata aus der Kindheit oder Jugend steigen an die Oberfläche. Der Native wird mit seiner wahren seelischen Identität konfrontiert. Wird diese Aufgabe verweigert, weisen äußere Ereignisse – Zusammenbruch der familiären Bande, erzwungener Wohnsitzwechsel, Reparaturen aller Art usw. – den Betroffenen umso nachhaltiger daraufhin. Seine Aufgabe besteht darin, seine Wurzeln freizulegen und sich neu zu erden. Wenn der Betroffene kompensatorisch versucht, diese Aufgabe durch überzogenen Ehrgeiz, durch machtvolles und rücksichtsloses Aufrechterhalten des status quo zu meistern, wird ihm die Blüte *Vine* helfen, wieder die rechten Proportionen seines Handelns zu erkennen. *Vine* erschließt dem Nativen einen seelischen Fundus, mit dessen Mitteln er sich selbst zum geistigen Führer werden kann. *Vine* hilft ihm, seine plutonischen Seelenkräfte zu bündeln, anstatt sie in blindem Aktionismus zu verschleudern. Die Seele des Nativen nimmt sich selbst an der Hand.

**Mars in Krebs oder im 4. Haus**

Wenn ausgeführt wurde, daß der unerlöste *Chicory* und *Red Chestnut*-Zustand überwiegend mehr von Frauen erfahren und ausgedrückt wird, so betrifft diese Konstellation nun überwiegend Männer. Die schon beschriebenen Erscheinungsbilder werden nun gleichsam durch eine marsische, männliche Qualität erweitert und modifiziert. Die vom Krebstyp allgemein bevorzugte »weiche« Aggressivität wird nun »hart«. Der Native dreht den Spieß um und trampelt nun aktiv auf den Nerven seiner Mitmenschen herum. Er wird zum Haustyrann, dessen Launen und plötzliche Gefühlsausbrüche die ganze Familie ständig in Atem halten. Mitleidlos verstrickt der Native seine Umwelt in seine emotionalen Machtspiele. Wer dieses Spiel verweigert, wird mit totalem Liebesentzug oder Verachtung bestraft. Charakteristisch für diesen unerlösten Zustand ist, daß der Native seine Gefühlstyrannei vor allem an den Menschen auslebt, die ihm eigentlich am nächsten stehen sollten – an seiner Familie, an seinen Freunden und Bekannten. Spürt der Native energischen Widerstand, wenn er z. B. seine Spiele auch im Beruf einsetzt, aber der »Chef« nicht mitspielt, gibt er klein bei. In diesem unerlösten Zustand reorganisiert die Blüte *Vine* vor allem die emotionale Kooperationsbereitschaft des Betroffenen. *Vine* verstärkt in ihm einen wohlverstandenen Altruismus. Der Betroffene lernt durch *Vine*, in sich einen harmonischen Ausgleich zwischen seinem Anspruch zu herrschen und seiner Aufgabe zu dienen herzustellen.

**Gesundheitliche Implikationen**

Im Zeichen Krebs liegen die wesentlichen gesundheitlichen Störungen im Bereich der Verdauungsorgane und Drüsen. Nicht gelebte Gefühle, emotionale Enttäuschungen schlagen auf den Magen. Betroffen ist auch das Schlafverhalten. Oft sehr konkret an die wechselnden Mondphasen angepaßt, erlebt der Native gravierende Schlafstörungen mit allen dazu gehörenden Folgeerscheinungen, wie physische und psychische Schwäche und Depressionen. Alle Versuche, mit Tabletten aus diesem Kreislauf auszubrechen, stellen den falschen Weg dar. Sie dämpfen etwas im Äußeren, was seine Ursache im Inneren hat. Die genannten Bach-Blüten dagegen behandeln erfolgreich die Seele des Nativen.

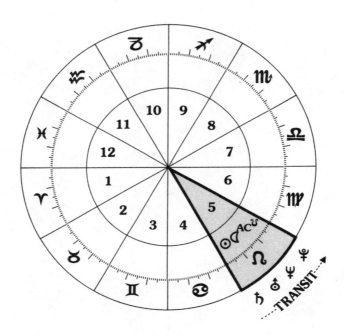

## Löwe, Sonne und 5. Haus

*Astrologische Konstellationen:*

Grundkonstellationen: Sonne oder Mond in Löwe oder im 5. Haus, Aszendent Löwe, Südlicher Mondknoten im 5. Haus

Zeitliche Auslösungen: Transite von Saturn, Uranus, Neptun oder Pluto über das 5. Haus

Empfohlene Bach-Blüten: *Vervain, Heather, Vine, Elm*

*Erlöster Zustand:*

Der weise König, großmütig, die höchste Form des Wollens, das heliotische Feuer, überträgt sein Selbstvertrauen auf andere, der geborene Führer, verantwortliche Autorität, leben und leben lassen, Macht im Dienste des Nächsten, Gottvertrauen, der Autokrat

*Unerlöster Zustand:*

Der König bin ich, rigorose Machtentfaltung, der Zweck heiligt die Mittel, das Recht des Stärkeren, arrogant, pathetische Selbstdarstellung, narzißtisch, dünkelhaft, will um jeden Preis im Mittelpunkt stehen, Du sollst keine Götter haben neben ihm, sich immer in Konkurrenz befinden, Hysterie, cholerisch, schnell beleidigt, Trägheit, Extravaganz, Angst vorm Scheitern, Jagdinstinkt, Lebenshunger

Symptomatik im unerlösten Zustand:

**Sonne in Löwe oder im 5. Haus**

Seit alters symbolisiert die Sonne als Herrscherin im Tierkreiszeichen Löwe den Inbegriff des Lebens. Die Sonne verkörpert jedoch nicht, wie es immer wieder irreführend dargestellt wird, das Selbst des Menschen, sondern die höchste sich äußernde Kraft im Selbst. Die Totalität des Individuums – sein Selbst – formt sich aus dem Zusammenwirken aller Planetenkräfte in einem Kosmogramm. Im Zeichen Löwe (fixes Zeichen) bündeln und verdichten sich alle bisher im Tierkreis erworbenen Eigenschaften und Fähigkeiten des Individuums zu ihrem machtvollsten, subjektivsten Ausdruck. Die reine Energie (Widder) fließt in die Substanz (Stier), setzt die Form in ihre Funktion und nimmt Kontakt zu anderen Energien auf (Zwillinge) und wird sich ihrer Seele und ihrer Gefühle bewußt (Krebs). Das physische und psychische System Mensch hat den ersten Teilabschnitt seiner Entwicklung vollendet (1. Quadrant) und will sich nun im Vollbesitz seiner Subjektivität strahlend zum Ausdruck bringen. Im unerlösten Zustand beinhaltet diese Subjektivität den Kern aller Schwierigkeiten des Nativen. Die innere Sonnenerfahrung wird dann derart übermächtig, daß der Native sich selbst für die Sonne hält. Aus irdischer Sicht kann sich das Individuum in diesem Glauben ja auch bestätigt fühlen, schließlich kreist unser Planetensystem ja um die Sonne. Aus kosmischer Sicht jedoch kreist die Sonne – als sich nun selbst bewegender Körper – um ein höheres galaktisches Zentrum. Sie ist eingebunden in eine höhere Ordnung. Im unerlösten Zustand fehlt dem Betroffenen die Einsicht in diese Hierarchie. Aus einem überwertig gelebten Selbstbewußtsein heraus degradiert er alle Faktoren seines subjektiven Sonnensystems, ihre physischen und ihre psychischen Erscheinungen, zu seinen Trabanten und fordert, seiner inneren, falschen Logik folgend, von ihnen materiellen, geistigen und emotionalen Tribut. In einem fatalen Umkehrschluß soll nicht er sie nähren, wie die Sonne die Welt, sondern sie sollen ihn nähren.

Im unerlösten Zustand springen die Auswirkungen bei jeder Löwe-Begegnung ins Auge. In dem Nativen »glüht« eine Idee, von der er – koste es, was es wolle – alle anderen Menschen überzeugen möchte. Mit »Feuer«-eifer soll jeder spontane Einfall sofort in die Tat umgesetzt werden. Überträgt man einmal diese Übermotivation ins Bild, so finden wir im »echten« Löwen die Analogie: vorne große Mähne, hinten eine dünne Quaste. Analog dazu entwickelt unser Löwe die Idee, die Arbeit können die anderen machen. In seiner Überzeugungsarbeit wird das Argument zum Schwert, mit dem er jeden Widerspruch an der Wurzel kappt. Diktatorisch werden Uneinsichtige zu ihrem Glück gezwungen. Auch ein noch so begründeter Einspruch wird von dem Nativen als Majestätsbeleidigung empfunden. Er reagiert entweder mit höchster Empfindlichkeit und Gereiztheit oder zieht sich dramatisch in die Schmollecke zurück. Sein im unerlösten Zustand überwältigender missionarischer Eifer unterscheidet sich jedoch wesentlich vom Missionsdrang des Schützen. Der Schütze-Geborene kämpft in der Regel für eine »bestimmte«, nämlich für seine Idee – der Löwe dagegen für die Idee schlechthin, und damit kann jede Idee in ihm ein Sendungsbewußtsein auslösen. Im unerlösten Zustand vermag er dann die Ideen zu wechseln wie das Hemd.

Um seinem überzogenen Schöpfertrieb frönen zu können, fragt der Betroffene, unter dem Motto – berühmt oder berüchtigt, Hauptsache, ich stehe im Mittelpunkt – wenig nach der Qualität des zu Schöpfenden. Nicht selten findet er sich dann auch in seinen bravourösen Aktionen alleine auf den Barrikaden. Er kann zum Vorkämpfer ohne Anhängerschaft werden, da er sie entweder infolge von Kränkungen oder im Rausch des eigenen Siegestaumels längst hinter sich gelassen hat. Dieser extrem egozentrische Zustand kann durch die Blüte *Vervain* in einen machtvollen und verantwortungsvollen Altruismus gewandelt werden. *Vervain* veranlaßt den Nativen, seine enormen vitalen und geistigen Energien nicht weiter im Alleingang oft ergebnislos zu erschöpfen, sondern sie in einen breiten allgemeinen Arbeitszusammenhang zu stellen. Der Betroffene lernt, daß sein ideelles Fanal nur dann fruchtbar wirken kann, wenn es für viele Menschen sichtbar ist und viele Menschen erwärmt. Mit *Vervain* gelingt es dem Nativen wieder, seine schöpferischen Energien, seine Überzeugungskraft und sein unbedingtes Wollen mit Geduld und Ausdauer, überzeugend und sich überzeugen lassend, in einen Gesamthandlungsplan einzubringen. Durch *Vervain* wird der Betroffene auch wieder befähigt, mit seiner enormen Vitalität und Willensstärke einen positiven Einfluß auf andere Menschen auszuüben.

Einen Teilaspekt des unerlösten Zustandes bildet der intensive Wunsch nach uneingeschränkter Selbstdarstellung. Der Betroffene möchte im Rampenlicht stehen, bewundert, hofiert und geliebt werden. Sein arrogantes und dünkelhaftes Verhalten läßt ihn zum willkommenen Opfer für alle Schmeichler werden. Selbst in der größten Gesellschaft ruht er nicht eher, bis er auch den letzten Gast wortgewandt und lautstark von seiner Großartigkeit überzeugt hat. In diesem unerlösten Zustand geht es ihm jedoch nicht, wie vergleichsweise einem Zwillinge-Geborenen, um Kommunikation, sondern um reine Selbstdarstellung. Wenn im Zentrum eines Zwillinge-Dialogs Sätze wie – »Ja, richtig, aber es wäre doch auch möglich, daß es anders wäre« oder »Also, dazu habe ich gerade gestern folgende Information bekommen« stehen, so dominiert im vergleichbaren Löwe-Gespräch einzig und alleine das Personalpronomen »Ich«: »Ich sage Ihnen, es ist genau so, wie ich es Ihnen sage« oder »Also dazu habe ich gerade gestern meinen Standpunkt entschieden klar gemacht«. Seine extreme Selbstbezogenheit degradiert auch den wohlmeinendsten Zuhörer und Zu-»schauer« – denn seine Monologe haben auch einen eindeutig dramatisch-theatralischen Charakter – zur stummen Kulisse. Hier hilft die Blüte *Heather* wieder zu einer verbindlichen und beiderseitigen Form der Kommunikation zu finden. *Heather* öffnet die Ohren – und das Herz – für die Fragen und Probleme anderer Menschen. Dem Nativen wird es wieder möglich, an einem Gespräch teilzunehmen, anstatt es zu dominieren. *Heather* läßt den Betroffenen im Du einen zweiten Brennpunkt innerhalb seines Sonnensystems erkennen. Der Native wird sich wieder dessen bewußt, daß sein »irdischer« Umlauf zweier Brennpunkte bedarf.

Es ist naheliegend, daß nicht nur die strahlende, lebensspendende, sondern auch die versengende, lebensvernichtende Sonne im Tierkreiszeichen Löwe ihren Ausdruck findet. Sie verkommt im Nativen dann zu einem ungezügelten Ehrgeiz, der ohne Ansehen der Person über Leichen geht. Die Idee verkommt zur Ideologie, das Wissen verkommt zum Besserwissen, das Urteil zum Vorurteil, natürliche Autorität zur Diktatur, der geborene

Führer wird zum mitleidlosen Antreiber. Im Spektrum dieser negativen Lebensäußerungen wird mit der Blüte *Vine* gleichsam eine neue Moral im Denken und Handeln des Betroffenen entwickelt. *Vine* baut die Grenzen des egozentrischen Willens ab und fördert die Integrationsfähigkeit des Individuums. Sein subjektives Lebensgefühl suggeriert dem Nativen, daß er zum Helden geboren sei. Im unerlösten Zustand ignoriert der Native jedoch, daß der wahre Held erst aus der Tragödie geboren wird. Erst die leidend durchstandene Lebensaufgabe erhebt ihn zu seiner wirklichen Größe. Erst im Durchlaufen des eigenen Leides erfährt er Demut und ein Bewußtsein dafür, daß das wahre Heldentum im Dienen liegt. Die Blüte *Vine* läßt ihn im Leidensprozeß die Schattenanteile seines Egos überwinden.

In allen Fällen, in denen der Native sein Herz zu weit geöffnet hat, in denen er dann unter der übernommenen Verantwortung in der Familie oder im Beruf zusammenzubrechen droht, erwächst ihm mit der Blüte *Elm* ein neues Kräftepotential. *Elm* befreit ihn von dem auf ihm liegenden, selbstverschuldeten Druck, sich um alles und jeden kümmern zu müssen. Der Native lernt wieder Akzente und Prioritäten in seinem Denken und Handeln zu setzen. Aus dieser neuen Freiheit kann er sich wieder konzentriert und verantwortungsvoll mit den Fragen in seinem Leben auseinandersetzen, die wirklich wichtig sind. Indem er durch *Elm* seine Kräfte wieder ökonomisch einsetzen kann, gewinnt er an Zuverlässigkeit und wohlbemessener Verantwortlichkeit.

**Mond in Löwe oder im 5. Haus**

Die unter dem Sonnenaspekt mehr handlungsorientierten unerlösten Zustände werden unter dem Mondeinfluß überwiegend verhaltensspezifisch ausgedrückt. Während unter Sonne in Löwe oder im 5. Haus eine innere Identität zwischen Zeichen, Herrscher und Haus besteht, tritt unter dem Mond nun eine Art kosmischer Kurzschluß ein. Dies führt im unerlösten Zustand dazu, daß die wahren Mondqualitäten im Feuer der Sonne verbrennen, oder daß das »Wasser« entweder das Feuer »löscht« oder sich selbst zu Dampf verflüchtigt. In der Analyse und Interpretation dieser Bilder entschlüsselt sich die Gesamtproblematik dieser Konstellation. Aufgrund der »elementaren« Kontroverse kann weder durch »löschen« noch durch »verdampfen« Substanz gebildet werden.

Im unerlösten Zustand wird die im Krebs erfahrene Welt der Seele und der Gefühle verlagert. Der Native nimmt seine Seele, seine Gefühle nun gleichsam außerhalb seiner selbst wahr, nur in ihrer Darstellung durch ihn selbst und in der Spiegelung in anderen. Seine narzißtische Gefühlslage gleicht einem Faß ohne Boden. Begierig verlangt er nach immer neuen Beweisen der Liebe und Hingabe, ohne jedoch selbst darin Erfüllung zu finden. Dort, wo ihm Gefühle verweigert werden, wird er versuchen, sie zu erzwingen. Er setzt seinen Partner mit dramatischen Eifersuchtsszenen unter Druck und treibt ihn ob der nicht huldvoll genug entgegengebrachten Liebe und Verehrung in Schuldgefühle. Dies alles nur, um seinem imaginierten Status als »Hahn im Korb« zu schmeicheln. Sein Versagen besteht darin, daß er die Welt der Gefühle nur funktional wahrnehmen kann. Für beide Geschlechter ist in diesem Zustand typisch, daß sie »nichts anbrennen« lassen. Ihr übersteigerter Lebens- und Gefühlshunger verdeckt die innere Leere. Sie wird durch Pomp und Pathos, durch den »Kampf der Geschlechter« oder mittels stetig wechselnder Rollenspiele – wahlweise dominante Mutter oder dominanter Vater gegenüber dem Partner »Kind« – nur oberflächlich kaschiert.

Im Einzelfall löst der Native diese Problematik auch dadurch, daß er sich in Partnerschaften bewußt »unter seinem Niveau« engagiert. Infolge einer dann bestehenden »natürlichen« finanziellen oder sozialen Abhängigkeit, bleibt dem Nativen der jeweils aktuelle Kampf um Anerkennung erspart, er hat ein für alle Mal die Hierarchie etabliert. Dies führt dann unter Umständen zu einem lebenslangen Rollenspiel. Die Löwe-Frau geriert sich dann als Superfrau – als Inkarnation der perfekten Mutter und Geliebten, der Kameradin, mit der man durch dick und dünn gehen kann, und als clevere, emanzipierte Business-Frau. Desgleichen der Löwe-Mann, der seine Einzigartigkeit gleichzeitig und gleichwertig als Mann, Vater, Geliebter, Beschützer, erfolgreicher Geschäftsmann und guter Kumpel darzustellen versucht. Ohne es zu bemerken, werden beide jedoch Opfer ihrer Rollen, da der geringste Fehler sie ja vom Thron der Omnipotenz stürzen kann. Der gesamte seelisch-emotionale Bereich des Nativen wird durch das »Recht des Stärkeren« negativ geprägt. »Glückliche«

Partnerschaften kann sich der Betroffene nur im Verhältnis zwischen Anbetung und Unterwerfung vorstellen. Der Betroffene glaubt, auf die Liebe und Anerkennung anderer Menschen einen »natürlichen« Anspruch zu haben. Diese negative seelisch-emotionale Programmierung wird sehr oft schon von den Eltern mitverantwortet. Da sie das Löwe-Kind zu sehr verwöhnen, es zu ihrer kleinen »Prinzessin« oder ihrem kleinen »Prinzen« machen, erschweren sie nachhaltig eine natürliche Sozialisation des Kindes.

Die Blüte *Vine* vermag hier, den Mondkräften gegenüber den Sonnenkräften zum Durchbruch zu verhelfen. Der Native lernt, seine eigenen Bedürfnisse zurückzustellen, sich seiner seelischen Kraft zu öffnen und sie auf andere Menschen ausströmen zu lassen. *Vine* weckt seine Rücksichtnahme und schenkt ihm im besten Falle eine Vergeistigung seiner Gefühle und seiner Seele.

Der Native erkennt, daß auch in jedem anderen Du eine Sonne lebendig ist, er lernt, diese Sonne zu respektieren und sich mit ihr ohne »Gesichtsverlust« auf gleicher, partnerschaftlicher Ebene zu assoziieren. Seine Mondkräfte können sich auch wieder den Schwachen zuwenden und vereint mit den jeweiligen Sonnenkräften einen heilsamen Einfluß ausüben. *Vine* dämpft den seelischen Hunger des Betroffenen und läßt ihn seine Seele und seine Gefühle wieder in sich und nicht mehr ausschließlich in der Spiegelung anderer suchen. In einem Aphorismus gibt *Stanislaw Lec* für diesen, dann erlösten Zustand ein sehr treffendes Beispiel. Er wandelt den Wunsch »Sesam, öffne Dich, ich will rein« um in »Sesam, öffne Dich, ich will raus«.

## Aszendent Löwe

Als Signifikator des »darstellenden« Teils einer Persönlichkeit, findet der Aszendent in Löwe seine eindeutigste Ausprägung. Im unerlösten Zustand mutiert der »Darsteller« zum »Haupt«-Darsteller. Im Unterschied zu seinem Kollegen auf der Theaterbühne ist dem Betroffenen jedoch nicht bewußt, daß er spielt. Person und Persona verschmelzen zu einer fragwürdigen Einheit. Da es sich bei Aszendent Löwe (neben Aszendent Krebs) um die subjektivste Form der Darstellung handelt, werden Mitdarsteller – außer als bewundernde Statisten – nicht geduldet.

Ob der Native als Platzhirsch nach dem Motto »Du sollst keine anderen Götter haben neben mir« sein Beziehungsrevier verteidigt oder im Beruf auch dort die Konkurrenz und den Wettbewerb provoziert, wo eigentlich eine allgemeine Übereinkunft besteht, im unerlösten Zustand fühlt sich der Löwe-Aszendent einfach nicht wohl, wenn »nichts los ist«. Besser: wenn mit »ihm« oder durch »ihn« nichts los ist. Ungefragt und demonstrativ drängt er jedem seine Meinung auf, gibt herablassend Ratschläge und fühlt sich nur wohl, wenn er in oft blindem Aktionismus initiieren, motivieren und seine Ideen »auf den Weg« bringen kann. Als ein derart Besessener und von sich Überzeugter fehlt es ihm wesentlich an Ausdauer. Er verkörpert den typischen »Nichtvollender«, nicht nur bei Sinfonien.

Der Native schöpft seine physischen und psychischen Kräfte wesentlich aus der Spiegelung in anderen Menschen: »Spieglein, Spieglein an der Wand, wer ist der Größte im ganzen Land?« Bleiben die so dringend notwendigen Spiegelungen aus, bricht sein Selbstbewußtsein wie ein Kartenhaus zusammen, und der »König der Wüste« liegt träge und faul und unleidlich im Sand.

In der dünnen Luft seiner königlichen Abgehobenheit bemerkt er oft nicht einmal, daß er den Kontakt zur Welt und den Menschen längst verloren hat und eigentlich nur noch um sich selbst kreist. Aber selbst wenn er dies erkennt, macht es ihm sein ausgeprägter Stolz schwer, sich freiwillig wieder in allgemeine, menschliche Lebenszusammenhänge einzugliedern. Sein Stolz resultiert wesentlich aus der Angst zu scheitern oder sich etwas »zu vergeben«. Er wünscht, daß seine allumfassende Kompetenz unangefochten und zweifelsfrei akzeptiert wird. Wagt dennoch jemand, seine Genialität in Zweifel zu ziehen, wird ihn der Betroffene mit herablassendem Zynismus in die Schranken weisen und den Kontakt in Zukunft meiden. In völlig überzogener Selbsteinschätzung hält der Native sich für das Ur-Meter, an das keiner seine Elle anlegen darf. Dessen ungeachtet scheut er selbst jedoch nicht davor zurück, die »Unfähigkeit« anderer gnadenlos anzuprangern. Sein Stolz verhindert auch, daß er in risikobehafteten Situationen rechtzeitig einhält, da ein Rückzug (körperlich oder geistig) für ihn einem Identitätsverlust gleichkommt.

Bevor der Betroffene den für ihn notwendigen Wandlungsprozeß – »Der König ist tot, es lebe der König« – an sich nicht schmerzlich erfahren hat, wird er wohl nicht von seinem Thron steigen. Um diesen Weg organisch zu gehen, kann die Blüte *Vervain* seine zügellose Energie und sein überzogenes Durchsetzungsvermögen in Richtung auf einen wohlproportionierten Altruismus hin stimulieren. Sie baut die negativen Auswirkungen seines »Selbst ist der Mann« ab und erinnert den Nativen an die positive Stier-Qualität »Gemeinsam sind wir stark«.

Die Blüte *Heather* verhilft dem Nativen zu einer besseren sozialen Integration und fördert seinen Rollenfachwechsel vom solistischen Hauptdarsteller zum wertvollen »Ensemble-Spieler«. Im besten Falle gewinnt der Native sogar Lust auf eine »stumme« Rolle. *Heather* glättet die Wogen der verbalen Überkommunikation, damit hinter der Persona wieder die Person erscheinen kann. Schließlich kann die Blüte *Vine* den Energiepegel der Selbstdarstellung auf einem neuen, konstruktiven und kooperativen Niveau justieren. In der Summe helfen diese Blüten, den überwertigen Stolz des Nativen zu »brechen«. Der König stürzt sich selbst und tauscht seine Autokratie gegen die nicht minder glanzvolle Rolle eines »primus inter pares«.

**Südlicher Mondknoten im 5. Haus**

Wenn bisher zur Charakterisierung der Löwe-Thematik immer wieder auf Bilder und Begriffe aus der Welt des Theaters zurückgegriffen wurde, so beruht dies auf der traditionellen – und durch Erfahrung bestätigten – Zuordnung des 5. Hauses zum Gesamtbereich »Spiel«, »Kreativität« und »Selbstdarstellung«. Beim Versuch, auch die Stellung des Südlichen Mondknotens im 5. Haus unter dieser Metaphorik zu interpretieren, ergibt dies, daß es sich hier nicht um eine selbst gewählte, sondern um eine gleichsam »ererbte« Rolle handelt. Der Native hat das Gefühl, daß er seine zu spielende Rolle – ähnlich wie im japanischen No-Theater üblich – von seinem Vater ererbte. Er ist sich jedoch nicht dessen bewußt, daß er in der genealogischen Folge hier zugleich Vater und Sohn ist.

Wenn der Native, auch bei stark abweichenden anderen astrologischen Radixkonstellationen, diese Kräfte im unerlösten Zustand ausdrückt, erhalten sie den Charakter eines Omen. Frauen betonen dann vorzugsweise ihr Äußeres. Die »ausgeflippte« Frisur oder Brille, die »persönliche Note« bei der Kleidung stellen dann die entsprechenden »Markenzeichen« dar. Männer betonen ein ausgefallenes Hobby, den exotischen Drink oder das ausgefallene Auto. Sehr treffend kennzeichnete der Werbeslogan einer Zigarettenfirma diesen unerlösten Zustand: »Es war schon immer etwas teurer, einen besonderen Geschmack zu haben«. Für Frauen und Männer gilt gleichermaßen, daß sie immer verliebt und umschwärmt sein möchten.

Aus karmischer Sicht kommt das Individuum aus einem Leben ohne Grenzen. Spaß und Spiel, das hemmungslose Ausleben der eigenen Kreativität, die unkritische Inthronisation des Ich im Mittelpunkt der Welt, die Abgrenzung gegenüber allem, was irgendwie »gemein« ist, bilden im unerlösten Zustand den Kern der Lebensäußerung des Nativen. Wo er nicht selbstverständlich führen kann, wird er zum Verführer, um seine egoistischen Ideen und Pläne durchzusetzen. Mitleidlos setzt er sein Charisma ein, um die unentbehrliche huldigende Anhängerschaft um seinen Thron zu scharen.

Gleichgültig auf welchem Feld er sich dominant darstellt, all seine Handlungen sollen um jeden Preis Aufmerksamkeit erregen und ihren Schöpfer als omnipotent erweisen. Im unerlösten Zustand sieht der Native dann auch in seinen Kindern (seinen Geschöpfen) lediglich Statussymbole, mit denen »er« glänzen kann. Ständig fordert er sich physisch und psychisch zu Höchstleistungen heraus, überschätzt dabei oft seine Kräfte, kann aber gleichzeitig, selbst mit der Niederlage vor Augen, keine Kompromisse eingehen, da dies unter seiner Würde ist. Er will es sich selbst beweisen, und dies oft bis zur bitteren Neige.

Um den Betroffenen in die Qualitäten des 11. Hauses zu überführen, werden folgende Bach-Blüten empfohlen. *Vervain* hilft dem Nativen, seine herausfordernden Lebensrisiken in neue, konstruktive Proportionen zu überführen. Der Native wird wieder bereit, Menschen und Dinge nicht mehr »zwingen« zu wollen, sondern deren eigene individuelle Entwicklung zu akzeptieren und sie kooperativ in seine Planungen einzubeziehen. Seine frei ausschwärmende, unkontrollierte Kreativität wird durch *Vervain* wieder auf konkrete, lohnende Ziele hin gebündelt und orientiert. Anstatt sich in einer überwertigen Eigendrehung nur selbst zu motivieren, gelingt es dem Betroffenen wieder, auch andere zu einer gemeinsamen Anstrengung und Leistung zu begeistern, sie im besten Falle nicht zu verführen, sondern zu führen.

Die Blüte *Heather* befreit den Nativen aus seiner selbstverschuldeten Egozentrik, er kann zunehmend wieder auf die Spiegelung in anderen Menschen verzichten. Aus dem ungebremsten Redner kann wieder ein anteilnehmender Zuhörer werden. *Heather* verschiebt den egozentrischen Schwerpunkt des Nativen. Er findet im »Außen«, im Du, einen zweiten Pol, in dem sich seine Kräfte sozialisieren und kooperativ wirksam werden können.

Die Blüte *Vine* zeigt ihm den Weg aus seiner monarchischen Isolation und entwickelt in ihm die Qualitäten des 11. Hauses – Freiheit, Gleichheit und Brüderlichkeit. Sie demokratisiert sein »Der König-bin-ich«-Bewußtsein.

## Transite von Saturn, Uranus, Neptun oder Pluto über das 5. Haus

Wenn man einmal davon ausgeht, daß ein Individuum alle seine positiven Anlagen harmonisch und konstruktiv lebt, so können diese Transite doch zeitbedingt physische und psychische Einschränkungen auslösen. Dann erstarren entweder alle positiven Antriebskräfte, wie zum Beispiel Führungseigenschaften, an einem Ideal orientierte Zielvorstellungen, den Beruf als Berufung empfinden, oder sie werden einer kritischen Bilanz unterzogen. Als Folgen stellen sich körperliche oder psychische Blockaden ein, die den Nativen derart erschöpfen können, daß er sich seinen Aufgaben nicht mehr gewachsen fühlt. Die entstandenen Krisen können entweder von »quantitativen« Ursachen ausgehen, dann hat sich der Betroffene zu viel vorgenommen, oder sie sind »qualitativer« Natur, dann hat er sich ein zu hohes Ziel gesteckt.

In der Erkenntnis und dem Durchleben dieses Prozesses wird der Native unter einem Saturn-Transit von starken Minderwertigkeitsgefühlen heimgesucht. Er erlebt sich vorübergehend in all seinen Lebensäußerungen als unzulänglich, wie in einem dunklen Schatten gefangen. Seine Kreativität scheint blockiert zu sein, der rege Fluß der schöpferischen Phantasie und Intuition versiegt. Kompensatorisch wird der Betroffene versuchen, auf seine Umwelt noch mehr »Eindruck« zu machen und sich zu allen möglichen »Abenteuern« hinreißen lassen. Er rettet sich entweder in die große Show oder pflegt seine Minderwertigkeitsgefühle in verbitterter Zurückgezogenheit. Seine Versagensängste blockieren jeglichen »normalen« Lebensausdruck. Der Native hat den Eindruck, daß er nichts mehr »ist« und »kann«. Sein Problem besteht darin, daß er sich nicht aus seiner Selbstzentrierung befreien kann und bereit ist, für andere Menschen Verantwortung zu übernehmen. Er verweigert die saturnische Disziplinierung und will weiterhin »grenzenlos« leben. Die Grenzen werden ihm dann entweder durch andere Menschen gesetzt, die den Kontakt zu ihm abbrechen, oder er erlebt die Grenzen in sich, indem sich seine Lebensenergien zunehmend kristallisieren.

Unter dem Einfluß des Uranus explodiert seine Selbstdarstellung gleichsam. Der Betroffene verfällt in ein überspanntes und exaltiertes Verhalten. Jede modische Torheit scheint dem Nativen willkommen, um um jeden Preis aus dem Rahmen zu fallen. Heute grün, morgen blau gefärbte Haare stellen unter diesem Transit noch vergleichsweise harmlose Exaltationen dar. Plötzliche Leidenschaften lassen den Betroffenen von einem Extrem ins andere fallen. Der ältere Mann »verknallt« sich in das junge Mädchen, die treue Frau und Mutter sucht den (unter Umständen folgenreichen) Flirt unter südlicher Sonne. Überproduktiv schießt seine Energie und Kreativität jedoch meist ins Leere, da der Betroffene keine Kontrolle mehr über sie hat.

Bei einem Neptun-Transit schleichen sich im Bewußtsein des Betroffenen zunehmend Minderwertigkeitsgefühle ein. Nicht selten sucht er in diesem unerlösten Zustand sein Heil bei fragwürdigen Gurus. In diesem Zustand seiner nur sehr verschwommenen Ich-Kontur wird er leicht das Opfer von Menschen, die ihm ein neues Ego »suggerieren« wollen. In seinem Umkreis tauchen Menschen auf, oder er sucht deren Kontakt, die ihn »retten« möchten oder er sie. Neue zwischenmenschliche oder partnerschaftliche Beziehungen haben einen betont romantischen Charakter. Eine wechselweise Idealisierung sucht im jeweils anderen den »Heiligen«, den »Retter«. Der Native sieht die Welt durch die rosarote Brille. Ahnungen und Eingebungen können im unerlösten Zustand selbst sichere berufliche Positionen fragwürdig erscheinen lassen, und es besteht die Tendenz, daß der Betroffene nur noch »aussteigen« möchte.

Ganz anders die Wirkung unter einem Transit des Pluto. Der

Native fühlt sich in seiner Substanz wie »gehäutet« oder »nackt«. Sein Selbstbewußtsein hat den tiefsten Punkt erreicht. Kompensatorisch hält er an den alten Formen der Ich-Darstellung fest, doch die alten Formen führen nicht mehr zum Erfolg. Als Folge davon fällt der Betroffene in einen Zustand tiefster Resignation. Kompensatorisch wird er sein Ich wieder rücksichtslos in den Mittelpunkt zu rücken versuchen. Er wird sich in Partnerschaften einlassen, von denen abzusehen ist, daß sie ihn eigentlich seelisch oder körperlich nur ruinieren können. Indem der Native nach dem Motto »Mehr vom Gleichen« lebt und handelt, geht er umso konsequenter in die plutonische Falle. Alle bisher geordneten Proportionen seines Lebens werden gesprengt, und der Native erfährt an sich die auch chaotische Dimension seines Selbst.

Zur Behandlung der unterschiedlichen Auswirkungen der einzelnen Transite können folgende Bach-Blüten eine große Hilfe sein. Die Blüte *Vervain* hindert den Nativen daran, seine Kräfte kompensatorisch ziel- und richtungslos auszubeuten. Sie bewahrt ihn davor, Einflüsse, die ihn disziplinieren sollen, durch eine falsche Risikobereitschaft zu umgehen.

Sie ermuntert den Nativen, den Menschen und Dingen gegenüber wieder sein Herz zu öffnen, sich liebevoll und anteilnehmend mit ihnen auseinanderzusetzen. Sie schenkt ihm die Gabe, seine innere geistige und vitale Flamme in anderen Menschen zu entzünden, sie mitzureißen, ohne sie zu überrennen, sie zu motivieren, anstatt sie zu dominieren. Die Blüte *Vine* führt ihn aus seiner durch Stolz und Anmaßung selbstverschuldeten Isolation. Sie beflügelt ihn, als König wieder der erste Diener seines Staates zu sein. Sie zeigt ihm Wege auf, wie er in altruistischer Hingabe an eine Idee und deren Realisation zum vorbildlichen Initiator und Begleiter gemeinsamer Handlungen werden kann. Die Blüte *Heather* erlöst ihn aus seiner kleinkindlichen Ichbefangenheit und integriert ihn als »demokratischen« Erwachsenen in die Gesellschaft. Sie lehrt ihn schweigen, auch in der Menge, und trotzdem nicht an Selbstwert zu verlieren. Seine monologische Lebensdarstellung weicht einer dialogischen.

Für die Transitzeiten, in denen der Native physisch und psychisch »am Ende« zu sein glaubt, meint, seinen vielfältigen Aufgaben und Verpflichtungen nicht mehr angemessen nachzukommen, wenn er unter der Last seiner Verantwortung zusammenzubrechen droht, mobilisiert die Blüte *Elm* in ihm wieder neue Kraftreserven. *Elm* stärkt konkret und im übertragenen Sinne sein Herz (seine Sonne) und öffnet ihm wieder die Augen für die rechte Einschätzung der ihn belastenden Lebensumstände. Seine Verzagtheit und Mutlosigkeit wandelt sich in einen unerschütterlichen Glauben an sich selbst und seine Mission. Aus der nun möglichen neuen Konzentration der Kräfte kann der Beruf zur Berufung werden. *Elm* festigt die im unerlösten Zustand überwertigen Fliehkräfte des Nativen und läßt ihn wieder seine subjektive Mitte finden.

**Gesundheitliche Implikationen**

Sonne und Herz stellen wohl die eindeutigste Analogie im Bezugsrahmen Kosmos und Mensch dar. Alle Sonnen-Löwe-Beschädigungen im Kosmogramm finden im unerlösten Zustand entsprechend ihren Niederschlag im Bereich des Herzens und seiner Funktionen. Allgemeine Herzbeschwerden bis hin zum Infarkt, Durchblutungsstörungen, zu hoher oder zu niedriger Blutdruck und Herzrhythmusstörungen bilden die zentralen gesundheitlichen Problemfelder. Es muß nicht ausdrücklich betont werden, daß eine Schädigung des Zentralorgans und seiner Funktionen eine Fülle anderer Beschwerden nach sich ziehen kann. Gerade bei Löwe-Geborenen spielen sehr oft psychosomatische Ursachen eine große Rolle. Verletzter Stolz, gekränkte Eitelkeit, scheinbarer oder wirklicher Autoritätsverlust können konkrete organische Befunde auslösen. Da gerade diese Ursachen von den Betroffenen – aus Stolz und Eitelkeit – nicht zugegeben werden (können), bedarf es eines großen Einfühlungsvermögens, um sie dennoch ans Licht zu bringen.

118　　　　　　　　　　　　　　　Dritter Teil: Zeichen, Planeten und Häuser

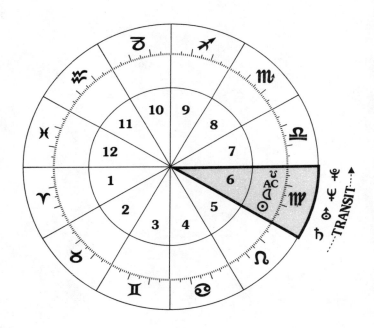

## Jungfrau, Merkur und 6. Haus

*Astrologische Konstellationen:*

Grundkonstellationen: Sonne oder Mond in Jungfrau oder im 6. Haus, Aszendent Jungfrau, Südlicher Mondknoten im 6. Haus

Zeitliche Auslösungen: Transite von Saturn, Uranus, Neptun oder Pluto über das 6. Haus

Einzelaspekte: Saturn in Jungfrau oder im 6. Haus, Mars in Jungfrau oder im 6. Haus im Spannungsaspekt zu Sonne oder Saturn

Empfohlene Bach-Blüten: *Crab Apple, Beech, Rock Water, Hornbeam, Elm, Oak, Gentian, Gorse, Vine*

*Erlöster Zustand:*

Anstelle von Kritik – Diagnose, Toleranz, natürliches Körperbewußtsein, geistige Frische, Zuverlässigkeit, Kultiviertheit, man läßt auch einmal Fünf gerade sein, Erkenntnis einer höheren Ordnung, die Welt und die Menschen in den rechten Proportionen wahrnehmen, den großen Zusammenhang erkennen, die Fachkraft, der klare »merkurische« Kopf, urteilsfähig, Selbstkontrolle, Pflichterfüllung

*Unerlöster Zustand:*

Übertriebenes Pflichtgefühl, Perfektionismus, detailbesessen, Pedanterie, Waschzwang, Kritiksucht, Intoleranz, der Erbsenzähler, normatives Denken, körperliche Askese, der Gesundheitsapostel, übertriebenes Ehrgefühl, die Angst, Fehler zu machen, der Perfektionist, Angst vor Krankheiten, prüde, Schuldgefühle, der Mahner, mentale Erschöpfung

## Symptomatik im unerlösten Zustand

### Sonne in Jungfrau oder im 6. Haus

Es klingt übertrieben, aber die tägliche Erfahrung lehrt, daß mit Jungfrau-Geborenen irgendetwas »anders« ist. Nun wäre Übertreibung gerade unter diesem Zeichen kein passender Ausgangspunkt für eine Untersuchung dessen, warum dies so ist. Nähern wir uns also der Frage jungfräulich-vorsichtig. Ein Blick auf die Graphik im ersten Teil mit den beiden kosmisch-irdischen Halbsonnen verdeutlicht die Besonderheit. Im Zeichen Jungfrau befinden wir uns am Ende des zweiten Quadranten und damit auch am Ende der ersten Hälfte der kosmisch-irdischen Halbsonne. Im Schnittpunkt der aufsteigenden Sinuskurve mit der Zeitachse erreicht der Lebenszyklus einen ersten Punkt der »Sammlung«. Die mit der Geburt verbundene Lebens-»Behauptung« (Widder) wird zur Lebens-»Frage« (Jungfrau). Das bisher »Angesammelte« (die Früchte aus Krebs und Löwe aus der Saat und Reifung von Widder bis Zwillinge) wird »befragt« nach seinem »Wozu«, seinem Zweck und seinem »Für wen«. Im Schoß der zweiten Halbsonne liegen die Antworten (von Waage bis Fische).

Im bisherigen Zyklus hat sich das subjektive, irdische Ich endgültig ausgebildet und soll sich nun in der Jungfrau objektivieren, indem es sich selbst hinterfragt. Dieses Sich-selbst-in-Frage-Stellen erwächst aus einer neuen Qualität des Herrscherplaneten Merkur. Zum ersten Mal begegnen wir im Durchlaufen des Tierkreises einem »Herrscher« zum zweiten Mal. Die enge Anbindung der Merkurumlaufbahn an die »Bewegung« der Sonne hat zur Folge, daß Merkur – von der Erde aus gesehen – sowohl als Morgen- als auch als Abendstern erscheinen kann. Es ist naheliegend, daß sich mit der unterschiedlichen physischen Erscheinung auch ein veränderter geistiger Ausdruck verbindet. Als Morgenstern symbolisiert Merkur eine eher nach außen gerichtete, »journalistische« Intelligenz und wird den Zwillingen zugeordnet. Als Abendstern vertieft sich sein Ausdruck zu einer mehr nach innen gerichteten, »philosophischen« Intelligenz und wird der Jungfrau zugeordnet. Es geht hierbei ausschließlich um eine besondere »Färbung« des Ausdrucks und nicht um die Gesamtsymbolik.

Im Zeichen Jungfrau stehen wir am Scheidepunkt zwischen erfahrener Subjektivität und noch zu erarbeitender Objektivität. Das »unbewußte« Bewußtsein, an einer Grenze zu stehen, läßt das jungfraubetonte Individuum im unerlösten Zustand all die Erfahrungen überwertig leben, die seine Subjektivität eben ausmachen. Die bisherigen Erfahrungen aus dem Tierkreis mit »Ich will« (Widder), »Ich habe« (Stier), »Ich denke« (Zwillinge), »Ich fühle« (Krebs), »Ich bin« (Löwe) verdichten sich in der Jungfrau zu der Frage: »Ich will, ich bin, ich denke, ich fühle, ich bin: wer oder was?« Da diese Frage natürlich nicht mit einem Satz zu beantworten ist, führt dies notwendigerweise zu endlosen Untersuchungen und Erörterungen, in deren Folge sich – im unerlösten Zustand – eine extreme Fixierung an das Detail und ein kleinkrämerischer Perfektionismus einschleichen. Der Betroffene sieht dann den Wald vor lauter Bäumen nicht. Seine zwanghafte Intention, in allen Lebensäußerungen zwischen »nützlich« und »unnützlich« (für den Nativen selbst) zu unterscheiden, verhindert jede spontane Tat. Im unerlösten Zustand verzögert der Native unter dem Deckmantel der Pflicht, gepaart mit kleinlicher Erbsenzählerei, Mißtrauen und überproportionaler Vorsicht jede Aktivität. Unter dem Vorwand, erst analysieren zu müssen, verharrt er in einem Zustand der körperlichen und geistigen Starre. Dadurch verweigert er seine wahre Aufgabe, nämlich über seinen Schatten zu springen, die Grenze (zur Waage hin) zu überschreiten.

Im unerlösten Zustand gleicht sein Verhalten in gewisser Weise der Funktion des Darmes. Dessen Aktivität besteht auch nicht im Erschaffen von etwas Eigenem, sondern in der Verwertung, in der

Trennung von Materie nach tauglich und untauglich. Auf der physischen Ebene findet dies seine Analogie in einem übertriebenen Gesundheits- und Reinheitsbewußtsein, in einer Anlage zur Hypochondrie und in einem Waschzwang des Betroffenen. Starke Ekelgefühle gegenüber allem Unreinen (Toiletten, scheinbar verdorbenen Lebensmitteln, bis hin zum Hundekot auf der Straße) richten sich aber auch gegen die eigenen Ausscheidungen. In der Folge davon leidet der Betroffene unter wiederkehrenden Verdauungsstörungen.

In diesem unerlösten Zustand finden wir auch die penible Hausfrau, die jede Tasse sofort nach Gebrauch spült, weil sie sich vor dem schmutzig-klebrigen Abwasch ekelt. Analog gehört für den Jungfrau-Mann die wöchentliche Autowäsche zum absoluten Pflichtprogramm. Aschenbecher werden, falls der Betroffene überhaupt raucht, sofort geleert. Im übertragenen Sinne bedeutet Schmutz für den Nativen Chaos. Um dem Chaos Einhalt zu gebieten, fühlt sich der Betroffene verpflichtet, sofort und unmittelbar wieder Reinheit und Ordnung herzustellen. Aus diesem Grunde ist dem Nativen die freie Natur zumindest verdächtig, wenn nicht gar ekelhaft. Zu viel Gewürm schafft dort Morast, Blätter faulen und stinken, unzählige Insekten können potentiell die gefährlichsten Krankheiten übertragen und überhaupt halten sich Pflanzen in ihrem Wildwuchs offensichtlich an keinerlei Ordnung. Wie angenehm und ungefährlich ist dagegen der Anblick eines, dem allgegenwärtigen Dschungel abgetrotzten, kurz geschorenen englischen Rasens im kleinen Vorgarten. Für alle diese Symptome bietet die Blüte *Crab Apple* einen heilenden Ausgleich. *Crab Apple* nimmt dem Betroffenen seine Ekelgefühle und schenkt ihm wieder ein natürliches Verhältnis zum »Schmutz«. Der Native erkennt, daß es in der alchimistischen Wandlung des Niederen zum Höheren auch einen vorübergehenden – lebendigen – Zustand des Zerfalls, der Morbidität geben muß. Durch *Crab Apple* kann der Betroffene wieder sich dessen bewußt werden, daß z. B. die Reinheit der Düfte durch die besondere Geruchsperspektive der jeweils daran schnuppernden Nase bestimmt wird. Da der Unterschied zwischen sauber und unsauber nur eine Frage der individuellen Bewertung ist, lernt der Betroffene auch im scheinbaren »Gestank« dessen Schönheit kennen.

Auf der psychisch-geistigen Ebene profiliert sich der Betroffene im unerlösten Zustand durch seine ausgeprägte Kritiksucht. Er findet ein Haar in jeder Suppe. Seine Wahrnehmung beschränkt sich ausschließlich auf das Erkennen von Fehlern, von Mißständen und ganz allgemein des Negativen. Natürlich nicht bei sich, sondern bevorzugt bei den anderen. Im imaginierten Vollbesitz der Wahrheit, mäkelt und nörgelt der Betroffene an allem und jedem herum. Er ist derjenige, der immer den Finger in die Wunde legt. Er sieht bei anderen Menschen den Splitter im Auge, bei sich jedoch nicht den Balken. Intoleranz bei gleichzeitiger Arroganz prägen sein Lebensmuster. Mit vorauseilendem Mißtrauen vertraut sein vorsichtiges Ego lieber auf verstaubte (?) Akten und Statistiken, als auf die lebendige Anschauung und das persönliche Erleben. Für ihn gilt: »Grün ist alle Theorie.« Für diese einseitige Lebensorientierung wird die Blüte *Beech* empfohlen. Sie transformiert die besserwisserische Kritiksucht des Betroffenen zu einer einfühlsamen Fähigkeit der Diagnose. Mit *Beech* gelangt der Native über die verinnerlichte Antithese zur Synthese. Dieser wichtige Schritt ist notwendig, damit die kosmologische und individuelle Evolution nicht blockiert wird. Verharrt das Individuum in seiner Haltung, dem bisher durchlaufenen Entwicklungsprozeß von Widder bis Löwe keine Tür in die zweite Hälfte des Tierkreises zu öffnen, verhindert es die in den nachfolgenden Tierkreiszeichen angelegte Transformation des Irdischen in den Geist. Diese notwendige Transformation erreicht dann im Gegenzeichen Fische mit der potentiellen Fähigkeit zur Wiedergeburt ihren Höhepunkt. Auf einer höheren Ebene erweckt und koordiniert die Blüte *Beech* die positiven Schlüsseleigenschaften des Jungfrau-Geborenen: das bisher kosmologisch und individuell Erreichte in seine geistige (der höhere Merkur) Funktion zu setzen (bewegliches Zeichen) und der Schoß (weiblich, Erde) für die bevorstehende Wiedergeburt zu sein.

Bei einer Sonnenstellung im 6. Haus bleibt das Wesen der grundsätzlichen Disposition erhalten. Es findet nun jedoch seinen konzentrierten Ausdruck in den Bereichen Beruf oder Gesundheit. Im unerlösten Zustand finden wir dann den überdisziplinierten, immer leicht säuerlichen Mitarbeiter oder Chef. Sein berufliches Selbstbewußtsein erwächst nicht so sehr aus einer Freude an der Arbeit, sondern vielmehr aus seiner Pflichterfüllung. Er ist außerordentlich abhängig vom Lob der Vorgesetzten und scheut sich nicht, wenn dies einmal ausbleibt, entweder den Arbeitsplatz zu wechseln oder in einen inneren Streik zu treten, d. h. nur noch nach Plan zu arbeiten. Er verzichtet gerne auf eine Gehaltserhöhung, wenn er nur höheren Ortes für sein Pflichtbewußtsein und seine langjährige Firmenanhänglichkeit gelobt wird. Im äußeren Arbeitszusammenhang eher unauffällig, legt er Wert darauf, als »gleichberechtigter« Mitarbeiter, als Fachkraft, als Perfektionist, als unbestechlich anerkannt zu werden. In einer Chefposition besteht er typischerweise darauf, daß der »ganze« Brief noch einmal geschrieben werden muß, auch wenn nur ein Komma fehlt. Die geeignete Blüte, um diese negativen Auswüchse zu neutralisieren, ist wiederum *Beech*. Sie verhilft dem Nativen dazu, sowohl als Angestellter als auch als Chef, die »rechten« Proportionen seines Handelns zu erkennen.

Steht andererseits der Bereich der Gesundheit im Vordergrund des negativen Ausdrucks, wird analog zu Sonne in Jungfrau die Blüte *Crab Apple* empfohlen.

## Mond in Jungfrau oder im 6. Haus

Unter dieser Konstellation suchen sich die schon genannten Komponenten des unerlösten Zustandes Bereiche, in denen sie ihre gefühlsmäßigen Anteile (Mond) körperlich (Erde) ausdrücken können. Dies führt vor allem in Partnerschaften zu Schwierigkeiten. Da sich Sexualität für den Betroffenen im unerlösten Zustand auch immer mit einem gewissen »Ekel«, oder einem Gefühl von »Schmutz« verbindet, kommt er in die Situation, körperliche Liebe aus hygienischen Gründen entweder ganz abzulehnen, oder er muß jedem sexuellen Akt ein Vollbad folgen lassen. Kompensatorisch bestraft sich der Native unter Umständen auch mit einem Hautausschlag, Akne oder diversen Allergien für seine »trotzdem« gelebte Sexualität. Gelingt dieser »Ausweg«, ist der Betroffene, zumindest vorübergehend, dem Partner gegenüber für seine körperliche Abstinenz entschuldigt. Dieser Teufelskreis kann durch die Blüte *Crab Apple* durchbrochen werden. Die allergischen Reaktionen auf die eigenen Körperausflüsse weichen mit Hilfe von *Crab Apple* einem inneren Annehmen der natürlichen Körperfunktionen. Es ist dann auch für den Betroffenen nicht mehr notwendig, seine Sexualität zwanghaft zu »sublimieren«, weder in der Kunst noch – vorzugsweise – in seiner Arbeit. Der Native verliert seine Angst, sich im »unvernünftigen« Dschungel seiner vitalen, sensuellen und sexuellen Begierden zu verlieren. *Crab Apple* reinigt auch die Gedanken des Nativen und läßt ihn seine Aufgabe, Materie und Geist zu vereinen, nicht mehr als einen Konflikt, sondern als seinen natürlichen Beitrag zur Evolution des Individuums erfahren.

Was im Gesamtausdruck einer negativ geprägten Jungfrau-Persönlichkeit noch mit Kritiksucht, Intoleranz und zwanghafter Kontrolliertheit zu beschreiben war, kleidet sich unter dem Einfluß des Mondes in das Gewand eines Opfer-Retter-Syndroms. Unter diesem Aspekt bevorzugt der Native Partnerschaften oder zwischenmenschliche Beziehungen ganz allgemein, in denen er überwertig entweder die Rolle des Retters oder die des Opfers spielt. Als Retter darf er dann ungeniert kritisieren, nörgeln und bemängeln, denn das Opfer ist ihm ja wegen der Rettung zu Dank verpflichtet. Nimmt er dagegen die Rolle des Opfers an, befriedigt er seine zwanghaften Bedürfnisse dadurch, daß er das Kritisieren, Nörgeln und Bemängeln seines Retters masochistisch genießt. Viele solcher Partnerschaften basieren in diesem Zustand zusätzlich auf einer einseitig oder beiderseitig bestehenden konkreten Abhängigkeit von Drogen, Alkohol oder sozialen Faktoren. Diese ungleichen Partnerschaften können durch die Blüte *Beech* wieder in ihrem Kern zu echten, gleichwertigen Partnerschaften gewandelt werden. *Beech* hilft, die inneren Ursachen des Opfer-Retter-Syndroms zu beseitigen. Im Zusammenwirken der Blüten *Beech* und *Crab Apple* können die überwertig gelebten körperlichen und mentalen Kontrollmechanismen beseitigt werden. Der Native wird wieder fähig, sich selbst und seine Beziehungen dem »Abenteuer« der Gefühle auszusetzen. Seine seelisch-emotionale Distanziertheit öffnet sich der im Gegenzeichen Fische angelegten allumfassenden Liebe und Zuneigung.

## Aszendent Jungfrau

Wenn sich der Löwe-Aszendent auf der Bühne des Lebens im unerlösten Zustand als »Hauptdarsteller« aufführt, so hat der Jungfrau-Aszendent die Bühne entweder noch gar nicht betreten oder schon wieder verlassen. Üblicherweise hat er die Fronten gewechselt und sitzt im Zuschauerraum: als Kritiker. Jede freie, dramatisch-vitale, spontane Lebensäußerung ist ihm zutiefst verdächtig, wenn nicht gar zuwider (Ekel), in jedem Fall widerspricht sie seinen starren Ordnungsprinzipien. Er hat sich selbst in ein Korsett aus übertriebenen Moralvorstellungen, der Selbstzucht, der körperlichen und geistigen Askese gezwängt. Sich Sorgen zu machen, sich gegen jede Eventualität zu versichern, wird für ihn gleichsam zum Beruf. Überängstlich versucht er, jede Verletzung gesellschaftlicher Normen zu vermeiden, um sie jedoch umso entschiedener bei anderen Menschen anzuprangern. Seine Angst, aus der Norm zu fallen oder etwas falsch zu machen, kompensiert er mit Pedanterie und Perfektionismus. Unbewußt empfängt er aus seinem Gegenzeichen Fische Impulse eines höheren Bewußtseins, die er im unerlösten Zustand jedoch erbsenzählerisch in die Materie (Element Erde) zu binden versucht, anstatt in freiem Austausch mit ihnen zu leben. Es ist naheliegend, daß der Native aus dem bestehenden Rollenangebot die des Naturapostels wählt. Ihm genügt es dann freilich nicht, kein Fleisch zu essen, er ernährt sich »streng« vegetarisch.

Aus Angst, durch die nicht kalkulierbaren Eventualitäten des Lebens zu spontanen Reaktionen genötigt zu werden, zieht er ein Leben im Alltagsgrau der Genügsamkeit, der Wachsamkeit und Unscheinbarkeit vor. Seine Lebensgestaltung erinnert an Bilder, die man in Filmen über Erdmännchen sehen kann. Diese eigentlich sehr possierlichen kleinen Tiere scheinen den Umkreis ihres Baues kaum zu verlassen. Wie zur Salzsäule erstarrt, stehen sie auf den Hinterbeinen und schauen aufgeregt, neugierig und ängstlich zugleich in die Weite der Steppe, wo weit und breit keine Gefahr auszumachen ist, die eine solche Panik rechtfertigen würde. Es scheint, als lasse sie alleine die Weite der Landschaft erstarren. Analog werden für den Jungfrau-Aszendenten die Städte mit ihren vielen Menschen zu einem Sammelbecken ungeahnter Gefahren, denen er zu entkommen hofft, wenn er nur jeglichen körperlichen und geistigen Kontakt vermeidet. Um es in einem anderen Bilde auszudrücken, sitzt der Native in einem Porsche, der über alle irdischen Autovorzüge verfügt, er fährt ihn aber mit angezogener Handbremse. Alle Faktoren lassen sich dahingehend zusammenfassen, daß der Betroffene im unerlösten Zustand eine panische Angst vor jeder physisch-sinnlich-geistigen Grenzüberschreiung hat. *Crab Apple* hilft ihm, seine physisch-sinnlichen, *Beech* hilft ihm, seine geistigen Grenzen zu überschreiten. Zusätzlich wird *Rock Water* empfohlen. Bei *Rock Water* handelt es sich nicht um eine Blüte, sondern um ein unter besonderen Vorkehrungen gewonnenes klares Quellwasser. Sowohl auf der symbolischen als auch auf der konkreten Ebene kann *Rock Water* die erdige Natur des Betroffenen befeuchten und befruchten, so daß aus ihr wieder Leben erwachsen kann. *Rock Water* löst die kristallinen Formen seines Prinzipienpanzers auf und läßt den Nativen wieder frei atmen und mit seiner Umwelt spontan diffundieren.

**Südlicher Mondknoten im 6. Haus**

Erfahrungen bestätigen es immer wieder, daß diese Achse vom sechsten zum zwölften Haus eine Achse des Leidens ist. Im unerlösten Zustand leidet der Betroffene grundsätzlich »an der Welt«. Er kann sich nur sehr schwer sowohl mit den vorgefundenen materiellen Gegebenheiten als auch mit den jeweils herrschenden geistigen Strömungen (Zeitgeist) abfinden. In seiner Wahrnehmung stellt sich die Welt als ein einziges Chaos dar. Im Sinne der Reinkarnation kommt er aus einem Leben, das durch eine wohlproportionierte und lebendige, materielle und geistige Ordnung geprägt war. Unter dem Einfluß der Merkur-Qualitäten als Abendstern war der Native zu »philosophischen« Einsichten in eine »höhere« Ordnung gelangt. Im Übergang in die jetzige Inkarnation verloren diese Einsichten jedoch ihren lebendigen Ausdruck. Sie verfestigten sich zu einem in sich geschlossenen Wertesystem, dessen Starre jeden weiteren physisch, geistig oder emotional weiterführenden Austausch blockiert. Die einmal erkannte übergeordnete Wahrheit pervertiert zur starren Norm. Unfähig zu einem flexiblen Umgang mit seinen »alten« Wahrheiten und in panischer Angst vor neuen Wahrheiten, rettet sich der Betroffene im unerlösten Zustand in die fragwürdige Sicherheit seiner (Vor-)Urteile und seiner Berührungsängste. Um möglichst jede Reibung (Reibung = Energie = Wärme = Leben) zu vermeiden, sucht er sein Heil in einer oft minutiösen Planung und Strukturierung seines Lebens. Ängstlich darauf bedacht, den Bestand zu wahren, vermeidet er jedes Risiko. Auf der körperlichen und emotionalen Ebene tauchen die schon beschriebenen Symptome wieder auf: Waschzwang, Ekelgefühle, Vermeidung von Körperkontakten, sexuelle Abstinenz. Auf der geistig-mentalen Ebene schottet sich der Betroffene durch Pedanterie, Intoleranz und Arroganz ab. Auf der Handlungsebene (z. B. im Beruf) kompensiert er seine Ängste vor einer Nichtanerkennung und Überforderung durch übertriebenen Perfektionismus, Detailbesessenheit und eine durchgehend »graue« Anpassung.

Unabhängig davon, ob sich diese Symptome als Einheit oder als Teilausschnitt der Persönlichkeit zeigen, werden für diese unerlösten Zustände folgende Blüten empfohlen: *Crab Apple*, wenn die körperlich-emotionale Seite betont ist, *Beech*, wenn die geistig-mentale Seite angesprochen ist, und *Rock Water*, wenn die Handlungsebene gewählt wurde. Da nur in seltenen Fällen eine klare Abgrenzung möglich ist, sollte dieser Zustand in einer Kombination der genannten Blüten behandelt werden.

## Transite von Saturn, Uranus, Neptun oder Pluto über das 6. Haus

Bei einem Saturn-Transit über das 6. Haus besteht der Unterschied in den Auswirkungen zu denen der gerade beschrieben Konstellation darin, daß es sich jetzt nur um einen zeitlich begrenzten Einfluß handelt. Entsprechend der subjektiven Wahl des jeweiligen »Leidensbereiches« durch den Betroffenen, kann auch hier sowohl die Gesamtheit als auch nur Teilaspekte der geschilderten Symptomatik zum Ausdruck kommen. Auf der Grundlage einer eingehenden Analyse sollte eine Auswahl der genannten Blüten zur Anwendung kommen.

Unter einem Uranus-Transit besteht eine der ersten typischen Auswirkungen darin, daß sich der Betroffene »plötzlich« an seinem Arbeitsplatz nicht mehr wohlfühlt. Im unerlösten Zustand wird der Native versuchen, allen Unruhe auslösenden Faktoren mit einem sturen »Aussitzen« zu begegnen. Er flüchtet in die Routine, bürdet sich noch mehr Arbeit auf als notwendig, nur um die Zeichen der Veränderung nicht wahrnehmen zu müssen. Er verschanzt sich hinter Aktenbergen, hat nie Zeit und hält krampfhaft seine Ordnung aufrecht. Aus Angst vor sich eventuell neu eröffnenden beruflichen Perspektiven überhört er geflissentlich Angebote seines Chefs für eine bessere Position. Er stellt sein Licht nachhaltig unter den Scheffel und signalisiert, daß er sich doch auf seinem Platz wohlfühlt. Zwanghaft stellt er sich jeder sich bietenden beruflichen Chance entgegen und verpaßt dadurch manche uranisch-plötzlich auftretende neue Möglichkeit. Um diesen Zustand zu überwinden, werden die Blüten *Elm* und *Gentian* empfohlen. Die Blüte *Elm* verschafft dem Betroffenen das notwendige Selbstvertrauen, sich verantwortungsvoll und selbstsicher auf die neuen Perspektiven einzulassen. Er gewinnt durch sie die unerschütterliche Überzeugung, daß er, wenn er nur »mit« dem Strom schwimmt, d. h. mit dem Transit lebt, auf die uranischen Veränderungen vertrauen kann. Die Blüte *Gentian* nimmt ihm seine Zweifel, seinen Pessimismus, der Native findet wieder den Glauben an sich selbst. Der Betroffene wird fähig, die uranischen Irritationen mutig und selbstbewußt in die Hand zu nehmen.

Sollten sich die Auswirkungen des Transits im Bereich der Gesundheit manifestieren, wird der Betroffene versuchen, plötzlich auftauchende Beschwerden nach der »alten« Methode zu kurieren. Angemessener wäre für ihn, sich auch einmal alternativen Heilmethoden anzuvertrauen. Die Blüte *Gentian* wird ihm das dazu nötige Vertrauen schenken.

Wenn ein Neptun-Transit die berufliche Ebene tangiert, wird der Betroffene mit allen Mitteln versuchen, seine Machtposition zu erhalten. Er verweigert das neptunische Opfer: anderen zu dienen. Starr und unnachgiebig kehrt er den Vorgesetzten heraus, den Fachmann, die berufliche Autorität, seine Handlungen werden ausschließlich egoistischen Zielen untergeordnet. Mit unverhohlener Tyrannei fordert der Native die Durchsetzung seiner Pläne. Hier hilft die Blüte *Vine*. Sie erlöst den Nativen aus seiner Ich-Fixierung und fördert seine Integration in ein Team. Der Betroffene lernt wieder, ohne »Gesichtsverlust« zu delegieren und sich in den Dienst einer höheren Aufgabe zu stellen.

Wird dagegen der Sektor Gesundheit angesprochen, fühlt sich der Native oft auf eine unerklärlich Weise innerlich infiziert. Sollte sich dieses Gefühl auch äußerlich manifestieren (Hautausschlag, Akne), wird der Betroffene diese Unreinheiten durch noch mehr Hygiene zu beseitigen versuchen. Zusätzlich unterwirft er sich strengen Diätvorschriften oder flüchtet ganz in die körperliche Askese. Die Blüte *Crab Apple* befreit den Nativen von seinen übertriebenen Reinlichkeitsritualen. Der Betroffene kann erkennen, daß die äußerlichen Unreinheiten Ausdruck einer inneren »Unreinheit« sind. *Crab Apple* führt über eine mentale auch die körperliche Heilung herbei.

Unter einem Pluto-Transit glaubt der Native, daß ihm der Boden unter den Füßen weggezogen wird. Er empfindet seine berufliche Situation durch die manigfaltigsten Ursachen in ihrer Substanz gefährdet. Je stärker er nun kompensatorisch seine Position zementieren möchte, umso einschneidender bricht der Boden unter ihm weg. Für diesen Zustand der Hoffnungslosigkeit werden die Blüten *Elm* und *Gentian* empfohlen. Sie verleihen dem Betroffenen Selbstsicherheit, Optimismus und einen unerschütterlichen Glauben, daß sich am Ende der plutonischen Wandlung ein lohnendes Ziel eröffnet. Der Native erkennt den Sinn seiner Sorgen. Ähnlich gravierend kann sich dieser Transit auch auf die Gesundheit auswirken. Die Folge ist eine totale physische und psychische Erschöpfung. Über diesen Zustand hilft die Blüte *Hornbeam* hinweg. Der Native erfährt durch sie neue, vor allem geistige, Impulse, die sich aktivierend auch auf den Körper auswirken. Weiterhin wird die Blüte *Gorse* empfohlen. *Gorse* hellt seine Depressionen auf, mit neuer geistiger Energie kann der Native die Stagnation seiner Kräfte überwinden. *Gorse* läßt den Nativen neue Hoffnung schöpfen und dadurch einen Heilungsprozeß in Gang kommen.

**Saturn in Jungfrau oder im 6. Haus**

Mit diesem Aspekt ist überwiegend die mentale Ebene des Nativen angesprochen. Schlüsselbegriffe sind auch hier wieder Perfektionismus, übertriebener Ordnungssinn und übersteigertes Pflichtbewußtsein. Der Native wird von einem zwanghaft normativen Denken geprägt. Oftmals berufsbedingte, einseitige mentale Überforderung führen zu Müdigkeit, Apathie und psychischer Kraftlosigkeit. Da unter dem Jungfrau-Thema oft der notwendige körperliche Ausgleich (Sport, Sexualität) fehlt, versucht der Betroffene, diesen unerlösten Zustand durch Aufputschmittel (Alkohol, Kaffee, Zigaretten, Tabletten) zu kompensieren. Dieser mentale Ermüdungsprozeß und Erstarrungszustand sollte mit der Blüte *Hornbeam* behandelt werden. Diese Blüte wirkt auf den Nativen wie eine Art geistiger Dusche. *Hornbeam* reinigt und entschlackt seinen Geist und befreit den Betroffenen dadurch von seinen mentalen Zwängen. Die Blüte *Hornbeam* verleiht dem verletzten Merkur wieder die Kraft der klaren, flexiblen Gedanken. Die selbstauferlegten Zwänge und Normen weichen einer kreativen Spontaneität.

**Mars in Jungfrau oder im 6. Haus**

Hier liegt die besondere Problematik des unerlösten Zustandes darin, daß der Betroffene seine Energien sich nicht frei entfalten läßt. Energie verbindet sich hier auf negative Art und Weise mit Pflicht. Es handelt sich dann um eine Persönlichkeit, die unermüdlich ihre Pflicht tut, ohne sich je die geringste Entspannung zu gönnen. Alle Kraft und Aufmerksamkeit fließt in die Aufrechterhaltung der Routine, der Ordnung und der Norm. Bezogen auf die Arbeitswelt erkennen wir dann den »treuen« Mitarbeiter, der auch noch am Wochenende hinter Aktenbergen verschwindet. Dies nur, damit das betriebliche »Chaos« nicht überhand nimmt oder gar nicht erst ausbricht. Der Betroffene kann nicht »loslassen«, nicht »aufhören«, bevor alles so ist, »wie es sein soll«. In diesen selbstauferlegten Streßsituationen hilft die Blüte *Oak* dem Betroffenen, einmal innerlich und äußerlich einen Tag »blau« zu machen. Sein innerer Imperativ: »Das muß ich heute noch machen« entspannt sich durch *Oak* zu einem moderaten Konjunktiv: »Das könnte ich auch morgen noch machen« oder zu einem: »Vielleicht sollte ich heute einmal etwas ganz anderes machen«. *Oak* läßt den Betroffenen hinter der Pflicht auch wieder die Freude (die Kür) an seiner Arbeit empfinden.

**Gesundheitliche Implikationen**

Wenn man die einzelnen Indikatoren des unerlösten Zustandes zusammenfassend als eine »Blockade der Verwertung« materieller und psychischer »Stoffe« bezeichnen kann, so weist diese Interpretation auf der körperlichen Ebene auf den Verdauungsvorgang hin. Konkret betroffen sind vor allem der Darm und seine Funktionen. Der Betroffene leidet im unerlösten Zustand unter einer Dysfunktion der Verdauung, an Durchfall oder Verstopfung, Darmvergiftungen und (auch möglich) an den Folgen einer allzu gesunden Ernährung. Auch Bauchspeicheldrüse und Milz können zu Auslösern entsprechender Beschwerden werden. Wie unter Merkur nicht anders zu erwarten, spielen auch psychosomatische Ursachen eine große Rolle.

134  Dritter Teil: Zeichen, Planeten und Häuser

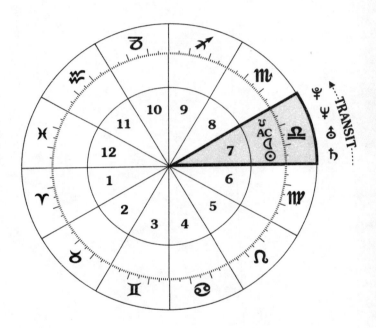

## Waage, Venus und 7. Haus

*Astrologische Konstellationen:*

Grundkonstellationen: Sonne oder Mond in Waage oder im 7. Haus, Aszendent Waage, Südlicher Mondknoten im 7. Haus

Zeitliche Auslösungen: Transite von Saturn, Uranus, Neptun oder Pluto über das 7. Haus

Einzelaspekte: Venus in Waage oder im 7. Haus

Empfohlene Bach-Blüten: *Scleranthus, Agrimony, Cerato*

*Erlöster Zustand:*

Das stabile innere Gleichgewicht, die ausbalancierte Harmonie, das feste eigene Urteil, die lebendige Integration auch des »Bösen« und »Schlechten«, die rechte Wahl treffen können, Entschlossenheit, die eigene Mitte überträgt sich auf andere, klares künstlerisches Formbewußtsein, der diplomatische Schlichter, der weise Richter, Gelassenheit, echte Fröhlichkeit, Konzentrationsfähigkeit, auf seine Intuition vertrauen können, die Koordination von subjektiv und objektiv, die intakte Homöostase

*Unerlöster Zustand:*

Das gestörte innere Gleichgewicht, überwiegend fremdbestimmt, Selbstentfremdung, die verlorene Mitte, gehemmte Entscheidungsfähigkeit, man schüttet die Sorgen in ein »Gläschen Wein«, sprunghaft im Denken, Fühlen und Handeln, die »Maske« der Fröhlichkeit, gegen die Logik handeln, der Weg des geringsten Widerstandes, konfliktscheu, Vorliebe für Kitsch, unreflektiertes »keep smiling«, der gelebte Konjunktiv: ich hätte, ich müßte, ich sollte, die verpaßten Möglichkeiten, die gestörte Homöostase

## Symptomatik im unerlösten Zustand:

### Sonne in Waage oder im 7. Haus

In vielfältiger Weise faßt das Symbol der Waage die Grundbefindlichkeit der unter diesem Zeichen geborenen Individuen zusammen. Ein Blick auf die graphische Darstellung der beiden kosmisch-irdischen Halbsonnen (s. 1. Teil) zeigt, daß der Native im Zeichen Waage in eine neue Dimension eintritt. Die von Widder bis Jungfrau polare Welt öffnet sich zu einer bipolaren. Eine neue »Waag«-Schale ist hinzugekommen. Der Einbruch der Außenwelt zwingt das Individuum, ein neues Gleichgewicht herzustellen. Die in der Jungfrau gerade erst erreichte Ich-Stabilität wird durch das Auftauchen des Du nachhaltig erschüttert. Das Individuum soll fortan nicht nur auf einem Bein (Egoismus), sondern auf zwei Beinen (Altruismus) stehen. Überträgt man diesen Prozeß der fortschreitenden Individuation auf die Ebene der Zahlensymbolik oder der Geometrie, so entsteht folgerichtig das Bild der Waage.

In einem Akt der Selbstoffenbarung entsteht die Eins, das Ich. Um nicht im Zustand einer anodischen Selbstspiegelung (wie von Widder bis Jungfrau) zu verharren, gebiert die Eins die kathodische Zwei. Im nun pulsierenden Energiestrom können sich Subjekt und Objekt verbinden. Um sich in ihrer Dualität erkennen zu können, braucht es dann noch die Drei, als vermittelnden Faktor der gegenseitigen Wahrnehmung. Der numerologische Entwicklungsprozeß findet geometrisch seine Analogie im gleichseitigen Dreieck, der ältesten, ausgewogenen figürlichen Darstellung des Menschen und seiner sozialen Verknüpfung: Vater – Mutter – Kind.

Die Aufgabe der Waage-Geborenen besteht nun nicht darin, die auch in Konkurrenz stehenden Dualitäten in ein Verhältnis

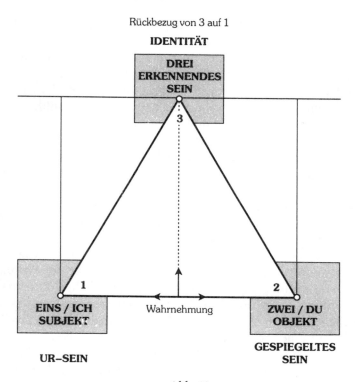

Abb. 12

statischer Ruhe zu versetzen, sondern sie – im Gegenteil – zu einem lebendigen Austausch, zu einer sich immer wieder neu bildenden Ausgewogenheit zu stimulieren. Für die Waage-Geborenen wird diese neue Aufgabe zur größten Herausforderung. Wenn wir bei den bisher untersuchten Tierkreiszeichen festgestellt haben, daß die jeweils neu erworbenen Fähigkeiten und Eigenschaften durch »Übereifer« oder »Übertreibung« verzerrt wurden, und dadurch in den unerlösten Zustand führten, so erweitert sich im Zeichen Waage der Katalog der negativen Ursachen um eine zusätzliche Komponente. »Harmonie« und »Ausgleich« waren in den bisherigen Fällen bedeutsame Helfer zur Bewältigung des jeweiligen Themas. Bei den Zwillingen z.B. Harmonie und Ausgleich des Denkens und Funktionierens, bei Krebs die Harmonie und der Ausgleich der seelischen Welt. In diesen Fällen waren Harmonie und Ausgleich gleichsam »Werkzeuge«, mit deren Hilfe das Ziel erreicht werden konnte. Nun, im Zeichen Waage, fällt die Aufgabe – Harmonie und Ausgleich zu schaffen – mit den »Werkzeugen« und »Hilfsmitteln« zusammen. Der Native ist aufgefordert, die Lösung seiner Aufgabe mit den Mitteln der Aufgabe selbst zu bewältigen. »Krankheit« und »Arznei« sind für ihn nicht mehr unterscheidbar.

In der Diagnose des unerlösten Waage-Zustandes muß zwischen zwei verschiedenen Ausdrucksweisen unterschieden werden. Einmal handelt es sich um einen negativ gelebten Venus-Anteil, im zweiten Fall um einen negativ gelebten Luft-Anteil. Zunächst zur negativ gelebten Venus. Hier handelt es sich um eine Persönlichkeit, die sich eigentlich nur wohlfühlen und genießen möchte. In der Folge davon unterdrückt sie bei sich alle quälenden Gedanken oder ertränkt sie in einem »Gläschen Wein«. Sie verbirgt ihre Sorgen hinter einer Maske der Fröhlichkeit, eines permanenten »keep smiling«. Möglichen Kontroversen geht sie – oft unter Verleugnung eigener dringender Ansprüche – aus dem Wege. In Gesellschaft genießt sie den zweifelhaften Ruf eines »charmanten Diplomaten«. Der Native beharrt darauf, die Welt durch die rosarote Brille zu sehen. Zwei Zeilen aus einem der unfreiwillig komischen Gedichte *Frederike Kempners* könnten diesem unerlösten Zustand als Motto vorangestellt werden: »Seh' ich das Böse, dann hör' ich nicht hin.«

Der Native hat den selbstzerstörerischen Drang, mit Menschen und der Welt nur »sympathisch« zu verkehren. Der größte Teil seiner Energie wird durch die Aufrechterhaltung des inneren Gleichgewichts aufgezehrt, so daß für eine aktive Selbstfindung keine Kraft mehr bleibt. Im trügerischen Glauben, genau dort, wo er so viel Energie investiert – in Freundschaften, Bekanntschaften, Geselligkeiten, Parties –, seine Identität zu finden, vergrößert er seine Fremdbestimmung. Um nicht mit sich selbst konfrontiert zu werden, frönt er dem Motto: »Abwechslung erfreut«. Sein tiefer Wunsch, mit sich und der Welt in Frieden zu leben, läßt ihn zunächst einmal jeden Streit vermeiden, jeder Kontroverse aus dem Wege gehen. Da er jedoch dadurch immer wieder darauf verzichtet, »seinen« Standpunkt klar zu machen, füllen die Situationen, in denen er eigentlich hätte »nein« sagen müssen, in seinem Unterbewußtsein ein »Becken des Nicht-Widerspruchs«.

Es genügt dann oft eine kleine weitere Versagung, und der Native exlodiert in einem »gerechten« Zorn. Leider richtet sich dieser Zorn dann meist gegen Unschuldige. Diese Wutanfälle bei Waage-Geborenen kann man nur dann richtig verstehen, wenn man sie in Relation setzt zu den unzähligen Malen, in denen sie »um des lieben Friedens willen« nicht zornig wurden.

Für den Nativen wird sein Harmoniebedürfnis vor allem dann gefährlich, wenn er bei sich selbst auftretende körperliche Beschwerden ignoriert oder bagatellisiert. Vor allem weibliche Waage-Geborene neigen dazu, erste, aber deutliche Hinweise auf Krankheiten »tapfer« zu überspielen. In der Folge werden sie dann nach einiger Zeit von massiven Beschwerden heimgesucht, oder es entwickeln sich langwierige chronische Krankheitsbefunde, z.B. Schlafstörungen oder immer wiederkehrende Migräneanfälle. Für diesen Typus wird die Blüte *Agrimony* empfohlen. Sie verleiht dem Betroffenen eben die innere Ausgeglichenheit, aus der heraus er eigentlich erst »objektiv« werden kann. *Agrimony* gibt ihm die Kraft, mit Gelassenheit und Souveränität beide Waageschalen seines Wesens – die gute und die böse, die schöne und die häßliche – wahrzunehmen und sich mit ihnen zu versöhnen. *Agrimony* löst die farbigen Schleier seiner Menschen- und Weltbetrachtung auf und schenkt ihm wieder den klaren, vernünftigen Blick. Der Betroffene »riskiert« dann z.B. schon sehr früh, seinen Standpunkt klarzumachen. Dadurch verhindert er, daß es überhaupt zu einem emotionalen Stau kommen kann, der sich dann in einem Zornausbruch Luft schaffen muß. Der Betroffene erkennt, daß es oftmals befreiender ist, eine kleine Meinungs-»Schlacht« zu schlagen, als sich in frustrierenden Friedensverhandlungen aufzureiben.

Im unerlösten Luft-Zustand gerät der Native in eine Harmonie-Falle. Aus ihr erwachsen die bekannten negativen Auswirkungen. Zuerst wird hierbei immer wieder auf die schon fast sprichwörtliche Unentschiedenheit der Waage-Geborenen hingewiesen. Diese typische Charakterisierung ist jedoch nur bedingt richtig. Bei der Waage handelt es sich um ein kardinales, männliches Zeichen. Die Symbolik dieser beiden Faktoren spricht eindeutig für Entschiedenheit und Durchsetzungsvermögen. Das Besondere der Waage-Unentschiedenheit resultiert aus den Qualitäten des Herrscherplaneten Venus, dem Element Luft und der dem Zeichen gestellten Aufgabe der Integration des Du.

De facto heißt dies:

1. Waage-Geborene können sich entscheiden, sie möchten ihre Entscheidungen nur nicht alleine treffen (Einbindung des Du).
2. Unter dem Einfluß der Venus möchten sie ihre Entscheidungen mit der Umwelt harmonisieren.
3. Aus dem Element Luft heraus möchten sie ihre Entscheidungen vorher analysieren, zur Diskussion stellen, darüber beraten oder beraten werden. Sie befinden sich in einem Zustand, der vergleichbar wäre mit den Gepflogenheiten auf einem »Persischen Markt.« Es macht den Nativen einfach keinen Spaß (Venus), den Preis zu nennen und ohne zu handeln, die Ware zu verkaufen. Ihre Lust speist sich aus dem Verkaufsgespräch, aus der Kommunikation (Luft), aus dem Feilschen. Alleine die Tatsache, daß sie öfter auch »unter Preis« verkaufen, schafft ihnen den Ruf der Unentschiedenheit. Die Betroffenen selbst empfinden dies jedoch nicht als Verlust, denn ihr Gewinn liegt nicht im Element Erde (Preis), sondern im Element Luft (im Verhandeln). Es entsteht jedoch oft die Situation, daß der Native trotz eingehender Beratung mit Freunden schließlich eine für ihn falsche Entscheidung trifft. Schlimmstenfalls hätte er auch würfeln können.

Oft orientiert der Betroffene im unerlösten Zustand seine Meinung auch an den gerade vorherrschenden Leitbildern. Aus seinem falsch verstandenen Harmoniebedürfnis heraus möchte er immer zu den »Siegern« gehören. Er wird z. B. bei politischen Wahlen sehr genau auf das Klima der Meinungsumfragen achten und sich in den Trend einklinken oder den »sympathischsten« Kandidaten wählen.

Die Grenzen seines ästhetischen Bewußtseins und Urteils sind fließend. Dies führt einerseits dazu, daß der Betroffene sehr klare Vorstellungen davon hat, was künstlerisch wertvoll ist. Andererseits besteht jedoch auch eine fatale Neigung zum Kitsch. Dies immer dann, wenn der Native sich durch Äußerlichkeiten im Detail harmonisch angesprochen fühlt und dann auch über diesen ästhetischen »Ausrutscher« (kardinal-männlich) nicht mit sich reden läßt.

Der unerlöste Zustand äußert sich immer wieder durch Unzuverlässigkeit. Außenstehende haben den Eindruck, daß der Native sich nicht festlegen kann oder will. Ähnlich wie der Zwillinge-Geborene flattert er wie ein Schmetterling zwischen den Extremen hin und her. Der Vergleich mit den Zwillingen ist naheliegend, jedoch nur bedingt richtig. Der Zwillinge-Geborene braucht Informationen, um sich überhaupt entscheiden zu können. Für den Waage-Geborenen sind Informationen nur das Mittel zum Zweck der Schaffung oder Aufrechterhaltung allgemeiner Harmonie. Für diesen Zustand wird die Blüte *Scleranthus* empfohlen. *Scleranthus* hilft dem Nativen, sich von den Meinungen und Haltungen anderer Menschen unabhängig zu machen. *Scleranthus* stärkt die »geistige« Stabilität des Betroffenen. Diese Blüte ermöglicht es dem Nativen, wieder aus seiner Mitte heraus zu handeln und verleiht ihm die – scheinbar paradoxe – Gabe einer „flexiblen Konzentration«. Die im unerlösten Zustand sich verflüchtigenden Luftenergien werden durch *Scleranthus* zu einem harmonischen Energiestrom gebündelt. Die polaren Energien (Anode – Kathode, Subjekt – Objekt) verschmelzen zu einem harmonischen Gleichstrom, in den das Du mühelos integriert werden kann. Durch *Scleranthus* gewinnt der Native wieder Vertrauen in seine Intuition und kann wieder klare Zielvorstellungen entwickeln und sie auch in die Tat umsetzen.

Die Bedeutsamkeit des Waage-Themas auch für Nicht-Waage-Geborene wird klar, wenn man dessen Symbolik einmal auf die Grundfunktionen des menschlichen Körpers anwendet. Das Funktionieren unseres gesamten Organsystems beruht auf einer bis in kleinste Feinheiten abgestuften Homöostase. Eine nur geringe Erhöhung unserer Körpertemperatur läßt uns erkranken. Geringste Abweichungen im Blutzuckerspiegel führen zur Diabetes. Die gleiche Balance muß in der Steuerung des Sauerstoffgehaltes, in der Versorgung mit Mineralien und Vitaminen permanent aufrecht erhalten werden. Für die psychische Ebene gilt das Gesetz des harmonischen Ausgleichs in gleicher Weise. Im unerlösten Zustand führt dies dazu, daß im Alltag oder in der großen Politik nur allzu viele Menschen bereit sind, das Negative einfach nicht wahrzunehmen. Sie möchten sich »wohlfühlen« und verdrängen. Aus diesem Grunde wird klar, daß die »Ausgleichsblüten« *Agrimony* und *Scleranthus* eigentlich für alle Menschen wertvolle Helfer sind.

## Mond in Waage oder im 7. Haus

Im Durchlaufen des Tierkreises sind wir im Zeichen Waage zum zweiten Mal damit konfrontiert, daß ein Planet ein weiteres Mal als Herrscher erscheint. In Analogie zu den kosmischen Bedingungen bei Jungfrau und deren Herrscher Merkur müssen wir auch hier von einer unterschiedlichen Wirkung der Venus gegenüber dem Zeichen Stier ausgehen, die Venus als Morgen- bzw. als Abendstern. In der symbolischen Zuordnung nimmt die Venus als Herrscherin in Stier die Qualitäten einer eher »irdischen«, »körperlichen« Liebe an (Element Erde), in Waage dagegen die Qualitäten einer eher »höheren«, »geistigen« Liebe (Element Luft). Unter dem Einfluß des Mondes entsteht eine symbolische Mischung aus Luft (Geist, Intellekt), Wasser (Seele, Gefühl), dem Wunsch nach einem harmonischen Ausgleich (Venus) und gefühlsmäßiger Bindung (Mond). Es ist naheliegend, daß der Native diese Kombination im unerlösten Zustand als sehr »verwirrend«, als nicht im Gleichgewicht befindlich, empfindet. Um dennoch die lebensnotwendige Gefühls-Homöostase zu schaffen oder aufrecht zu erhalten, rettet sich der Native in der Regel in die Unverbindlichkeit. Erfüllt von der unstillbaren Sehnsucht, die »große«, oder besser gesagt, die »höhere« Liebe zu finden, verhält sich der Native auf dem Weg zur Wunscherfüllung eher bindungsgehemmt und eigentlich nur dran interessiert zu erleben, wie vielfältig er sich in wechselnden Partnern spiegeln kann. Seine oberflächliche Freundlichkeit, seine stete Kompromißbereitschaft, sein diplomatisches Taktieren und der Wunsch, es möglichst allen Menschen recht zu machen, verhindern die Entwicklung einer eigenen Identität. Seinen innigen Wunsch: »Laßt mich nicht alleine« erfüllt sich der Native durch regen Kontakt zu einem möglichst anregenden, interessanten, geistreichen und originellen Freundeskreis. Da der Betroffene jedoch darauf bedacht ist, daß keine allzu große Intimität entsteht, bleiben die wechselnden Beziehungen meist an der Oberfläche. Da der Betroffene sich innerlich immer irgendwie »auf dem Sprung« befindet, versucht er vor allem eine zu enge körperliche Intimität zu vermeiden. Auch hier wendet sich der Native vor allem dem »Schönen und Wahren und Guten« zu. Man könnte die innere Befindlichkeit des Betroffenen wieder mit dem Bild eines

Schmetterlings vergleichen, der jedoch als »bunter« Falter nicht wahrhaben möchte, daß er einmal eine »häßliche« Raupe war.

Gelingt es dem Nativen nicht, die ideale Liebe in einer Partnerschaft zu finden, ist er auch dazu bereit, eine »Zweckehe« einzugehen. Er unterdrückt dann zwar seine emotionalen Bedürfnisse, befriedigt aber zugleich damit sein soziales Harmoniebedürfnis, da die Ehe für ihn stellvertretend für eine übergeordnete gesellschaftliche Harmonie steht. Der schwedische Dichter *Johan August Strindberg* hat in seinen Theaterstücken das inferiore Klima solcher Ehen oder Partnerschaften eindringlich dargestellt. Sein zentrales Thema, die Lebenslüge, beschreibt exakt die Lebenssituation solcher Waage-Verbindungen. Auch hier besteht die Tendenz, in der Auswahl der Partner über längere Zeit sehr wählerisch zu sein, um dann am Ende doch den »Falschen« zu heiraten. Gleichgültig, wie glücklich oder unglücklich eine solche Verbindung dann ist, die einmal getroffene Wahl wird vom Nativen hartnäckig verteidigt. Auch die – nicht vorhandene – Harmonie wird behauptet. Einzelne Eigenschaften des Partners, wie gemeinsame künstlerische Interessen, seine Prominenz oder sein finanzieller Wohlstand werden dann überwertig ins Zentrum der gesamten Verbindung gestellt.

Die »angeborenen« künstlerischen Fähigkeiten des Nativen leiden im unerlösten Zustand darunter, daß er glaubt, auf allen Gebieten talentiert zu sein. Indem er sich solche Talente andichtet, hält er es nicht für notwendig, seinen Genius auch durch Studium oder Arbeit zu vervollständigen. Das Ergebnis ist dann oft eine nur eher geschmäcklerische kreative Produktion. Auch hier läßt sich der Native leicht dazu verführen, seinen »Stil« harmonisch an wechselnden Moden zu orientieren. Die Blüte *Agrimony* kann dem Nativen hier innere Sicherheit und Urteilskraft geben. Er lernt, seine üblichen Fluchttendenzen (Unterhaltung in jeder Form) zu beherrschen, und er beginnt aufgrund einer nun möglichen inneren Sammlung auch über sich selbst nachzudenken. *Agrimony* fördert seine kardinalen Eigenschaften, erlöst ihn aus der Fremdbestimmtheit in die Eigenverantwortlichkeit. Der Native wird fähig, unter seinen Talenten eine Wahl zu treffen und im Vertrauen auf die innere Intuition selbständig und diszipliniert an deren Realisation zu arbeiten. Zusätzlich hilft die Blüte *Scleranthus*, sich nicht in modischen Extremen zu verlieren, sondern einen wirklich eigenen Stil zu entwickeln.

## Aszendent Waage

Als bevorzugter »Auftritts«-Ort dient dem Nativen die faszinierende, schillernde, »große« Gesellschaft. Das Ambiente (Kerzen, leise Musik, Kaminfeuer, elegante Abendgarderobe usw.) muß stimmen, damit seine innersten Wünsche und Bedürfnisse erfüllt werden. Der Native strebt dabei weniger an, im Mittelpunkt zu stehen (wie z. B. der Löwe), sondern vielmehr möchte er eintauchen in eine berauschende Harmonie, in ein Gefühl der Schwerelosigkeit, des stetig flukturierenden Austauschs. Sein Ich schwingt in einem Rahmen, dessen Form durch Menschen und Umstände von außen bestimmt wird. Im unerlösten Zustand ist der betroffene Täter und Opfer zugleich. Sehen und gesehen werden, gilt ihm als oberste Lebensmaxime. Der Native definiert seinen Selbstwert über die äußere Form, über Ästhetik, Takt, tadelloses Benehmen, Glamour und unverbindliche Konventionen. Auffallend sucht er seinen Ich-Wert durch die Freundschaft oder Bekanntschaft mit sogenannten Prominenten zu erhöhen.

Im Vergleich der Theater- mit der Lebensbühne sehnt sich der Native nach der Rolle des umschwärmten Stars, des Publikumslieblings, der seine »Bühnen«-Erfolge auch gerne in den Medien (Talkshow, Interviews, »home-stories«) verbreitet sieht. Der Boulevard ist sein Lebenselexier. Er ist gerne bereit, künstlerische Kompromisse einzugehen, wenn er dadurch seine Fan-Gemeinde nicht enttäuscht. Jeder Auftritt wird ihm zur Premiere, er genießt bei Champagner und Smalltalk das »Bad in der Menge« der gleichfalls Prominenten. Eigentlich möchte er immer nur etwas »Eindeutiges« machen, fürchtet jedoch im unerlösten Zustand, daß diese Eindeutigkeit, die ja per Definition üblicherweise weniger Beifall findet, ihn gesellschaftlich isolieren könnte. Er müßte sich außerdem eventuell mit anderen Menschen über diese Eindeutigkeit auseinandersetzen, er möchte sich jedoch viel lieber mit Menschen zusammensetzen.

Da der Native im unerlösten Zustand nur über ein sehr geringes Selbstwertgefühl verfügt, spielt er gerne die Rolle des »ergänzenden« Partners. Wir begegnen dann der attraktiven Frau »an der Seite« des berühmten Mannes oder dem »schönen Mann« an der Seite der erfolgreichen Frau. Indem er so am Glanz des Partners partizipiert, schafft sich der Native eine Scheinidentität. Unter Umständen bleibt er in dieser Rolle sogar namenlos und wird in Gesellschaft nur als »die junge, hübsche Frau« von Herrn X oder als der »interessante Begleiter« von Frau Y präsentiert.

Je öfter dem Betroffenen jedoch seine wahre Aufgabe – sein kardinales Ich aktiv und selbstbewußt mit dem Du zu verbinden – bewußt wird, umso nachhaltiger verflucht er dann den äußeren Schein. Seinen typischen verbalen Ausdruck findet sein Zorn dann jedoch meist nur im Konjunktiv oder im Futur: »Eigentlich hätte ich da gar nicht hingehen sollen« oder »Bei der nächsten Gelegenheit werde ich mich bestimmt ganz anders verhalten«. Gelingt es dem Nativen nicht, diese Vorhaben zu realisieren, frißt er seinen Ärger in sich hinein, nicht ohne sich vorzunehmen, auch dies in Zukunft nicht mehr zu tun. Im unerlösten Zustand steht der Betroffene – um des lieben Friedens willen – unter einer stetigen »Beißhemmung«. Er ballt die Faust – in der Tasche.

Die innere Zerrissenheit ließe sich auch zutreffend mit dem Bild eines Spiegelkabinetts beschreiben. Im Zentrum stehend, kann sich der Native in den hundertfach verzerrten Spiegelbildern nicht mehr wiedererkennen. Jeder angestrengte Versuch, den Verzerrungen dadurch zu entgehen, daß er in einen anderen Spiegel (Menschen) schaut, führt zum gleichen Ergebnis. Die Verzerrung geht nicht vom Spiegel, sondern vom Individuum selbst aus. Um sich aus dieser krampfhaften Anstrengung zu befreien, sollte der Betroffene die Blüte *Agrimony* nehmen. Sie wirkt auf ihn in zweifacher Weise ausgleichend. Erstens hilft sie ihm, die Verzerrungen als einen natürlichen Ausdruck anzunehmen (die Raupe im Schmetterling), zweitens sich mit diesem bipolaren Zustand zu versöhnen. *Agrimony* stärkt seine Objektivität und seine Fähigkeit, auch im scheinbar Disharmonischen die innere Harmonie wahrzunehmen. Der Native lernt auch, wieder mit sich selbst »in Gesellschaft« zu sein. Um nochmals das Bild des Boulevards aufzugreifen, wird der Native fähig, auch einmal konsequent eine Einbahnstraße zu betreten. Er wird dann feststellen, daß vielleicht gerade dieser verkehrsberuhigte Weg ihn zu einem lohnenden Ziel führt. Der Betroffene schafft es auch wieder, aus dem ihn umgebenden Stimmengewirr die eigene Stimme herauszuhören. Er kann sich wieder selbst zum Gesprächspartner werden, muß seine Sorgen nicht mehr weglachen, sondern kann sich mit ihnen auseinandersetzen. Die Blüte *Scleranthus* baut seiner Zersplitterung vor oder baut sie ab, der Betroffene kann sich wieder konzentrieren. Der Native bleibt nicht länger ein charmanter »Irgendwer«, sondern entwickelt sich zu einem eigenständigen »Wer«. Beide Blüten fördern zusammen seinen rechten Weg – sein Tao.

**Südlicher Mondknoten im 7. Haus**

Wenn diese Konstellation in einem sehr Waage-betonten Kosmogramm auftritt, steht der Betroffene gleichsam vor einem Dilemma. Vereinfacht dargestellt, sagt dann die Sonne oder der Mond in Waage oder Aszendent: »Transformiere das Ich zum Du.« Gleichzeitig jedoch sagt der Mondknoten: »Löse Dich aus dem Du und werde zum Ich.« Dieses Dilemma stellt sich natürlich auch in allen anderen Mondknotenachsen dar, wenn sie auf eine entsprechende »Gegenaussage« von Sonne, Mond oder Aszendent stoßen. Zum Beispiel ergäbe sich im Falle Südlicher Mondknoten im 2. Haus bei gleichzeitiger starker Stierbetonung: Aneignung von Materie (durch Sonne, Mond oder Aszendent) und Transformation der Materie in den Geist (durch Mondknoten). Eine Lösung des Dilemmas liegt – bildhaft gesprochen – für den Betroffenen darin, daß er, gleichsam auf dem Berg stehend, durch das Tal muß, um wieder auf den Berg zu kommen. Dieser transformatorische Weg wird in einer lesenswerten Schrift *»Über das Marionettentheater«* von *Heinrich von Kleist* beispielhaft beschrieben. *Kleist* zeigt, wie die »Verstrickungen« der Marionette durch den klugen Puppenspieler zu einer Mitte gebündelt werden können, aus der heraus dann die Puppe mit traumwandlerischer Sicherheit den Ausdruck ihrer Harmonie und ihres Gleichgewichtes findet.

Auch bei einer nicht Waage-betonten Persönlichkeit symbolisiert der Südliche Mondknoten im 7. Haus einen »unbewußten« Lebenshintergrund, der von einem harmonischen Eingebettetsein in die Gesellschaft geprägt ist. Im unerlösten Zustand versucht der Betroffene, in seiner jetzigen Inkarnation den »alten« Zustand beizubehalten bzw. wieder herzustellen. Der Betroffene zeigt dann ein zwanghaftes Bedürfnis, beliebt zu sein, im Mittelpunkt zu stehen, keine Schwierigkeiten zu machen, immer kompromißbereit zu sein. Er möchte für andere Menschen irgendwie pflegeleicht sein. Er hat große Angst, alleine zu sein, macht sich deshalb von anderen Menschen abhängig und stützt sich in der Regel auf Menschen, die ihn gar nicht stützen können. Seine Erinnerung sagt ihm, daß ausgelebte Aggressionen mit Liebesentzug bestraft werden. Folglich versucht er, jeden Ärger bei sich zu unterdrücken. Mit dieser Verdrängung setzt er jedoch eine Ursache-Wirkung-Spirale in Gang, die ihn akkumulativ immer weiter von seinem Ziel entfernt. Könnte der Native den auch positiven Gehalt einer Haltung wie »Viel Feind, viel Ehr'« erkennen, müßte er nicht länger um die Gunst jedes beliebigen Menschen buhlen. Um das Bild von der Marionette noch einmal aufzugreifen, überläßt sich der Native im unerlösten Zustand zu vielen Puppenspielern. Erst wenn er gelernt hat, daß im Idealfall – und darin besteht die hohe Kunst des Puppenspiels und des Lebens –, Puppe und Spieler eine Einheit bilden müssen, daß die beiden Energiepole zu einer gemeinsamen Mitte vereinigt werden müssen, wird er sein Leben (seine Fäden) selbst in die Hand nehmen können.

Auf diesem Weg werden ihm die Ausgleichsblüten *Agrimony* und *Scleranthus* eine wertvolle Hilfe sein. *Agrimony* wird den Betroffenen lehren, auch einmal nein zu sagen und seine Ichstärke nicht in der Anbiederung, sondern in einer bewußten Abgrenzung von anderen Menschen zu suchen. Um zu sagen: »Ich möchte um meiner selbst willen geliebt werden«, muß erst einmal ein Selbst entwickelt worden sein. Die dafür charakteristischen Merkmale, wie Urteilsfähigkeit, Ausgeglichenheit, eine eigene Meinung haben, selbstbestimmt und unabhängig zu sein, werden durch *Agrimony* gestärkt. Wenn der Betroffene vorher das Gefühl hatte, er müßte immer ganz »allgemein« nett sein, so wird er mit *Agrimony* zu einem »individuellen« Nettsein finden. *Scleranthus* wird ihn unterstützen, die Vielzahl seiner Lebensfäden, an denen er hilflos zappelt, zu koordinieren und zu einer eigenen Mitte zusammenzuführen. Aus den Lebensfäden wird ein Lebensstrang, dem sich der Betroffene selbstsicher anvertrauen kann.

Da viele unerlöste Waage-Zustände oft einen ähnlichen Ausdruck wie die unerlösten Zwillinge-Zustände aufweisen, empfiehlt es sich, auch die Blüte *Cerato* anzuwenden. Durch *Cerato* kann der Native seinen Gedanken und Vorstellungen wieder ein eigenes Gewicht verleihen. Er bleibt nicht länger abhängig von der Quantität eingeholter Informationen, sondern erkennt intuitiv deren Qualität. Gerade in unserem Medienzeitalter, das ja wesentlich durch Desinformation geprägt ist, ist die Blüte *Cerato* ein unverzichtbarer Helfer, um die Informationsspreu vom Weizen zu trennen.

### Transite von Saturn, Uranus, Neptun oder Pluto über das 7. Haus

Da der Mensch von Hause aus ein geselliges Rudeltier ist und er einen Großteil seiner Sozialisation und seiner emotionalen Lebenssicherung den Impulsen aus der Gemeinschaft verdankt, treffen diese Transite eine der wesentlichsten Grundlagen menschlichen Lebens. Da der Individuationsprozeß des Menschen grundsätzlich von der Kommunikation, vom Austausch mit anderen Menschen abhängig ist, fühlen sich die Betroffenen unter diesen Transiten sowohl von den anderen Menschen als auch von sich selbst abgeschnitten. Wenn eingangs zum Thema Waage festgestellt wurde, wie lebensnotwendig das feinabgestimmte System der individuellen körperlichen Homöostase ist, so gilt dies in gleicher Weise auch für die übergeordnete Ebene der sozialen Balance.

Da wir im ausgehenden 20. Jahrhundert nach unserer Selbstdefinition in einem Zeitalter der Kommunikation (Massenkommunikation), mit einem extrem überwertigen Kommunikationsbedürfnis und der entsprechenden Abhängigkeit davon leben, greifen Transite über das 7. Haus besonders gravierend in unsere selbst gesetzten Lebensqualitäten ein. Da der moderne Mensch den eigenen Tod weniger zu fürchten scheint als den Tod seiner »Leitungen« (Telefon, Fax, Fernsehen, Radio, Presse usw.), wird er im unerlösten Zustand umso hartnäckiger alle physisch und psychisch möglichen »Knöpfe« drücken, mit unterbittlichem Eifer Leitungen schalten, anrufen, faxen, anwählen, anzapfen, nur um auf »Sendung«, auf Empfang zu bleiben.

Je nach Ausdruck des Planeten wirken einschränkende (Saturn), rebellische (Uranus), auflösende (Neptun) oder durch Zerstörung wandelnde Kräfte (Pluto) auf das Individuum ein. Da der

Mensch unangenehme Erfahrungen kompensatorisch zu lösen versucht, treten unter diesen Einflüssen vorübergehend für den Nativen selbst und auch für seine Umwelt »befremdliche« Verhaltensweisen in den Vordergrund.

Wenn unter Saturn eine Ich-Konzentration gefordert wird, kompensiert sie der Native im unerlösten Zustand im Sinne eines vordergründigen »happy go lucky«-Verhaltens. Er suggeriert sich, es gäbe keine »Feier ohne Meyer«. Anstatt seine bestehenden Verbindungen neu zu definieren, stürzt er sich in das Abenteuer unverbindlicher neuer Bekanntschaften, die für ihn den Vorteil haben, daß er sich ihrer auch, ohne Verantwortung übernehmen zu müssen, relativ leicht wieder entledigen kann. Dort, wo von ihm partnerschaftliche Verantwortung gefordert wird, entzieht er sich brüsk oder dreht den Spieß um und fordert seinerseits mehr Respekt und Anerkennung. Nicht selten setzt er damit dann solche Partnerschaften aufs Spiel. Da der Betroffene im unerlösten Zustand nicht erkennt, daß er eigentlich von sich getrennt lebt, glaubt er, durch eine im Außen vollzogene Trennung sein inneres Problem lösen zu können. Wenn er seinen unerlösten Ich-Zustand nicht durch angestrengte Kontaktaufnahme oder brüske Zurückweisung kompensiert, verfällt er alternativ in einen Zustand extremer Einsamkeit. Er vergräbt sich, kappt von sich aus alle Leitungen nach draußen und weist anklägerisch auf die Oberflächlichkeit der allgemeinen menschlichen Kommunikation.

Im Falle eines Uranus-Transites erfährt der Betroffene einen »elektrischen« Ichimpuls. Im unerlösten Zustand wird der Native diesen Stromschlag auf alle seine bestehenden partnerschaftlichen oder freundschaftlichen Beziehungen umleiten. Er wird zum Unruhestifter, bricht alte, gewachsene Verbindungen mutwillig ab, um sich umso intensiver in meist »unmögliche« zwischenmenschliche Abenteuer einzulassen. Er provoziert Konflikte, nur um sich das Gefühl zu geben, daß er sich auch dort, wo er sich eigentlich geborgen fühlen sollte, frei machen kann. Es ist naheliegend, daß unter Uranus die elektrischen Kommunikationsleitungen besonders unter Spannung stehen. Die kommunikativen Sicherungen brennen durch.

Handelt es sich um einen Neptun-Transit, widersetzt sich der Betroffene den ich-auflösenden Einflüssen und verharrt kompensatorisch in einem sturen Egoismus oder flüchtet in die Welt der Phantasie und Träume und sucht dort den »Märchenprinzen«. Anstatt in sich eine neue Ichdimension wachsen zu lassen, wird der Native seine verschwommenen Vorstellungen nach außen projizieren und in einer romantisch-verklärten Liebe seine Erfüllung suchen. Er idealisiert den Partner, um sich in ihm zu spiegeln, und bemerkt oft zu spät, daß diese Spiegelungen dem Licht der Objektivität nicht gewachsen sind. Möglich ist auch, daß der Betroffene seinen (hier) unkontrollierten Altruismus in einem Opfer-Retter-Syndrom auslebt. Er fühlt sich dann aufgefordert, einen anderen Menschen aus einer schwierigen Lebenssituation zu retten, oder suggeriert, daß er selbst aus einer solchen Situation gerettet werden möchte. In beiden Fällen geschieht dies in der Regel nicht aus echter Hilfsbereitschaft, sondern nur aus dem Wunsch, in einer nicht »alltäglichen« Beziehung zu leben. Selbsttäuschung und die Täuschung anderer sind der charakteristische Ausdruck dieses unerlösten Zustandes.

Unter dem Transit von Pluto entwickelt der Betroffene in der Bestandssicherung seiner zwischenmenschlichen oder partnerschaftlichen Beziehungen einen auffallenden Fanatismus. Unbarmherzig kämpft er gegen jeden Wandlungsprozeß an. Welcher Mensch auch immer sich ihm als Auslöser seiner verdrängten inneren Metamorphose entgegenstellt, er wird von ihm in Machtkämpfe verwickelt, in Rechtsstreitigkeiten hineingezogen oder auf jede andere Art und Weise skrupellos zu ruinieren versucht. Um sich dem eigenen Stirb-und-werde-Prozeß zu entziehen, geht er kompensatorisch über Leichen. Er regrediert in ein kleinkindliches Verhalten und versucht, allen anderen Menschen Liebe und Zuneigung abzutrotzen.

Da sich alle Einflüsse der transitierenden Planeten über diesem Haus in ihren körperlichen, geistigen und emotionalen Auswirkungen auf der Ebene der Kommunikation ausdrücken, es sich also um einen Kampf der individuellen Selbstfindung im sozialen Verbund mit anderen Menschen handelt, können die Ausgleichsblüten *Agrimony* und *Scleranthus* hier dämpfend und korrigierend eingesetzt werden. *Agrimony* läßt den Nativen seinen jeweiligen Zustand objektiv wahrnehmen und bewahrt ihn dadurch vor (später bereuten) extremen Handlungen. Wo immer der Native seine Individuation kompensatorisch kämpferisch vorantreibt, besänftigt *Agrimony* den aufgestachelten Kampfgeist. Der Betroffene findet zu einem inneren Frieden mit sich und anderen. Wo immer der Betroffene die Welt durch die rosarote Brille sieht, öffnet *Agrimony* ihm die Augen für die Wirklichkeit. Wenn der Betroffene aus Unsicherheit gegenüber seinen innerlich ablaufenden Wandlungsprozessen sein Heil in ständig wechselnden Partnerschaften sucht, wird die Blüte *Scleranthus* in ihm ein neues Gleichgewicht herstellen. Sie verhindert, daß der Native von einem Extrem ins andere verfällt. Der Native lernt durch *Scleranthus*, die sich heranbildenden neuen Facetten seines Ego zu harmonisieren und sie in eine veränderte Balance seiner Persönlichkeit zu integrieren. Da sich der Native infolge seiner inneren Labilität in der Planung und Durchführung seiner Aufgaben in diesem Zustand weitgehend an von außen kommenden, stets wechselnden Meinungen und Ratschlägen orientiert, kann auch die Blüte *Cerato* gegeben werden. *Cerato* reduziert die Fremdbestimmung des Nativen und beseitigt seine unmittelbar mit jeder Frage und jeder Antwort verbundenen Zweifel. Der Native wird fähig anderen zuzuhören und in sich selbst hineinzuhören.

**Venus in Waage oder im 7. Haus**

Wenn diese Konstellation auch in einem sonst nicht sonderlich Waage-betonten Kosmogramm vom Nativen dennoch extensiv gelebt wird, finden wir in ihm den klassischen Narziß. In ungetrübter Selbstzentrierung nimmt er sich ausschließlich in einer Eigen- oder Fremdspiegelung wahr. Wenn er nur die nötige Bestätigung für seine Einmaligkeit erhält, setzt er sich widerspruchslos jeder äußeren Beeinflussung aus. Kritiklos paßt er sich überall dort an, wo er keine Kontroverse, keinen Streit, keine »schlechte« Stimmung zu befürchten braucht. Seine Sexualität ist wesentlich mental geprägt, die körperliche Seite wird eher abgelehnt. Der Reiz besteht in der »besonderen« Situation, dem verführerischen Ambiente. Seine Treue gilt weniger dem Partner, treu ist er vor allem sich selbst und der Liebe gegenüber. Sie verehrt er wie eine Göttin. Er versucht, immer im Rampenlicht zu stehen, schätzt deshalb auch die sogenannte »gute« Gesellschaft. Dort muß er auch aufgrund des sozialen Status nicht damit rechnen, mit dem

»Bösen«, »Häßlichen«, dem »Unästhetischen« und »Undelikaten« der Welt konfrontiert zu werden.

Sein inneres Gleichgewicht ist besonders labil. Um es dennoch aufrecht zu erhalten, greift der Native auch zur Unaufrichtigkeit. Gerät sein übersteigertes Ichbild infolge von Entzugserscheinungen (er erweckt nicht mehr das gewünschte Interesse) über einen längeren Zeitraum in einen Zustand der Instabilität, so kann dies ernste physische und psychische Folgen haben. Dies vor allem dann, wenn der Betroffene über keine Möglichkeiten der Sublimation, z. B. in der Kunst oder als Schauspieler, Modell oder Sänger usw., verfügt. In einer solch extremen Ichbefangenheit können die Ausgleichsblüten *Agrimony* und *Scleranthus* den Betroffenen wieder zu einer inneren Balance finden lassen.

**Gesundheitliche Implikationen**

Das in der Waage angelegte Thema des Erkennens und der Unterscheidung zwischen Subjekt und Objekt findet auf der Organebene seine Entsprechung in den Nieren. Die Analogie ist einleuchtend, wenn man die Aufgabe des Waage-Einflusses darin sieht, daß er das Individuum vom Egoismus »entschlacken« und »entgiften« soll, um es für eine neue, altruistische Perspektive zu öffnen. In gleicher Weise befreien die Nieren, als eines der wichtigsten Ausscheidungsorgane, den physischen Körper von allen Giften und Schlacken. Um diesen Prozeß der »Scheidung« sowohl auf der körperlichen als auch auf der psychischen Ebene durchführen zu können, muß jedoch zunächst eine »Ent«-scheidung getroffen werden. Dies bedeutet, das Organ und analog das Individuum müssen zunächst einmal über entsprechende Parameter verfügen, die eine Unterscheidung zwischen »giftig und ungiftig«, zwischen »subjektiv und objektiv« möglich machen.

Für den Waage-Geborenen heißt dies, daß er erst einmal zu einem stabilen Selbstbild kommen muß, bevor er das Du vom Ich unterscheiden kann. Da im unerlösten Zustand dafür die notwendigen Parameter fehlen, sind die Betroffenen gesundheitlich immer dann besonders gefährdet, wenn in ihren zwischenmenschlichen Beziehungen oder Partnerschaften die notwendige Harmonie fehlt. Dies kann dann zu akuten Nierenerkrankungen, Nierensteinen oder Harnsteinen führen. Mit den genannten Blüten findet der Native wieder zurück zu einer harmonischen inneren Ausgeglichenheit. Diese Blüten regulieren die für den Nativen so wichtige körperliche und psychische Homöostase.

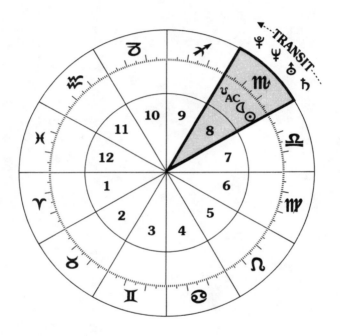

## Skorpion, Pluto (Mars) und 8. Haus

*Astrologische Konstellationen:*

Grundkonstellationen: Sonne oder Mond in Skorpion oder im 8. Haus, Aszendent Skorpion, Südlicher Mondknoten im 8. Haus

Zeitliche Auslösungen: Transite von Saturn, Uranus, Neptun oder Pluto über das 8. Haus

Einzelaspekte: Mars oder Pluto in Skorpion oder im 8. Haus

Empfohlene Bach-Blüten: *Holly, Vine, Honeysuckle, Cherry Plum, Willow, Rock Rose*

*Erlöster Zustand:*

Die Harmonie der unbewußten Seelenkräfte, die Aura der Liebe, die Fähigkeit zur geistig-seelischen Wandlung, die produktive Verknüpfung von Vergangenheit und Gegenwart, die charismatische Persönlichkeit, Verantwortlichkeit, natürliche Autorität, Führungsqualitäten, der seelische Helfer, mit Liebe die Finsternis überwinden können, Unabhängigkeit von Begierden, der »weiße« Magier

*Unerlöster Zustand:*

Das kompromißlose Ego, jeder Wunsch wird zum Befehl, die unersättliche Seele, das Prinzip »Alles oder Nichts«, Ausschweifung, Eifersucht, Haß, Neid, Verantwortungslosigkeit, der Seelenfänger, seelische Grausamkeit, die negative Aura, Fanatismus, der machthungrige Tyrann, extreme Gefühlsschwankungen, leicht gekränkt, vergißt keine Kränkungen, von seinen Begierden getrieben, der Rivale, der Extremist, der Don Juan, Machtrausch

Symptomatik im unerlösten Zustand:

**Sonne in Skorpion oder im 8. Haus**

Das Tierkreiszeichen Skorpion wird durch zwei Faktoren sowohl im positiven als auch im negativen Sinne besonders geprägt. Es sind dies die Kräfte des mitregierenden und erhöhten Mars und die des Herrschers Pluto. Für beide Planeten gilt, daß sie Träger großer Energien sind. Sie unterscheiden sich jedoch bezüglich der jeweiligen Wirkungsebene ihrer Kräfte. Das Energiepotential des Mars ist mit seiner immanenten Forderung an den Menschen – zu handeln und zu werden – mit dessen irdischem Leben verknüpft. Die Pluto-Kräfte dagegen sprengen den Rahmen des Irdischen und binden den Menschen in den Kosmos ein. Seine Forderung heißt: Stirb und werde. Bezogen auf das Ziel – werde – drücken beide Kräfte eine innere Einheit aus. Bezogen auf den Weg (zum Ziel) besteht jedoch zwischen den beiden Imperativen, einerseits »handle« und andererseits »stirb«, ein für den Menschen zunächst scheinbar unauflösbarer Widerspruch. Die Ursache dafür liegt zum größten Teil in unserer überwiegend durch die Naturwissenschaften geprägten heutigen Weltsicht. Bis heute verbinden die Menschen mit dem Begriff »handeln« ausschließlich die aktive Tat, an deren Ende ein Ergebnis, *etwas* steht. Mit dem Begriff »sterben« wird dagegen eher ein Nichthandeln assoziiert, an dessen Ende der Tod, *nichts* steht. Erst seit die Naturwissenschaften in Verbindung mit der Medizin auch im Sterben (im in den Tod gehen) einen kontinuierlich ablaufenden Prozeß, dem notwendigerweise ein »Handeln« der Zellen zugeordnet werden muß, erkannten und nachwiesen, kann in dem äußeren Widerspruch nun auch eine innere Wahrheit erkannt werden. Erst die Erkenntnis, daß der Mensch auf der zellulären Ebene von Geburt an permanent »sterben« muß, um zu leben, eröffnet den wahren Sinn der plutonischen Forderung des »Stirb und Werde«. Erst als diese Erkenntnis auch »meßbar« wurde, konnte sie in unserem wissenschaftlichen Weltbild anerkannt werden, obwohl sie schon seit Jahrtausenden von den unterschiedlichsten Religionen und Philosophien »gedacht« worden war. Dies bestätigt nur einmal mehr die kosmische Blindheit des Menschen. Vielleicht mußte Pluto auch erst körperlich sichtbar werden, damit die Menschen seine Kräfte wahrnehmen konnten – und wollten.

Diese irdische Blindheit bildet das Zentrum des negativen Skorpion-Zustandes. Da in diesem Zustand die Wandlungskräfte des Pluto auf all ihren Ebenen verweigert werden, ist es naheliegend, daß für ihre unterschiedlichen Erscheinungsformen auch sehr unterschiedliche Bach-Blüten als Helfer dienen. Auf der Ebene des reinen Ichausdrucks (Sonne) ist der Betroffene nicht mehr fähig, sein enormes seelisches und physisches Energiepotential uneigennützig in die Gesellschaft einzubringen. Er benutzt sein hochentwickeltes Einfühlungsvermögen in die Seelen anderer Menschen statt dessen als Mittel zu seiner skrupellosen Machtentfaltung. Ohne sich selbst im geringsten unter- oder einordnen zu können, setzt er sich kompromißlos über die Wünsche und Ansprüche, über die Würde anderer Menschen hinweg. Indem er sich bedingungslos seinen Wünschen und Begierden ausliefert, drückt er allen Menschen und all seinen Handlungen den eigenen Stempel auf. Wer sich seinem Dominanzanspruch nicht widerstandslos und bedingungslos unterwirft, muß fortan seine Rache fürchten. Da es sich bei Skorpion um ein fixes Wasserzeichen handelt, richtet sich der fanatische Besitzanspruch des Nativen vor allem auf die Gefühle und weitergehend auf die Seele anderer Menschen. Auch hier liegt die Ursache dafür in der Übertreibung der im Ablauf des Tierkreises neu erworbenen Eigenschaften und Fähigkeiten. Im Zeichen Waage sollte das Individuum das Du geistig (Luft) integriert haben. Nun, im Skorpion, sollte die seelisch-emotionale Integration folgen. Im negativen Zustand entartet diese Aufgabe jedoch zur Inbesitznahme und führt bis hin zur Enteignung und Entmündigung der Seele des Anderen.

In partnerschaftlichen oder zwischenmenschlichen Beziehungen resultiert daraus das typische Täter-Opfer-Verhältnis, in denen der Täter seine Opfer bedenkenlos seinem Willen zu unterwerfen versucht, sie mit offener Nötigung oder Gewalt oder insgeheimer Verfolgung unterdrückt. Eine Befreiung aus solchen mitleidlosen, grausamen Beziehungen kann durch die Blüte *Vine* bewirkt werden. *Vine* harmonisiert die starken Seelenkräfte des Nativen und macht ihm bewußt, daß er aufgefordert ist, sie in den Dienst anderer Menschen zu stellen. Der Native lernt, daß er auf seine Machtspiele verzichten kann, da er durch die neue Ausrichtung positive seelische Kräfte in sich wachsen fühlt, die ihn zu einem machtvollen Helfer und Retter für Menschen in Not machen. Dem Nativen wird klar, daß er das Opfer nicht im anderen suchen und verfolgen soll, sondern daß er sich selbst opfern muß, um als Vorbild für andere den plutonischen Weg zu weisen.

Wenn der Native im unerlösten Zustand eine Auseinandersetzung mit seinen starken plutonischen Kräften verweigert, kommt es leicht zu einem seelischen Stau. Da sich dieser Stau, für Außenstehende oft unbemerkt, über längere Zeit aufbaut, genügt dann meist ein geringer Anlaß, um bei dem Betroffenen heftige verbale oder auch körperliche Attacken gegen andere Menschen auszulösen. Der Betroffene explodiert gleichsam, und es besteht die Gefahr, daß er seinen angestauten Haß, seine Wut entweder gegen Unschuldige oder auch gegen sich selbst richtet. Da der Betroffene in diesem Zustand seine Energien nicht kontrollieren kann, wird er leicht das Opfer seiner Zwangsvorstellungen, die ihm eine Gefährdung seiner Machtposition suggerieren. Da sich die beiden Phänome – seine angestaute Wut und seine Zwangsvorstellungen – einer direkten rationalen Kontrolle entziehen, neigt der Native dazu, blind um sich zu schlagen und auch die Strukturen zu zerstören, die ihm eigentlich wertvoll sind. Seine Aktionen haben dann im übertragenen Sinne etwas selbstmörderisches.

Da der Betroffene in der Regel die zerstörerischen Auswirkungen seiner seelischen Entladungen kennt, versucht er im Einzelfall, ihren Ausbruch zu verhindern. In dieser Phase eines akkumulierenden Energiestaus hat er das Gefühl verrückt zu werden, wie in einem Gefängnis eingeschlossen zu sein, dessen Mauern er nur mit Gewalt brechen kann. Je nach aktueller Lebenssituation kann diese Energie dann explodieren, sich auf andere richten, oder implodieren, sich gegen den Betroffenen selbst richten. Potentiell besteht dann Selbstmordgefahr. Hier kann die Blüte *Cherry Plum* den Nativen wieder positiv an seine Seelenkräfte anbinden. *Cherry Plum* gibt dem Betroffenen die Kraft, in seine eigenen seelischen Abgründe zu schauen und sich mit den von dort aufsteigenden Bildern positiv zu identifizieren. Der Betroffene betritt den rechten Weg seiner seelischen Evolution. Infolge der Befreiung von seinen Zwangsvorstellungen entdeckt der Native Wege, auf denen er in kosmische Bereiche vordringen kann. *Cherry Plum* erschließt ihm die dafür notwendigen Entwicklungsschritte. Der Betroffene kann durch die sich in ihm vollziehende Entwicklung zum Vorbild für anderen Menschen werden. Wie ein Katalysator kann er in anderen Menschen ähnliche Prozesse auslösen und sie als Mentor, geistiger Führer oder begleitender Helfer positiv unterstützen.

Bezogen auf die im Skorpion wirkenden Marsenergien kann sich der Betroffene nicht mehr auf die »Unschuld« seiner Taten, wie im Zeichen Widder, berufen. Wie immer, wo immer und wann immer der Native tätig wird, er »weiß«, was er tut und trägt dafür die volle Verantwortung. Für den Fall, daß der Native seine destruktiven Energien nicht nach außen richtet, ergibt sich die Variante, daß er dann die Opferrolle annimmt. Seine gesamten Lebensäußerungen werden dann von Groll, Verbitterung und schwelender Wut gegen Gott und die Welt geprägt. Typisch »plutonisch« fühlt er sich dann als Opfer des Schicksals. Nach dem Motto: »Schuld sind immer die anderen« vergiftet er sich sein Leben durch Pessimismus, Menschenverachtung und anklägerische Isolation. Der aber in diesen Zustand in ihm nicht ruhende »Täter« versucht, jede optimistische Lebensbejahung und -bewältigung bei anderen Menschen zu unterminieren und sie in seinen Pessimismus herunterzuziehen. Er schafft um sich herum eine Art Vakuum und saugt darin einerseits alle negativen Kräfte an, die seinen negativen Zustand dann akkumulierend noch verstärken, andererseits aber auch alle positiven Kräfte, um sie jedoch sofort in ihr Gegenteil zu verwandeln. In diesem Zustand wird die Blüte *Willow* für den Nativen zu einem Helfer, um wieder eine klare Einsicht in die wahren Ursachen seiner Situation zu gewinnen. Der Native kann sich wieder an das in ihm wirkende Gesetz von Ursache und Wirkung »erinnern« und zu einer neuen Selbstverantwortlichkeit kommen. Der Native kann durch *Willow* sich selbst zu einem »weisen« Führer werden. Die gleichen, nun konstruktiven Kräfte kann er dann auch als »weiser« Magier in den Dienst anderer Menschen stellen.

**Mond in Skorpion oder im 8. Haus**

Überall dort, wo der Waage-Geborene noch auf der Suche nach dem Du war, möchte der Skorpion-Geborene nun unter seinem Marseinfluß das Du »erschaffen«. Da der Native jedoch zugleich seinen plutonischen Kräften unterworfen ist, will er die Erschaffung durch »Wandlung« erreichen. Da er im negativen Zustand die Wandlung in sich verweigert, versucht er sie zwanghaft an anderen Menschen zu vollziehen. Mit prometheischem Zugriff »formt er Menschen nach seinem Bilde«. Dies führt vor allem in Partnerschaften zu immer wieder neuen machtvollen Herausforderungen. Aus seinem Unterbewußtsein fließt ihm die Idee des wahren Menschen und der wahren Liebe zu, die er jedoch in seinem wahnhaften Perfektionismus in der Realität als nie vollendet ansieht. Zwanghaft muß er jedes gerade erst geschaffene Bild wieder zerstören, um zugleich damit zu beginnen, es wieder von neuem und noch perfekter zu erschaffen. Wenn er für seine Menschenversuche erst einmal ein Opfer gefunden hat, so setzt er sich skrupellos über dessen Ansprüche nach einer eigenen Identität hinweg, verfolgt es mit Eifersucht und Mißtrauen, immer in der Angst, daß auch noch andere Baumeister am Werk sein könnten. Mit Zuckerbrot und Peitsche setzt er den Partner zwischen »himmelhoch jauchzend« und »zu Tode betrübt« den extremsten seelischen Spannungen aus. Er unterwirft ihn einem ständigen Gefühlsterror. Er funktioniert seine Sexualität zu einer Waffe um und setzt sie bedenkenlos für seine Ziele ein. Jeder irgendwie sich in Ruhe befindliche Seelenzustand erscheint ihm verdächtig, vor allem, wenn er seine eigenen Beziehungen betrifft. Es entsteht der Eindruck, daß der Native nur in leidvollen, belasteten und extrem angespannten Lebenssituationen Glück empfinden kann.

Um sich dieses offenbar nur so mögliche Glücksgefühl zu erhalten, schafft er um sich herum ein Klima aus Eifersucht, Neid, Mißgunst und allgemein negativer Ausstrahlung. Die eigenen Seelenkräfte des Nativen scheinen abgestorben zu sein, wirklich lebendig fühlt er sich nur dann, wenn er in das Leben anderer formend eingreifen kann.

Aus dieser Grundhaltung ergeben sich unterschiedliche partnerschaftliche Beziehungen. Ihr Hauptkriterium ist eine gegenseitige Abhängigkeit. Spielt der Native in einer Beziehung die dominante Rolle, weist er dem Partner die Kindrolle zu und bezieht sein Glück aus dessen Leid. Hat der Native dagegen die Opferrolle gewählt, genießt er auf masochistische Art und Weise die ihm auferlegten »Strafen«. Beide Partnerschaftskonstellationen zeichnen sich dadurch aus, daß sie beiderseitig auch dann zwanghaft aufrecht erhalten werden, wenn beide Partner »wissen«, daß die Beziehung innerlich längst zerbrochen ist.

Indem der Native im unerlösten Zustand seine Sexualität als Waffe gegenüber dem Partner einsetzt, beschwört er eine permanente Kampfsituation herauf. Folglich geraten seine sexuellen Aktivitäten auch sehr stark in den Bann eines »Stirb und Werde« Prozesses. Jeder Orgasmus stellt für ihn eine Herausforderung an den »kleinen Tod« dar. Sein durchgehend herausforderndes partnerschaftliches Verhalten beruht darauf, daß sich der Native eigentlich selbst nicht annehmen kann, sich eigentlich nicht vorstellen kann, daß er liebenswert ist. Alle, die ihn dennoch lieben, glaubt er dann für diese Liebe bestrafen zu müssen. Seine Treue orientiert sich einerseits an der Intensität seiner auf den Partner gerichteten Begierden, andererseits, was ihre Dauer betrifft, auf den Zeitraum, bis das »Werk« im Partner vollendet ist. In dem Augenblick, in dem beide Impulse nachlassen, läßt er den Partner bedenkenlos fallen und sucht sich ein neues Opfer.

Eine Befreiung aus diesem unerlösten Zustand kann mit der Blüte *Holly* erreicht werden. Sie erweckt das im Unterbewußtsein des Betroffenen schlummernde Gefühl für die wahre, göttliche, allumfassende, kosmische Liebe. Sie meistert die irrationalen Auswirkungen seiner seelischen Verwirrungen und läßt den Nativen selbst wieder zum Medium seiner Wandlung werden. Der Native muß die ihm auferlegte Wiedergeburt nicht mehr zwanghaft an anderen Menschen vollziehen, sondern kann sie in sich selbst erleben und leben. Die Blüte *Holly* versetzt den Nativen in einen Zustand, in dem er selbstlos Liebe schenken und empfangen kann. Von seinen inneren Zwängen befreit, wird er von Liebe durchstrahlt, die ihn in der Resonanz zu anderen

Menschen zu einem wahren geistigen und seelischen Führer machen kann.

## Aszendent Skorpion

Mit dem Aszendenten in Skorpion hat der Native eine Rolle gewählt, die im klassischen Sinne mit der des *Prometheus*, im trivialen Sinne mit der des »Rächers der Enterbten« zu vergleichen ist. Überträgt man die Charakteristika dieses Aszendenten auf das bewährte Modell einer »Bühne des Lebens«, so taucht der Native hier vorzugsweise hinter den Kulissen auf, als Drahtzieher, als Einflüsterer. In dieser Funktion kann er dann praktisch alle Rollen übernehmen, wenn damit nur eine irgendwie geheime Macht verbunden ist. Als Schauspieler intrigiert er, als Dramaturg spielt er das Ensemble gegen die Regie aus oder umgekehrt, wo immer sich eine gewisse menschliche oder künstlerische Stabilität gebildet hat, setzt er den Hebel an und schafft die ihm notwendige Unruhe. Die in ihm wirkenden plutonischen Kräfte sehen in allem eine stetige Herausforderung für eine grundsätzliche Wandlung. Es ist bestimmt kein »Zufall«, daß im letzten Jahrzehnt (seit Ende 1983) unter der mundanen Konstellation des Pluto in Skorpion auf allen Lebensgebieten einschneidende Veränderungen eingetreten sind. Um ein anderes Bild zu benutzen, könnte man den Nativen auch mit einem Katalysator vergleichen. Im unerlösten Zustand gerät ihm jede Begegnung, sowohl auf der materiellen als auch auf der geistigen Ebene, zu einer Katalyse. Zwanghaft greift er verändernd, emulgierend in jede Zuständlichkeit ein, um sie nach seinen Wünschen und Vorstellungen zu verändern. Alle Eingriffe erfolgen unter einem extremen Fanatismus, absoluter Bedingungs- und Schonungslosigkeit und einer selbst den Tod nicht fürchtenden Konsequenz. Der Native vermittelt den Eindruck, als glühe in ihm eine Flamme, deren Botschaft er mit missionarischem Eifer in die Realität umsetzen muß. Seine Persona gleicht einem Demiurgen, der verbissen und sich selbst überschätzend an der göttlichen Ordnung rüttelt. Seine unbewußten Seelenkräfte suggerieren ihm Omnipotenzgefühle. Zugleich ist er auch das Opfer seiner Eigensuggestion und leidet unter der Angst, schwach zu sein und seinen hohen selbst gesetzten Ansprüchen nicht zu genügen. Kompensatorisch richtet er seine Ängste auf andere Menschen und versucht sie mit allen Mitteln zu einer Gefolgschaft zu zwingen. Unter dem Motto: »Der Zweck heiligt die Mittel«, scheut er sich nicht, seine Ziele auch mit nicht immer ganz legalen Mitteln zu erreichen. Skrupellosigkeit, Infamie, Hinterhältigkeit, Drohungen und Rachegelüste gehören zum Repertoire des unerlösten Zustandes. Es tangiert ihn nicht, wenn er im Rufe steht, »berüchtigt« zu sein. »Oderint dum metuant« – »Mögen sie (mich) hassen, wenn sie (mich) nur fürchten«, so lautet sein bevorzugter Wahlspruch. Er genießt es, wenn seine schwarzmagische Aura bei anderen Menschen eine gewisse Scheu und Angst auslöst. Mit tödlicher Sicherheit findet er bei anderen Menschen, aber auch in Ideen oder Sachverhalten den wunden Punkt. Bedenkenlos öffnet er dann diese Wunde und ruht nicht eher, bis sie durch seinen chirurgischen Eingriff (Mars) »geheilt« ist. Wo immer der Native eine Sowohl-als-auch-Situation vorfindet, überführt er sie kompromißlos in ein »Entweder – oder«.

Da sich der negative Ausdruck der seelischen Kräfte in der Regel nicht auf einen Teilaspekt des Lebens beschränkt, sondern als Gesamtausdruck »dargestellt« wird, wird zur Behandlung eine Kombination der bereits genannten Bach-Blüten empfohlen. *Vine* erlöst den Betroffenen von seinem Machthunger, seinem Dominanzstreben und seinem ungezügelten Ehrgeiz. Der Betroffene wird wieder Herr über seine inneren zwanghaften Vorstellungen. Aus seiner mitleidlosen Intoleranz erwächst ein neues geistiges Verständnis für die Vielfalt des Lebens. *Vine* setzt einen Prozeß in Gang, in dessen Verlauf sich der Betroffene aus der Rolle des Zerstörers zu einem Medium der Wandlung entwickelt. Er lernt wieder, echte Autorität zu verkörpern, und kann für andere Menschen zu einem geistigen Führer werden. Die Blüte *Honeysuckle* befreit den Nativen aus der Abhängigkeit von seinen negativen seelischen Urbildern. Sie ermöglicht ihm einen konstruktiven Austausch zwischen seiner seelischen Vergangenheit und der Gegenwart. Sie fördert in ihm den lebendigen Fluß der Zeit und zeigt ihm, daß seine Aufgabe nicht in der Zerstörung, sondern in der Wandlung liegt. Der Native lernt, wechselweise im Alten das Neue und im Neuen das Alte zu erkennen, es nicht mehr zu konservieren, sondern es zu aktivieren. Die Blüte *Cherry Plum* löst die seelischen Blockaden und den physischen Energiestau auf. Im wiederhergestellten freien Energiefluß erwachsen dem Nativen neue, aufbauende geistige und physische Kräfte. Von seinen Zwangsvorstellungen befreit, kann sich der Betroffene wieder positiv seinen inneren Wachstumsprozessen überlassen und anvertrauen.

### Südlicher Mondknoten im 8. Haus

Der karmische Lebenshintergrund eines Individuums mit dieser Mondknotenstellung ließe sich vielleicht am besten mit einer Lebensituation am spanischen Hof zur Zeit *Philipps II.* im 16. Jahrhundert vergleichen. Wenn man den historischen Beschreibungen glauben darf, war der gesellschaftliche Umgang am Hofe von einer Mischung aus gegenseitiger Bespitzelung, Neid, Mißgunst, Eifersucht, gewalttätigen Exzessen, Machtspielen aller Art, Skrupellosigkeit, Geheimdiplomatie, sexuellen Perversionen und Rachsucht geprägt. Um zu einem gültigen Vergleich zu kommen, muß jedoch hinzugefügt werden, daß diese durchweg negativen Eigenschaften in der besonderen Situation bei Hofe paradoxerweise zu Tugenden wurden, denn nur wer über sie verfügte, konnte überleben. Um in einer solchen – vorgegebenen – Gesellschaft zu überleben, mußte man mit den Wölfen heulen, es nutzte nichts, gerade dort die Schalmeien zu blasen. Es ist müßig, an einen Menschen, der in einer solchen Gesellschaft zu überleben versucht, individuelle moralische Maßstäbe anzulegen. Er hatte nicht die Wahl der Mittel, er mußte grundsätzlich sein Überleben sichern. Unter dem Einfluß des Mondknotens im 8. Haus nimmt der Native seine Umwelt unter einer annähernd gleichen Perspektive wahr. Im unerlösten Zustand verweigert er jedoch den evolutionären Auftrag, der ihn in die Qualitäten des 2. Hauses führen soll. In der irrigen Annahme, seine Überlebensstrategien aus einem, für ihn mit dem höfischen Milieu vergleichbaren Damals unverändert ins Jetzt übertragen zu können, behält er seine Verhaltens- und seine Denkmuster nun, in seiner neuen Inkarnation ohne Not gleichsam nur noch aus strategischen Gründen bei. Der Betroffene verharrt im Sog seiner negativen Weltsicht, glaubt hinter allem und jedem ein Geheimnis oder einen Verrat wittern zu müssen. Er quält seine Umwelt mit Eifersucht und Mißtrauen, wird von Intrigen entweder angezogen oder arrangiert sie selbst und setzt seine oft charismatische Ausstrahlung skrupellos ein, um über andere Menschen Einfluß zu gewinnen. Als Waffen wählt er entweder die mitleidlose Auseinandersetzung, die zynische Herabsetzung der Gegner oder das geflüsterte Wort hinter der vorgehaltenen Hand. Er fühlt sich wohl als graue Eminenz, als der, der die geheimen Fäden spinnt, er genießt es, wenn man von ihm sagt, es ginge etwas Geheimnisvolles oder Bedrohliches von ihm aus. Er mißbraucht seine Sexualität, um andere Menschen zu manipulieren und sie für seine Ziele dienstbar zu machen.

Als wesentlicher Auslöser für den unerlösten Zustand fungiert die Unfähigkeit des Betroffenen, sich selbst zu lieben und die Angst, für andere nicht liebenswert zu sein. Da er nicht daran glaubt, echte Liebe geben und erhalten zu können, straft er sich und andere Menschen, indem er die Liebe an sich zerstört, anstatt sie zu wandeln. Um seinen karmischen Weg positiv gehen zu können, d. h. zu einer echten Substanz, zu echten Werten, zu echten Gefühlen, zu einer Transformation des Materiellen ins Geistige zu gelangen, können folgende Bach-Blüten für ihn zum Helfer werden. *Cherry Plum*, um die zerstörerischen Kräfte seines Unterbewußtseins und seiner karmischen Vergangenheit zu befrieden und ihn wieder positiv an seine geistigen Energiequellen anzuschließen. *Holly*, um sein Herz für die allgegenwärtige, also auch in ihm lebendige, göttliche Liebe zu öffnen. *Honeysuckle*, um ihn mit seiner karmischen Vergangenheit zu versöhnen und um die darin auch liegenden positiven Erfahrungen in die Gegenwart zu übertragen. *Vine*, um ihm seine Allmachtsphantasien zu nehmen und um seine Führungseigenschaften wieder einer gemeinsamen Aufgabe mit anderen Menschen zuzuordnen. Auf unterschiedlichen Ebenen helfen diese Blüten dem Betroffenen, sich aus dem Schatten seiner seelischen Gefangenschaft zu befreien und aus den Kulissen wieder ans Licht zu treten.

## Transite von Saturn, Uranus, Neptun oder Pluto über das 8. Haus

Die Symbolik des 8. Hauses wird trivial immer wieder mit »Haus des Todes« interpretiert. Da in jeder Trivialität aber immer auch ein wahrer Kern steckt, ist diese Übersetzung so richtig wie falsch. Treffender ist die Symbolik des 8. Hauses zu fassen, wenn man ihre Grundaussage »Stirb und werde« auf die einzelnen Lebensbereiche eines Individuums überträgt. Im zyklischen Werdeprozeß des Horoskopkreises verbirgt sich hinter der rigiden Aufforderung zur Wandlung eine tiefe innere Weisheit. Die Weisheit liegt darin, daß das Individuum eine – letzte – Chance bekommt, seine in den ersten beiden Quadranten erworbenen Eigenschaften und Fähigkeiten nun endgültig aus ihrer egozentrischen in eine altruistische Perspektive zu transformieren. Die im Gegenzeichen Stier liegende – und im unerlösten Zustand – noch nicht gelöste Aufgabe, einer Wahl zwischen »solitaire und solidaire« (einsam oder gemeinsam) rückt nun ins Lebenszentrum des Nativen. Um seine Seele transformieren zu können, muß der Betroffene viele kleine, reinigende Tode sterben. Um in die Höhe der nachfolgenden überpersönlichen Zeichen (von Schütze bis Fische) aufsteigen zu können, muß sich der Betroffene jeglichen behindernden Ballastes entledigen. Verluste in allen Bereiche des Lebens sind die dafür wegweisenden Signifikatoren. Im unerlösten Zustand »verliert« der Betroffene dann Geld, Besitz, Menschen, Ehre, Ansehen, Erfolg, Standpunkte und Überzeugungen. Er ist aufgefordert, sich von allen egoistischen Wünschen und Begierden zu lösen und seine Potentiale sinn- und formgebend in die Allgemeinheit zu integrieren.

Diese Grundforderung ist bei allen Transiten über dieses Haus identisch, sie unterscheidet sich in ihren Auswirkungen lediglich durch die besondere Färbung des Planeten. Ein Saturn-Transit wird in seinem Charakter als einengend, Grenzen setzend und strukturierend empfunden. Der Betroffene soll nicht länger Herr und Meister alleine sein. Er erlebt »Frustrationen« auf all den Gebieten, auf die sich seine bisherigen Wünsche und Begierden einseitig und ausschließlich gerichtet hatten. Wo immer der Betroffene seither alleiniger »Besitzer« (Stier) war, muß er jetzt teilen. Er muß – um im Bilde zu sprechen – seinen Ein-Mann-Betrieb in eine Aktiengesellschaft mit gleichwertigem Recht auf die Anteile für alle erweitern. Jedwedem gemeinsamem Besitz (Kredite und Hypotheken: Mitbesitzer die Bank; Erbschaften: Mitbesitzer die Verwandten; Partnerschaften und Freundschaften: Mitbesitzer die daran beteiligten Partner, sie »gehören« zunächst einmal ja sich selbst) wird ein neuer »Kreditrahmen« gesetzt. Kann sich der Betroffene auf die neuen »Konditionen« einlassen, werden seine Geschäfte und Beziehungen Erfolg haben. Kann er dies – aus egoistischen Gründen – nicht, muß er mit den entsprechenden Verlusten rechnen. Charakteristisch für diesen Saturn-Transit sind die langwierigen, zähen und zermürbenden Verhandlungen um den neuen Status.

Die uranische Transitvariante überfällt den Nativen schockartig. Da der Native im unerlösten Zustand die Wandlungen im Heute verweigert, dominieren schlagartig die Werte des Gestern sein Leben (»Yesterday, all my troubles seemed so far away«). Seine Lebenssituation wird gleichsam von einem Erdbeben erschüttert, bei dem erschwerend hinzukommt, daß es nicht nur ein, sondern mehrere Epizentren aufweist. Alle so fest gefügt geglaubten Mauern brechen mit einem Mal zusammen. Die Tapeten stützen die Wände nicht mehr. Uranus entlarvt alle Scheinwelten, indem er ihnen schmerzhaft die Maske vom Gesicht reißt oder sie so unter Strom stellt, daß sie in sich einen Kurzschluß erzeugen und sich wie Blitze entladen.

Unter einem Neptuntransit entsteht ein neptunischer »Hunger«, der zu seiner Befriedigung zu keinerlei Opfer bereit ist. Wahlweise versucht der Betroffene im unerlösten Zustand seinen Hunger auf der materiellen Ebene durch die Gier nach noch mehr Besitz zu befriedigen und scheut dabei auch vor Betrug und Manipulation nicht zurück. Oder er verfällt in einen sexuellen Heißhunger und sucht exzessive körperliche Befriedigung dort, wo eigentlich eine geistige und spirituelle Hingabe angezeigt ist. In allen Fällen versucht der Betroffene, die ihn umgebende »Nebelwand« mit heftiger Aktion zu durchbrechen, anstatt sich mit ihrem kreativen Fluidum durch einen sensiblen Austausch zu verschmelzen. Der rücksichtslose Nebelraser auf der Autobahn steht sinnbildhaft für diesen negativen Ausdruck.

Die wohl nachhaltigsten Auswirkungen wird ein Pluto-Transit auslösen. Im unerlösten Zustand entlädt sich in dem Betroffenen eine geballte Ladung negativer Energien. Um die letzten Reste seiner total ins Wanken geratenen Persönlichkeit zu retten, scheut der Betroffene vor nichts zurück: Betrug, Fälschung, Ehrabschneidung, Hinterlist, materielle oder sexuelle Erpressung bilden das Repertoire seiner Lebensäußerungen. Alle Mittel scheinen für ihn erlaubt zu sein, um seinen materiellen, geistigen oder emotionalen Besitz zu wahren. Wo immer seine Interessen durch gemeinsame Interessen gefährdet erscheinen – die im Zusammenhang dieses Hauses immer wieder zitierten Erbschaften bilden nur die Spitze des Eisberges – kämpft er, andere und sich selbst zerstörend, mit verbissenem Einsatz um seine »Rechte«.

Für alle Transite gilt, daß der Betroffene im unerlösten Zustand in einer ersten typischen Reaktion dessen Auswirkungen entweder durch Kompensation oder Verweigerung zu lösen versucht. Entsprechend wird er unterschiedliche Fluchten antreten. Neigt der Betroffene dazu, seine Eigenverantwortung an den ihn treffenden »Verlusten« zu negieren und das »Schicksal« dafür anzuklagen, kann die Blüte *Willow* für ihn sehr hilfreich sein. *Willow* erlöst ihn aus seinem Groll und seiner anklägerischen Verbitterung und läßt ihn die Notwendigkeit des zu durchlebenden Wandlungsprozesses erkennen. Die Blüte *Willow* läßt in ihm einen neuen »Meister« entstehen, der jedoch nun seine Meisterschaft (worin auch immer sie besteht) in den Dienst der Allgemeinheit stellen kann.

Reagiert der Betroffene im Sinne einer Implosion, eines Energiestaus, werden sowohl die Blüten *Willow* als auch *Cherry Plum* empfohlen. *Cherry Plum* öffnet der gestauten Energie ein Ventil und bindet die nun freigesetzten Energien des Nativen wieder an seine geistig-spirituellen Wurzeln. Der Native lernt, sich von sich selbst zu lösen, die Eigenumklammerung seiner Seele zu lockern und mit den dann möglichen Entwicklungsschritten für andere ein Vorbild zu werden. Erschöpft sich die kompensatorische Reaktion des Nativen in Selbstanklagen, kann die Blüte *Willow* ihn aus seinem verinnerlichten Opfer-Täter-Syndrom befreien. Aus dem grollenden Opfer kann ein verantwortungsvoller Täter werden. Der Betroffene schlüpft aus der Rolle des Knechtes seines Schicksals und wird zu dessen Herr und Meister.

Alle diesen unerlösten Zustand begleitenden Haß- und Neidgefühle, Eifersucht, alle provozierten oder erfahrenen Mißverständnisse, alle Kränkungen können mit der Blüte *Holly* eliminiert werden. Durch *Holly* entwickelt sich in dem Nativen wieder ein Gefühl der inneren Zufriedenheit mit allem, was er hat, denkt oder fühlt. Wenn sich der Native allzu sehr in seine »Yesterday«-Gefühle verstrickt, kann die Blüte *Honeysuckle* ihn wieder in die

Gegenwart zurückversetzen. Sie neutralisiert seine überwertige Bezogenheit auf die Vergangenheit und läßt ihn die Gegenwart wieder kreativ erleben. Wenn der Native auf die unter diesen Transiten eingeleitete Metamorphose seiner gesamten Lebensumstände mit Panik und Angstzuständen reagiert, lindert die Blüte *Rock Rose* die in ihm aufsteigenden destruktiven Energien. Sie weckt in dem Betroffenen die positiven, regenerierenden Kräfte, mit denen er seinen Selbstheilungsprozeß einleiten kann.

Wann immer der Native unter diesen Transiten seine offene innere Wunde durch nach außen getragene Aggressionen und Dominanzverhalten verschließen möchte, wird die Blüte *Vine* ihm helfen, wieder zu sich selbst zu finden oder sich von wohlmeinenden Menschen führen zu lassen. Allen genannten Blüten ist gemeinsam, daß sie zwar auf verschiedenen Ebenen, aber sich ergänzend, dem Betroffenen eine unmittelbare Einsicht und ein bewußtes Verständnis für die Notwendigkeit der in ihm ablaufenden Wandlungsprozesse vermitteln. Der Native begreift durch sie, daß er viele »kleine Tode«, viele Verluste erleiden muß, um seine evolutionäre Entwicklung zu fördern.

**Mars in Skorpion oder im 8. Haus**
**Pluto in Skorpion oder im 8. Haus**

Unter diesen Konstellationen können alle bisher erörterten unerlösten Zustände, auch in einem sonst eher moderaten Kosmogramm, zu ausdrucksstarken Faktoren einer Persönlichkeit werden. Wir finden dann eine stets gärende Energie, die sich einzig und allein auf die Durchsetzung der eigenen Wünsche und Begierden konzentriert. Der Native scheint dann von seinen Affekten wie besessen zu sein. Er benutzt sein außerordentliches Charisma skrupellos, um andere Menschen körperlich, geistig oder emotional zu unterdrücken. Er wird zu einem wahren Seelenfänger. In seinem kompromißlosen Freund-Feind-Weltbild löst er in sich und in anderen Menschen eine Krise nach der anderen aus. Ein lebendiges »Mittelmaß« existiert für ihn nicht. Ihm geht es immer um Leben und Tod. Selbst in der unbedeutendsten Handlung steckt bei ihm etwas von einem Triebtäter. Erbauseinandersetzungen, der Wechsel von Konkurs und geschäftlichem Wiederaufbau, die kleine »Handgreiflichkeit« in der Kneipe, als Raser die Nötigung anderer Verkehrsteilnehmer auf der Autobahn, der spitze Ellenbogen in der Warteschlange sind für ihn bevorzugte Felder zur Durchsetzung seiner libidinösen Energien.

Diese zwanghaft negativen Lebensäußerungen stehen in einem umgekehrt proportionalen Verhältnis zu seiner eigentlichen Aufgabe: der Transformation seiner Kräfte in den Geist. Um den Betroffenen wieder an sein tiefes seelisches und energetisches Kräftepotential heranzuführen, können verschiedene Blüten empfohlen werden. Die Blüte *Cherry Plum*, um seinen Energiestau aufzulösen und ihn seiner wahren Aufgabe zuzuführen. Die Blüte *Holly*, um ihn aus seiner Verbissenheit zu befreien und ihm neue Kraftreserven zu erschließen, wenn er sich in seinem Aktivitätsfuror völlig erschöpft hat. Die Blüte *Rock Rose*, wenn in ihm Angst- und Panikgefühle vorübergehend die Oberhand gewinnen. Die Blüte *Vine*, um ihn von seinen Omnipotenzgefühlen zu befreien und ihn zu einem echten geistigen Führer werden zu lassen. Die Blüte *Willow*, um ihn nicht länger sinnlos zerstörend gegen sein Schicksal anrennen zu lassen und um in ihn wieder das göttliche Gesetz der Vergebung und Heilung wach werden zu lassen.

**Gesundheitliche Implikationen**

Analog zum das Tierkreiszeichen bestimmenden Imperativ »Stirb und Werde«, äußern sich die unerlösten Zustände in den Bereichen der Ausscheidungs- und Zeugungsorgane. Konkret betroffen sind der Mastdarm, die Blase, der gesamte Genitalbereich, außerdem das Immunsystem, dessen Funktionen ganz allgemein den Verfall oder den Bestand unseres physischen Körpers regulieren. Ursächlich werden Beschwerden in diesen Bereichen sowohl durch exzessiv gestaute als auch exzessiv verausgabte Energien hervorgerufen.

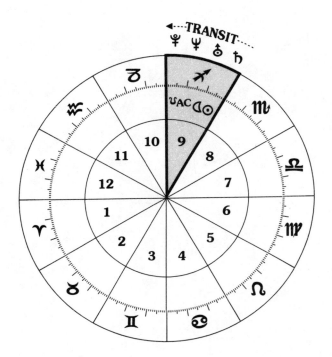

## Schütze, Jupiter und 9. Haus

*Astrologische Konstellationen:*

Grundkonstellationen: Sonne oder Mond in Schütze oder 9. Haus, Aszendent Schütze, Südlicher Mondknoten im 9. Haus

Zeitliche Auslösungen: Transite von Saturn, Uranus, Neptun oder Pluto über das 9. Haus

Empfohlene Bach-Blüten: *Beech, Vervain, Elm*

*Erlöster Zustand:*

Der Priester, der Prophet, wahre Religiosität, Überwindung der Materie durch den Geist, der Philosoph, der Weise, der Kamerad, der Ritter, tolerant, optimistisch, der Abenteurer, auch im Geiste gelebter Glaube, der Missionar, freiheitsliebend, der Sendbote höherer Mächte, die geistige Autorität, der Sucher, erkennt die Einheit in der Vielheit, positive Führungseigenschaften, folgt seiner inneren Berufung, läßt sich überzeugen, Inspiration, die Idee wird in ihm zum Fanal

*Unerlöster Zustand:*

Der religiöse und weltanschauliche Eiferer, der Fanatiker, der Prinzipienreiter, hat immer recht, moralische und ethische Überheblichkeit, Abhängigkeit von Zeremoniell und Ritus, der Dogmatiker, intolerant, bigott, hochmütig, cholerisch, der falsche

Guru, der Verschwender, liebt übertriebenen Luxus, glaubt, er sei der Größte, anmaßend, kann schwer zuhören, der oberflächliche Weltmann

Symptomatik im unerlösten Zustand:

**Sonne in Schütze oder im 9. Haus**

Wie auch immer die astrologische Symbolik entstanden sein mag, sei es, daß sie in fernen Zeiten »kosmisch empfangen« oder irdisch »erfunden« und »entwickelt« wurde, sie beweist bei jeder Probe ihre immanente Wahrheit. Das Zeichen Schütze wird symbolisiert durch den Kentaur. Aus einem Tierleib wächst ein Mensch mit einem gespannten Bogen in der Hand. Zerlegt man diese Bildeinheit in ihre einzelnen Komponenten, so entschlüsselt sich im Detail das Lebensmuster des Schützen. Der aus dem Pferdeleib heraus- und über ihn hinauswachsende Mensch signalisiert den Sieg des Geistes über die Materie. Diese im Zeichen Skorpion begonnene Aufgabe ist zum Besitz, zum kosmischen Geschenk, des Schütze-Geborenen geworden. Der auf dem gespannten Bogen angelegte Pfeil zielt in den Kosmos, in die Idee, ins Überzeitliche. In einem ersten Versuch will sich das Individuum an den Kosmos »anbinden«, »zurückbinden« oder »festbinden«. Alle drei Begriffe übersetzen das lateinische »religio« und stehen synonym für jegliche Religion. Im Bewußtsein des Schütze-Geborenen verdichtet sich diese innere Erfahrung wahrer Religiosität zum Bekenntnis: »Ich glaube.« Im Zyklus der beiden kosmischen Halbsonnen (siehe erster Teil) erweitert sich dieses Bekenntnis zu: »Ich glaube an das Du und möchte, daß wir uns vergeistigen.«

Im positiven Ausdruck entwickelt der Schütze die notwendige Energie und Aktivität (Element Feuer, männlich), um den Geist zu verteilen, für alle zugänglich zu machen, ihn in seine Funktion zu setzen (bewegliches Zeichen). Die Expansionskräfte seines Herrscherplaneten Jupiter beflügeln ihn, dabei alle zeitlichen und räumlichen Dimensionen zu durchbrechen und zu überwinden. Für diesen im Geist inkarnierten Zustand finden wir in der zenbuddhistischen Literatur die poetischsten Bilder. *Eugen Herrigel* beschreibt in seinem Buch *Die Kunst des Bogenschießens* die gleicherweise konkrete wie abstrakte Essenz des Pfeilschusses als eine Symbiose zwischen dem Schützen, dem Bogen, dem Pfeil und dem Ziel. Sätze wie »Es schießt« oder »Das Ziel kommt zum Schützen« sind allgemein nachvollziehbare Zustandsbeschreibungen des Raum-Zeit-Kontinuums der *Einstein*schen Relativitätstheorie. Der Native wird zum Propheten, zum Priester, in ihm spiegeln sich wahre geistige Autorität und Religiosität.

Im unerlösten Zustand verselbständigen sich die geistig-mentalen Zentrifugalkräfte und schießen über das Ziel hinaus. Der Native erhebt sich gleichsam aus dem Sattel, verliert den Kontakt zu der ihn tragenden Materie (dem Pferd), er »über«-spannt den Bogen und schießt den Geistespfeil ungezielt ins Blaue.

In diesem Zustand entwickelt der Betroffene eine moralische und geistige Überheblichkeit, schonungslos prangert er die Fehler anderer an, ohne seine eigenen Fehler zu erkennen. Fanatisch und eifernd unterwirft er sich jedem nur denkbaren »Ismus« (Idealismus, Sozialismus, Pazifismus, Nonkonformismus usw.) und wird zum intoleranten Verfechter seiner religiösen, philosophischen, weltanschaulichen und politischen Glaubenssätze. In seinem Übereifer will er die Seelen der anderen retten, zerstört dabei jedoch ihre Individualität. Unter dem Einfluß seines unkritischen Sendungsbewußtseins verfolgt und martert er um der Spiritualität willen alle, die sich seiner geistigen Führung anvertrauen oder sich ihr entziehen. Die Auswüchse der spanischen Inquisition sind typischer Ausdruck dieses mörderischen Glaubensfanatismus.

Im unerlösten Zustand hat der Betroffene das Bild des obersten Gottes Jupiter, seinem Zeichenherrscher, derart verinnerlicht, daß er sich selbst für diesen Gott hält, sich zu dessen Höhen aufschwingt und sich berechtigt fühlt, von seinem Thron oder seiner Kanzel herab als Allwissender Moral und Ethik zu predigen. Er scheut auch nicht davon zurück, seine Glaubensinhalte mit Feuer und Schwert durchzusetzen.

Das Bild des Bogenschützen aufgreifend stellt sich der unerlöste Zustand so dar, daß der Betroffene seine Geistespfeile ausschließlich nach außen richtet und dadurch das eigentlich in ihm liegende Ziel ignoriert und verfehlt. Indem er so jeden toleranten geistigen Austausch verhindert, unterschlägt er seine eigentliche

Aufgabe, die geistige Evolution zu fördern. Wo immer der unerlöste Zustand des Betroffenen durch Bigotterie, Prinzipienreiterei, rechthaberische Überheblichkeit und maßlose Kritiksucht geprägt ist, wird die Blüte *Beech* ihm ein willkommener Helfer sein. Durch *Beech* kann sich der Betroffene von seinen dogmatischen Glaubenssätzen distanzieren und wieder die Einheit in der Vielheit geistiger Betrachtungen erkennen. Die Blüte *Beech* transformiert seine Kritiksucht in die Fähigkeit zu einer wertfreien, nichtsdestoweniger kritischen Diagnose. Sie befähigt den Betroffenen, von seinem Katheder herabzusteigen und seine Lehre wieder im lebendigen Kontakt und Austausch mit der »Menge« zu verkünden. Der Native lernt wieder, sich im positiven Sinne »gemein« zu machen und seine Doktrinen auch selbst zu leben. Mit dem ihm eigenen geistigen Feuer kann er wieder in anderen Menschen den Funken des Glaubens entzünden und zu einem stetig wachsenden moralischen und ethischen Feuer nähren.

Um seinen grenzenlosen Fanatismus auch innerlich zu besiegen, wird die Blüte *Vervain* empfohlen. Durch sie lernt der Native, seinen idealistischen Übereifer, sein guruhaftes Bekennertum und seinen bedingungslosen missionarischen Eifer zu moderieren. Die im unerlösten Zustand vorliegende Fokussierung auf die eigenen Überzeugungen weicht einer inneren Schau, die in nun positiver jovialer (Jupiter) geistiger Gelassenheit auch andere Meinungen gelten läßt. Mit Hilfe von *Vervain* lernt der Betroffene wieder, mit Argumenten zu überzeugen und sie anderen nicht zu oktroyieren. *Vervain* stärkt die Kraft seiner Intuition, die als Inspiration bewußtseinserweiternd auf andere Menschen übergreift.

Wenn sich der Native im unerlösten Zustand derart mit seinem imaginierten Missionsdrang identifiziert, wenn er sich unter der gleichfalls nur eingebildeten Verantwortung für die Seelen anderer Menschen zunehmend physisch und psychisch erschöpft, wird ihm die Blüte *Elm* einen Ausweg daraus zeigen. Die Blüte *Elm* rückt sein überwertig gelebtes Engagement in neue, angemessene Proportionen. Der Native kann sich wieder einbinden in die »Gunst der Stunde«, in die positive Erfahrung des »rechten Augenblicks«. *Elm* stärkt seinen Glauben an die innere Berufung und läßt den Betroffenen wieder vertrauensvoll und verantwortlich aus seiner Mitte heraus tätig werden.

## Mond in Schütze oder im 9. Haus

Es ist naheliegend, daß der Native im unerlösten Zustand auch sein gesamtes seelisch-emotionales Leben aus der konkreten Dinglichkeit oder Sinnlichkeit herauslöst und es auf den Piedestal seiner Ideale erhebt. In Partnerschaften umkleidet er dann den Geliebten oder die Geliebte mit den Insignien der reinen »Göttlichkeit«. Als Mann stilisiert er seine Partnerin zur »unbefleckten Madonna«, als Frau inthronisiert sie den Partner als »Göttergatten«. Da jedoch auch Götter nicht frei sind von erdhafter Sinnlichkeit und Sexualität – die einschlägigen Amouren des Göttervaters Jupiter bezeugen dies nachdrücklich –, gerät der Betroffene in einen schwerwiegenden Konflikt. Einerseits will die eigene Lust befriedigt werden, andererseits darf die Partner-Göttin oder der Partner-Gott nicht durch Sexualität »beschmutzt« werden. Die »joviale« Lösung des Problems gelingt dadurch, daß der Mond-in-Schütze-Geborene beide Bereiche strikt trennt. Der Jupiter-Mann sucht das sexuelle Abenteuer bei anderen Frauen und pendelt, ohne an seinem Bewußtsein oder seiner Moral Schaden zu nehmen, zwischen Madonna und Hure. Die Jupiter-Frau leistet sich, ebenfalls ohne moralisch-psychischen Schaden, neben dem Göttergatten den Liebhaber »fürs Herz«. Beide verbindet der Wunsch, in jeweils neuen Partnerschaften vielleicht doch das eigene Ideal verwirklichen zu können.

*George Bernard Shaw* charakterisiert in der Figur des *Professor Higgins* den klassischen Typ im unerlösten Zustand. *Higgins* läßt sich herab in die Niederungen der Gosse und exerziert an der Figur *Eliza* mit missionarischem Eifer sein Werk der Wandlung zum Ideal. Bedenkenlos setzt er sich über die Bedürfnisse des Mädchens hinweg. In fanatischer Prinzipienreiterei unterwirft er *Eliza* seiner anmaßenden Kritiksucht, oktroyiert ihr die Gewohnheiten der feinen Gesellschaft. Und es dauert lange, bis er in seinem maßlosen Eigendünkel die zarten, individuellen Töne und Schwingungen seines Missionsobjektes wahrnimmt. Im Versuch, ihr eine Ideal-Individualität überzustülpen, preßt er sie gnadenlos in die Rituale seiner imaginierten Vorbilder von Größe und Reinheit. Er geriert sich als ihr Gott und knechtet ihre individuelle Entwicklung. Diese literarische Vorlage fügt sich nahtlos ins »wirkliche« Leben. Im unerlösten Zustand sieht der Betroffene seine Hauptaufgabe darin, andere Menschen – koste es, was es wolle – von seinem Glauben, von seiner Philosophie, von seiner politischen Meinung, von seiner Moral zu überzeugen. Seine Ideale werden zum Dogma, das er, intolerant und gleichzeitig Verehrung fordernd, zur Richtschnur für seine Gläubigen erklärt. Selbst nachhaltigste Weigerung, seinem rattenfängerischen Werben zu folgen, lassen in ihm nicht die Hoffnung schwinden, daß irgendwo irgendwer sich als willfähriges Opfer auf seine geistige Töpferscheibe setzt und sich formen und kneten läßt.

Für diesen Zustand extremer geistiger Intoleranz wird die Blüte *Beech* empfohlen. *Beech* hilft dem Betroffenen, zwischen Ideal und Wirklichkeit wieder eine Brücke zu schlagen. Der Betroffene steigt herab vom Podest seiner allumfassenden Größe und Herrlichkeit und kann seine Nächsten wieder auf gleicher Ebene als gleichwertige Partner und nicht als ein von ihm zu bestellendes Feld wahrnehmen. Die Blüte *Beech* läßt den Nativen nicht länger über andere zu Gericht sitzen (Jupiter), sondern zu deren seelischem (Mond) Anwalt werden. Durch *Beech* kann der Betroffene seine »vertikale« Distanz (Piedestal) aufgeben und sich wieder »horizontal«, seelisch-emotional mit den Menschen verbinden. *Beech* läßt die seelischen Wasser (Mond) des Nativen nicht mehr sturzbachartig auf andere herunterstürzen oder als unerbittlichen Strahl nach oben schießen. Der Betroffene kann wieder in seine eigenen Wasser eintauchen – den Pfeil nach innen richten – und dort die »Unreinheiten« der Materie und »irdischen« Gefühlen reinwaschen.

Um seinen Übereifer in der Suche nach seinem seelisch-emotionalen Ideal zu dämpfen, wird die Blüte *Vervain* eine gute Hilfe sein. *Vervain* lehrt den Betroffenen Bescheidenheit im eigenen Anspruch an andere Menschen. Diese Blüte läßt ihn innehalten auf seiner hektischen Suche und erschließt ihm im Verweilen die Schönheit des Augenblicks. Zur inneren Ruhe gekommen, lernt der Betroffene die Starre seines Idealismus von der lebendigen Schönheit des Realismus zu unterscheiden und sich darin auch körperlich-sinnlich einzurichten.

## Aszendent Schütze

Wenn wir die begonnene Analogie zwischen der Bühne des Lebens und der Theaterbühne fortführen, so finden wir den Schütze-Aszendenten nicht mehr unter den Darstellern, er ist zum Regisseur avanciert. Aus kritischer Distanz gibt er besserwisserisch und herablassend seine Regieanweisungen. Daß er eigentlich selbst alles besser machen könnte, versteht sich dabei von selbst. Huldvoll und gnädig öffnet er hin und wieder die Schatzkammer seiner genialisch-idealistischen Einfälle, um jedoch sofort völlig niedergeschmettert mitzuerleben, wie seine »Stilisierungen« immer wieder an der widerspenstigen Materie (am Schauspieler, am Bühnenbild usw.) scheitern oder mutwillig in den »Dreck« (der Materie) gezogen werden. Alternativ zur Rolle des Regisseurs kann der Schütze-Aszendent auch die Bühne verlassen und sich hinter einem Katheder verschanzen. In beiden Fällen suggeriert seine Selbstdarstellung als tage ein Schwurgericht mit ihm als oberstem Ankläger und Richter in Personalunion. Jede menschliche Begegnung oder Lebensaufgabe erscheint ihm zunächst als ein weißer Fleck, den er mit seinen idealistischen Vorstellungen einfärben muß. Wer oder was sich dabei weigert, seine Farben zu tragen, wird gnadenlos verfolgt und öffentlich seiner moralischen Geringschätzung ausgesetzt. In beruflichen Zusammenhängen reserviert der Betroffene für sich das Ressort der Richtlinienkompetenz. Dieses Amt bietet seiner Selbstdarstellung die vielfältigsten Möglichkeiten. Wesentlich ist ihm, daß man sich dabei nicht die Hände schmutzig macht, auch seine Gedanken bleiben sauber, denn er schwelgt in den abstrakten Regionen der frei fluktuierenden Ideen, die von Haus aus immer rein sind. Gleichzeitig bietet diese Position die uneingeschränkte Möglichkeit, das, was im Durchlaufen der Werdeprozesse von den abstrakten Ideen »unten« rausgekommen ist, um so heftiger zu kritisieren. Jeder Bezug zur Realität wird eher als störend empfunden, da die Realitäten des Lebens seinem Missionsdrang und seinem abgehobenen Priestertum zu viel Widerstand entgegensetzen. Der Native leidet darunter, daß er die Welt – als Idee –, aber nicht die Menschen – in der Realität – kennt. Sein geistiger Hochmut erhebt sich dünkelhaft über die Niederungen des Alltags: »Nur fliegen ist schöner.« Ist er wirklich einmal gezwungen, konkret und praktisch Hand anzulegen, hält er sich meist für unter seinem Wert beschäftigt und behandelt. Er doziert lieber über das Prinzip von Arbeitsabläufen, als sich in sie zu integrieren. Kein anderer regt sich so über »dumme« Fragen auf, für ihn ist das meiste »Schnee von gestern«, es sei denn, er wittert in dem Frager ein potentielles Opfer für seine Umerziehungsmaßnahmen.

Seine zwischenmenschlichen Beziehungen sind von der Distanz zwischen dem allwissenden Lehrer und dem unwissenden Schüler geprägt. Zwangsläufig verweigert er jeden Dialog, um nachdrücklich belehrend, eifernd und Anhängerschaft fordernd zu monologisieren. Im unerlösten Zustand liegt der »Schatten« des Nativen auf seinem Alltag, auf seinen täglichen, kleinen Verrichtungen, der glanzlosen Routine und Praxis. Da er sich als Kentaur hüftaufwärts über das Tier erhoben hat, fühlt er sich dem Fußvolk nicht zugehörig und verachtet und kritisiert zwangsläufig alle die, die noch fest mit beiden Beinen auf dem Boden stehen. Die einmal gewählte Rolle des Regisseurs oder Dozenten schafft in seinen Partnerschaften eine Lebenssituation, in der der andere immer ein wenig das »Dummerle« bleibt, gerade gut genug, um als aufschauende, bewundernde Kulisse für die Gott und die Welt umspannenden Monologe des Gurus herzuhalten.

Da auch hier Intoleranz und maßlose Ichsucht die dominanten Auslöser für den unerlösten Zustand sind, wird wiederum die Blüte *Beech* empfohlen. Um es am Bild des Kentaur zu demonstrieren, erschließt sich dem Nativen die Erkenntnis, daß er ja, wenn er nur unter sich schauen würde, feststellen müßte, daß er sogar auf vier Beinen und Füßen steht. *Beech* befähigt den Nativen, in diesem »Makel« die Schönheit und Lebendigkeit seines eigenen sinnlich-erdigen Körpers zu entdecken, sie auch an anderen Menschen zu bewundern und sich mit ihr in Einklang zu versetzen. *Beech* wandelt das innere Schwurgericht im Betroffenen in einen Kreis flexibel, tolerant und unvoreingenommen miteinander diskutierender Partner. In weiser Demut vermag der Native seine vertikale Lebensachse zu beugen und die Freuden einer »horizontalen« Anbindung an die Menschen zu lieben.

Zusätzlich bestärkt die Blüte *Vervain* seinen Altruismus und läßt seine qualifizierten Führungseigenschaften und seine Festigkeit im Glauben integrativ in die Gemeinschaft einfließen.

**Südlicher Mondknoten im 9. Haus**

Vor dem Hintergrund dieser Mondknotenkonstellation finden wir eine Persönlichkeit, deren Problematik im unerlösten Zustand darin besteht, daß sie fest davon überzeugt ist, im Vollbesitz der »Wahrheit« zu sein. Die »Wahrheit« kann sich individuell auf die unterschiedlichsten Wissens- oder Glaubensgebiete beziehen. Sie personifiziert sich im politischen Ideologen, der die Gesellschaft nach einer bestimmten Parteidoktrin kompromißlos und einseitig ausrichten möchte. In einer anderen personalen Maske treffen wir auf den selbsternannten Propheten, den Glaubenseiferer. Ohne Demut gegenüber seinen eigenen Glaubensinhalten, setzt er sich an die Spitze einer kleinen, verschworenen Gemeinde und versucht mit missionarisch-fanatischem Eifer die Welt zu verbessern. In wieder anderer Gestalt begegnen wir dem streitbaren Wissenschaftler oder Arzt. Hochfahrend und unbelehrbar versucht er, seine Forschungen und Experimente gegen anerkannte wissenschaftliche Meinungen durchzusetzen.

Wir finden diesen Typus jedoch nicht nur auf den Gebieten der höheren Wissenschaft oder der Religion. Auch der Finanzbeamte oder Handwerksmeister, der stur auf seinen Richtlinien oder seiner »traditionellen« Arbeitsweise besteht, stellen Varianten dieses Typus dar. Wo immer von Menschen unter dem Motto »Das war schon immer so« Lebens- und Handlungsmaximen festgeschrieben werden, stehen die Betroffenen unter dem unbewältigten Einfluß eines Südlichen Mondknotens im 9. Haus.

Aus karmischer Sicht kommen sie aus einem Leben, in dem sie sich tiefe und wahre Einsichten in die inneren Zusammenhänge des Denkens und Handelns erworben haben. Sie hatten zu einer Wahrheit gefunden und aus ihr ihre damals richtigen Schlüsse gezogen. In ihrer jetzigen Inkarnation verweigern sie jedoch den in dieser Achse liegenden evolutionären Prozeß. Im unerlösten Zustand verhalten sie sich so, als sei die Zeit und mit ihr der Geist stehen geblieben. Infolge ihrer Unfähigkeit oder Weigerung, sich der »neuen« Zeit anzupassen, pervertieren ihre Wahrheit und Urteilsfähigkeit zur Ideologie und zum Vorurteil.

Kompensatorisch bestehen sie hartnäckig auf ihren alten Einsichten und Fähigkeiten und verhindern damit deren lebendige Adaption in der Gegenwart. Die Betroffenen weigern sich, in die »Schule des Lebens« zu gehen. Sie verweigern den intellektuellen und praktischen Austausch mit den Menschen ihrer Zeit. Dementsprechend überziehen sie ihre Mitmenschen mit einer gnadenlosen Kritik, fühlen sich zum Richter über jeden und alles berufen und sind mangels Toleranz zu keiner konstruktiven Kommunikation fähig. Wer sich durch ihre doktrinären Wahrheiten nicht zu seinem Glück zwingen läßt, wird von ihnen als Anarchist oder Ketzer oder ganz allgemein als unqualifizierter Dilettant verfolgt. Sie möchten als eine absolute, unangreifbare Autorität gelten. Sie weigern sich, sich mit der Welt geistig »gemein« zu machen und – wie es ihre evolutionäre Aufgabe aus dem dritten Haus wäre – ihre einmal gefundenen Wahrheiten wieder in eine »Funktion« zu setzen. Reizbar und fanatisch gehen sie für die von ihnen vertretenen Werte auf die Barrikaden und kämpfen dort gegen den Fluß und die Entwicklungen der Zeit und des Geistes.

In diesem unerlösten Zustand wird den Betroffenen die Blüte *Beech* zum besten Helfer, um sie aus ihren intoleranten Vorurteilen herauszuführen. Sie verleiht ihnen die Gabe einer selbstkritischen Prüfung ihrer starren Lebens- und Denkhaltungen und daraus folgend deren flexiblen Austausch mit anderen Menschen. Der Native lernt wieder, sich aus der herablassenden Attitüde des Besserwissers in die lebendige Fluktuation der Meinungen einzugliedern. Er kann seine starre, zur Ideologie verkommenen Ideale wieder an der Wirklichkeit messen. *Beech* hilft dem Nativen das »Alte« wieder neu zu lernen, zu urteilen, anstatt zu verurteilen, zu diagnostizieren, anstatt zu kritisieren. *Beech* sprengt den mentalen Wissenspanzer und ermöglicht einen neuen, lebendigen geistigen Austausch.

Die Blüte *Vervain* dämpft den impulsiven missionarischen Eifer und öffnet dem Betroffenen wieder einen unbefangenen Blick auf Andersdenkende. »Abtrünnige« können wieder mit Argumenten überzeugt werden. *Vervain* stellt die »Wahrheiten« des Nativen wieder in einen der Realität angepaßten Rahmen.

Solange sich der Betroffene noch im Wahn seiner Allwissenheit befindet, glaubt er oft, seinen missionarischen Aufgaben nicht gewachsen zu sein. Er stimuliert in sich das Gefühl, als läge die geistige Verantwortung für die ganze Welt auf seinen Schultern. In blindem körperlichen und geistigen Einsatz verbraucht er seine Kräfte bis zur totalen Erschöpfung. Infolge seiner einseitigen und engstirnigen Fokussierung der Welt, fühlt er sich von geistigen Widersachern umzingelt und weiß oft nicht, an welchen Fronten er gleichzeitig kämpfen müßte. Aus diesem erschöpfenden geistigen und körperlichen Kampfesfuror kann die Blüte *Elm* den Nativen befreien. Mit Hilfe der Blüte *Elm* kann der Native seine in der Regel positiven Führungseigenschaften wieder auf lohnende Ziele ausrichten. Er verliert seinen starren, fanatischen, egoistischen, ideologischen Kampfgeist und gewinnt eine neue geistige Freiheit und Flexibilität des Denkens. Selbstsicher und seiner geistigen Verantwortung bewußt, sucht er nur noch dort den Kampf, wo es seiner inneren Berufung gemäß lohnende Siege zu erfechten gilt. *Elm* entlastet den Betroffenen vom Druck seiner mißverstandenen Verantwortung, läßt ihn auch wieder einmal an sich denken und macht ihm bewußt, daß er nur im »erlösten« Zustand ein zuverlässiges und verantwortliches Mitglied der Gemeinschaft sein kann.

**Transite von Saturn, Uranus, Neptun oder Pluto über das 9. Haus**

In ihrer positiven Wirkung vervollständigen diese Transite das Weltbild des Nativen, um ihn in geistiger Klarheit und Urteilsfähigkeit seinem Lebensziel (MC) entgegenzuführen. Eine gesteigerte Affinität zu Fragen der Religion, Wissenschaft und Philosophie soll ihm den Blick auf die Weiten der geistigen Welt öffnen. Wahlweise durch Studien oder durch Reisen soll sich der Betroffene schrittweise und seinem Bildungsniveau und Bewußtseinsstand angepaßt in die höheren Zusammenhänge der Welt und des Kosmos einfügen. Die hier gefundenen Einsichten und Fähigkeiten bilden die Basis ihrer sich im MC vollziehenden öffentlichen Manifestation. Im unerlösten Zustand verweigert der Betroffene seine evolutionäre Bewußtseinsentwicklung und -entfaltung, anstatt aufgebaut zu werden, zerbricht sein Weltbild.

Unter dem Einfluß des transitierenden Saturn gefriert gleichsam die gesamte Weltanschauung des Betroffenen. Er möchte zwar wissen und glauben, aber nur das Alte und Hergebrachte. Er gleicht einem uneinsichtigen Schüler, der das kleine Einmaleins gelernt und mit ihm auch gute Erfahrungen gemacht hat, die erweiternde Beschäftigung mit dem großen Einmaleins jedoch entschieden ablehnt. Das »kleine« Wissen bedeutet ihm Macht, das »große« Wissen lehnt er – weil ihm unbekannt und dadurch mit Angst belegt – ab.

Im imaginierten Vollbesitz der (kleinen) Wahrheit, verfolgt er unbarmherzig alle Häretiker. Die historische Situation beim Auftauchen *Jesu* in der festgefügten dogmatischen Glaubenswelt der jüdischen Priesterschaft zeigt mit krasser Deutlichkeit, zu welchen Folgen ein solch Unerlöster Zustand im Extrem führen kann. In der politischen und religiösen Geschichte der Menschheit reihen sich die negativen Beispiele zu einer schier endlosen Kette der Verfolgung und des Leids. Beispiele der jüngsten Vergangenheit (Stalin, Hitler) und der Gegenwart (Fundamentalisten aller Couleur) bilden nur vorübergehend deren letzte, Menschen und Geist verachtenden Glieder. Sicher wird nicht jeder Betroffene in der kompensatorischen Bewältigung seiner Aufgabe zu so grauenhaften Mitteln wie blutiger Terror, Verfolgung und Hinrichtung Andersdenkender greifen. Im Rahmen seines persönlichen Wirkungsfeldes wird aber auch er im Kern ebenso fanatisch und eifernd seine Ideologien verfechten. Wir begegnen dann dem intoleranten, arroganten Partygast, der nicht müde wird, den anderen Gästen mit missionarischem Eifer seine allein selig machenden Weltanschauungen zwischen Sekt und Häppchen aufzudrängen. Oder wir begegnen dem »Berufsdiskutanten«, der keine öffentliche Diskussionsrunde ausläßt, um vehement und verbissen für seine Ziele zu werben. Beiden gemeinsam ist ihre kämpferische Abneigung gegen alles Fremde. Ausländer, Andersdenkende und Andersgläubige sind für den Betroffenen im unerlösten Zustand zunächst einmal Zielscheiben für seine unbarmherzige Kritik. In »gerechtem« Zorn setzt er sich für die bestehenden Rechte ein, wo immer und wie negativ auch immer sie sich etabliert haben. In seinen Wahrheiten erstarrt, ist er unfähig, sich einfühlend auf andere Denk- und Handlungsweisen einzulassen.

Wenn unter einem Saturn-Transit das Weltbild mehr »im« Betroffenen zusammenbricht, so konfrontiert Uranus ihn mehr mit äußeren Ereignissen, die ihn in seinem bisherigen Weltbild »irritieren«. Aus der Fülle der möglichen Beispiele wird der Native z. B. an seinem Arbeitsplatz mit einem Ausländer oder vice versa der Berliner »nur« mit einem Bayern konfrontiert. Vielleicht bekommt der Native auch fremde Nachbarn oder seine Kinder bringen aus der Schule »fremdes« Gedankengut mit nach Hause. Diese und andere ähnliche Ereignisse erschüttern das Weltbild des Nativen. Geängstigt von einem möglichen Zusammenbruch seiner Lebensphilosophien und Handlungsmaximen wird er die Flucht nach vorne in die Ablehnung und die Kritik antreten.

Pedantisch listet er die Fehler der anderen auf, sitzt über deren religiöse oder weltanschauliche »Dummheit« zu Gericht und blockiert so jede Möglichkeit einer Annäherung in sich. Eifrig stellt er seine eigenen Werte heraus und läßt nicht davon ab, seinen missionarischen Überzeugungsdrang auch auf kleinste Handlungen des Alltags zu übertragen. »So wird das gemacht«, wird zu seiner ständigen Redewendung und Handlungsanweisung.

Gegen die unterminierenden Einflüsse eines Neptun-Transits wird der Betroffene unter Umständen eine ganz andere Fluchtrichtung einschlagen. Er fühlt sich überschwemmt von einer Welle pseudospiritueller Phantasien, fühlt sich umfangen von einer eher konturlosen, allumfassenden Liebe und sucht sein Heil bei einem Guru oder in einer kleinen verschworenen Gruppe esoterischer Exzentriker. Da sie ihm scheinbar die Erfüllung seiner kosmischen Träume schon auf Erden versprechen, wird er mit blindem Eifer versuchen, seine »neuen« Wahrheiten zu verbreiten. Dieser Typus begegnet uns dann – vorübergehend – als fanatischer Müsliesser oder Rohköstler, als eifernder religiöser Fundamentalist, als Dauerfaster oder Vollwertfreak. Auch hier ist die Bandbreite der möglichen idealisierten und fanatisierten Lebensbereiche so groß wie das Leben selbst. Unabhängig von den jeweils unterschiedlichen äußeren Erscheinungsformen ist es für die Betroffenen typisch, daß sie als »Konvertiten« immer päpstlicher als der Papst sind. Anstatt aus ihrer inneren Stimme eine spirituelle Wandlung ab- und einzuleiten, glauben die Betroffenen in der äußeren Nachahmung »höherer Geister« ihr Heil zu finden. Auch in diesem Zustand dominieren wieder Intoleranz und Kritiksucht das Verhalten der Betroffenen.

Ein Transit von Pluto über das 9. Haus fügt den bisher beschriebenen möglichen negativen Auswirkungen nichts hinzu, sondern verstärkt sie nur. Da es relativ schwierig ist, so extreme Lebensäußerungen wie Fanatismus, Intoleranz, Besserwisserei, missionarischen Eifer, Arroganz und zum Selbstzweck gewordene Kritiksucht noch zu steigern, liegt die besondere Variante des Plutoeinflusses in deren zwanghafter Ausübung. Der Betroffene hat das Gefühl: »Hier stehe ich, ich kann nicht anders.« Wo sich aus seiner Lebenssituation nicht »zufällig« Umstände einstellen, die ihn zu seinem dogmatischen Fanatismus ermuntern, wird er sie provozieren. Er verhält sich wie ein Reisender in Sachen Weltbildzerstörung. Wenn der Betroffene unter einem anderen Transit vielleicht noch davor zurückschreckt, im Streit um Ansichten vor die Schranken des Gerichts zu treten, unter dem Einfluß Plutos scheint dem Betroffenen einzig dies der rechte Platz, um seine Mission öffentlich zu erfüllen. Auch hier werden es nicht in jedem Falle die großen Fragen des Glaubens oder der Weltanschauung sein, das kleine, alltägliche »so und nicht anders« löst bei entsprechender Nichtbeachtung genauso viel heiligen Zorn, fanatisches Bekennertum und Verfolgung der Abweichler aus.

Zur inneren Annahme und Bewältigung der durch diese Transite ausgelösten Bewußtseinsveränderungen bieten die Blüten *Beech* und *Vervain* die beste Hilfe. Indem sie dem Betroffenen die Angst vor neuen Einsichten und Erkenntnissen nehmen, bewahren sie ihn vor seinen unterschiedlichen kompensatorischen Fluchten. Dagegen stärken sie seinen Glauben und sein Wissen über die Sinnhaftigkeit der Einheit in der Vielheit. *Beech* läßt den Betroffenen aus den Schranken seiner anklägerischen, intoleranten Gerichtsbarkeit über andere zurücktreten. Diese Blüte öffnet sein Herz und seinen Verstand für die Wahrnehmung seiner höheren Geistigkeit. Das Fremde, ob es ihm als Mensch oder als Idee gegenübertritt, verliert seine Bedrohlichkeit. Indem sich der Native zu einem relativen Nichtwissen bekennen kann, öffnet sich ihm die geistige Welt, aus der ihm neues Wissen zufließt. Der Schütze-Pfeil der Kritik ändert seine Richtung und zielt nun selbstkritisch auf den Betroffenen. Nicht länger »überspannt« der Schütze den Bogen seiner dogmatisch vertretenen »Ismen« und Ideologien.

Die Blüte *Vervain* gebietet dem Nativen überall dort Einhalt, wo er sich gottgleich (Jupiteranalogie zum 9. Haus) im Vollbesitz der Wahrheit glaubt. Sie verhilft dem Betroffenen zu einer geistigen »Jovialität« (Jupiter), mit der er sich verantwortlich und urteilsfähig in die vielfältigen geistigen Erscheinungen der Welt eingliedern kann.

## Gesundheitliche Implikationen

Beobachtet man einen Betroffenen, wenn er seinem unerlösten Zustand Ausdruck verleiht, so zeigt schon der erste Eindruck, daß er immer »frei von der Leber weg« spricht und dabei auch meist »Gift und Galle spuckt«. Analog drückt sich sein Unerlöster Zustand in Beschwerden im Bereich der Leber und Galle und deren Stoffwechselfunktionen aus. Die andere »Wunde« der Schütze-Geborenen liegt in den Hüften. Wenn wir uns das Bild des Kentaur in Erinnerung rufen, erkennen wir, daß die Hüften den Schnittpunkt der Erhebung aus dem animalischen in den geistigen Bereich markieren. Je nach individueller Ausprägung entstehen dann Beschwerden entweder aus dem animalischen Bereich oder überwertig krampfhafter Geistigkeit. Im ersten Falle führen übertriebene leibliche Genußsucht zu erheblichen Gewichtsproblemen mit allen Folgeerscheinungen. Im zweiten Falle drohen Blutstauungen, Krampfadern und Thrombosen.

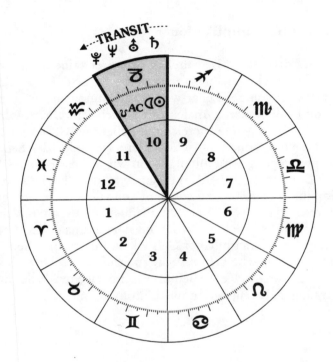

## Steinbock, Saturn und 10. Haus

*Astrologische Konstellationen:*

Grundkonstellationen: Sonne oder Mond in Steinbock oder im 10. Haus, Aszendent Steinbock, Südlicher Mondknoten im 10. Haus

Zeitliche Auslösungen: Transite von Saturn, Uranus, Neptun oder Pluto über das 10. Haus

Empfohlene Bach-Blüten: *Rock Water, Mustard, Elm, Olive, Pine, Larch, Oak, Gorse, Beech, Willow*

*Erlöster Zustand:*

Pflichtbewußtsein, Gewissenhaftigkeit, die integre Persönlichkeit, Würde, das Gesetz des verantwortlichen Handelns, der Fels in der Brandung, das vernünftige, rechtschaffene Ego, der Patriarch, der Selfmademan, Ehrgeiz, der würdige, weise Repräsentant, kann flexibel mit Formen umgehen, das lebendige Alter, das asketische Leben, die alte, weise Seele, kann Schwäche zeigen, der liebende Vater, Ordnungsliebe, Toleranz, der weise Richter, gute Führungseigenschaften, Unerschütterlichkeit

*Unerlöster Zustand:*

Hartherzigkeit, der Fronarbeiter, kalter Ehrgeiz, das Knie nicht beugen können, in Strukturen und Normen gefangen, kann nicht improvisieren, der Sklaventreiber, das kristalline Ego, die gefrorenen Gefühle, Machthunger, der Moralapostel, das ritualisierte Leben, Form geht über Inhalt, der sture Beamte, das verknöcherte Alter, die verödete Seele, der nur strafende Vater, der Zuchtmeister, die kalte Ordnung, der strafende Richter, Intoleranz, unter seinem Karma leiden, die trauernde Seele

## Symptomatik im unerlösten Zustand:

### Sonne in Steinbock oder im 10. Haus

Mit dem Eintreten in das Tierkreiszeichen Steinbock oder ins 10. Haus überschreiten wir im zyklischen Werdeprozeß des Individuums gleichzeitig mehrere Grenzen. Die personale Entwicklung ist mit den drei ersten Quadranten abgeschlossen. Das Individuum soll nun im 4. Quadranten in sein transpersonales, geistig-kosmisches Leben und Bewußtsein eintreten. Betrachtet man diesen Eintritt in das Zeichen Steinbock einmal aus der Perspektive des Anfangs, aus dem Widderpunkt, so verdeutlichen allein die damit verbundenen Winkelverbindungen die herausragende Bedeutung dieser Entwicklungsstufe. Nachdem das Individuum im Durchgang durch die Zeichen seinen Leib, seinen Verstand und seine Seele ausgebildet hat, ist ihm im letzten Feuertrigon, im Schützen, die Idee eines höheren Selbst zugeflossen. Nun, unter dem Winkel von 270 bzw. 90 Grad, soll der inneren Aussage des Quadrats entsprechend die Summe der bisher erworbenen evolutionären Potentiale in ihre letzte, entscheidende Form (Element Erde) gebracht werden. Im weiblichen Geschlecht des Zeichens liegt die Aufforderung verborgen, diese Form nicht nur in ihrer Form und Gestalt zu manifestieren, sondern sie gleichwohl auch in ihrem inneren Kern, ihrem Gehalt zu vollenden, sie zu einem weiblichen Schoß zu transformieren, aus dem dann die Transzendierung im Wassermann und in den Fischen und schließlich eine Neugeburt unter Widder erwachsen können. Im Steinbock vollenden sich die Gestalt und der Gehalt des Wir-Bewußtseins, aus dem heraus allein – wie ein Kind auch nur von Mutter und Vater gemeinsam gezeugt/empfangen werden kann – das neue Individuum entstehen kann.

Im Eintreten in das 10. Haus verlassen wir das System der einstelligen Grundzahlen. Mit der Zehn öffnet sich eine neue Dimension, deren Zweistelligkeit wiederum auf das »Wir« hinweist. Die potenzierende Kraft der Null hat die Eins, das Individuum, auf eine neue Ebene transferiert. Da sich das Individuum im Zeichen Steinbock im Begriff befindet, eine Grenze zu überschreiten, bedarf es eines Wächters, der diese Grenze bewacht bzw. diese Grenze durchlässig macht. Der strenge Hüter dieser Schwelle ist Saturn als Herrscherplanet über das Zeichen. Um seine gefürchtete Strenge zu verstehen, finden wir in den Aspekten, die er symbolisch im Steinbock mit anderen Tierkreiszeichen bildet, eine wertvolle Antwort. Zeigt er sich den aus den Quadraten resultierenden Einflüssen aus Widder (Mars) und Waage (Venus) nicht gewachsen, werden sich seine Potentiale zwischen einer blinden Eindeutigkeit (Widder) und einem ambivalenten Sowohl-als-auch (Waage) aufreiben. Unter deren Einfluß gäbe es entweder überhaupt keine oder nur fließende Grenzen. Beides wäre nicht im Sinne der Evolution. Nimmt Saturn dagegen die auch bestehenden sextilischen Einflüsse aus Skorpion und Fische auf und stellt sich ins Kräftezentrum dieses Stirb-und-werde-Trigons, so kann aus dem skorpionischen Entweder-Oder ein klarer Impuls (Sextil) zur Grenzüberschreitung in den Fischen gesetzt werden. Da in allen beteiligten Faktoren das weibliche Element (Wasserzeichen Skorpion und Fische, Geschlecht des Steinbocks) eine bedeutende Rolle spielt, sind die von Saturn gesetzten Grenzen keine Grenzen hin zum Tode (stirb), sondern Grenzen hin zum Leben (werde).

Im Zeichen Steinbock vereinigen sich Pflicht und Verantwortung zur Aufgabe, die irdische Entwicklung des Menschen abzuschließen und die transzendente Neugeburt vorzubereiten. Im unerlösten Zustand weigert sich der Native vor allem, die weiblichen Anteile seines Zeichens zu leben. Dies geschieht in Analogie zum Tierkreiszeichen Krebs, in dem im unerlösten Zustand durch eine Überbetonung des Mütterlichen die männlichen Anteile verweigert werden. Dementsprechend begegnen wir im Steinbock dem Übervater. Pflichtbewußt, gewissenhaft, gefestigt bis ins Mark, wacht er mit unnachgiebiger Strenge über seine »Kinder«. Er ist nicht bereit, auch nur einen Millimeter von seinen Prinzipien abzuweichen. Im – nicht nur deutschen – Typus des Oberlehrers mit dem stets griffbereiten Lineal oder Rohrstock, mit denen er seine Regeln und Gesetze emotionslos in seine Schüler einprügelt, personifiziert sich das klassische Bild des unerlösten Zustandes. Dieser Typus tritt jedoch nicht nur in Gestalt eines Deutschlehrers auf, dessen Steckenpferd die gnadenlose Vermittlung von Kommaregeln ist, sondern treibt auch als Sportlehrer seine Schüler zu übertriebener Selbstdisziplin und ungebremstem Leistungswillen an. Kurzzeitige Erfolge täuschen nicht darüber hinweg, daß er in der Regel nur blutleere, starre, früh ausgebrannte Leistungsmaschinen erzieht.

Ein besonderes Merkmal dieses unerlösten Zustandes liegt darin, daß der Betroffene kaum Anstrengungen unternimmt, andere Menschen von seinen Idealen zu überzeugen, wie es zum Beispiel der Schütze-Geborene möchte. Dafür ist er zu stolz. Hochmütig schaut er vom Gipfel seiner vermeintlichen Allwissenheit auf die »Dummen« herab und stärkt sein Selbstbewußtsein damit, daß er Gott dankt, nicht so zu sein wie die anderen. Für den unerlösten Zustand ist es sehr typisch, daß ihr kompensatorischer Ausdruck in der Regel nicht direkt, sondern hinter einer saturnischen Maske in Erscheinung tritt. Als sogenannter »Leistungsträger« bevölkert dieser Typus im unerlösten Zustand alle Ebenen unserer Leistungsgesellschaft. Ob in der Politik, in der Wirtschaft, im Sport oder in der Kunst geriert er sich als kompromißloser Vordenker, Vorrechner oder Vorturner der Nation. Nichts ist ihm mehr verhaßt als Entspannung. Einen Urlaub gönnt er sich eigentlich nur, wenn er ihn für sich durch extreme Bergtouren, Rekordtieftauchen, als Einhandsegler oder durch eine strenge Nulldiät »versüßen« kann. Im unerlösten Zustand entzieht der Betroffene allen seinen Handlungen ihr vegetatives Wachstum und begnügt sich mit der kristallinen Form. Wenn sich der Betroffene nicht unter schon bestehende Gesetze bedingungslos unterordnen kann, erläßt er neue. Der minutiös geplante Tagesablauf, die genau reglementierten »kleinen« Pflichten der Kinder (Auto waschen, abtrocknen usw.), die streng eingehaltenen Essenszeiten, der pünktliche Schlaf und das noch pünktlichere Erwachen zu neuen Pflichten gehören eher zu den harmlosen Auswirkungen seines Strebens nach Ordnung. Im größeren Rahmen urteilt er nach dem Buchstaben des Gesetzes und richtet im Namen des Volkes. Der überwiegende Teil seines

Denkens und Handelns bezieht seine Legitimation durch eine höhere, meist nicht konkret greifbare Macht oder Institution. Der Betroffene »vollzieht« im Namen des Gesetzes, der Gesundheit, des Glaubens, des Rechtsstaates, des Volkswohles, der Sicherheit, der Ordnung, Gottes, der Wahrheit, des Lebens. Aber, so positiv die übergeordneten Prinzipien und Gesetze auch sein mögen, im Vollzug durch den Nativen im unerlösten Zustand hinterlassen sie, wenn auch nicht immer konkrete Opfer, so haben sie doch meist lebensfeindliche Lebensumstände zur Folge.

Saturn offenbart sich sowohl in einer extrovertierten als auch einer introvertierten Verhaltensvariation. Beide Extreme basieren auf unterschiedlichen Lebensumständen, ihre Grenzen sind meist fließend. In der extrovertierten Kompensationsform kleiden sich die Unbeugsamkeit und das Pflichtbewußtsein des Betroffenen in das Gewand des für das 10. Haus typischen beruflichen Ehrgeizes. Der als self-made-man erfolgreiche Geschäftsmann, der Konzernchef, das geistliche Oberhaupt, der politische Führer sind die in der Öffentlichkeit am deutlichsten sichtbaren Personifikationen dieses auf Erfolg getrimmten Bewußtseins. Allen gemeinsam ist die unnachgiebige Härte, mit der sie ihr Geschäft, ihren Konzern, ihre Gemeinde oder ihr Land regieren. Wenn sich vergleichsweise ein Widder-Geborener sehr direkt zu seinen persönlichen, egoistischen Zielen bekennt, so verschanzen sich der Ehrgeiz und der Machtanspruch hier hinter dem Gesetz oder Gottes Gebot. Indem die Betroffenen sich weigern, den Geist in sich aufzunehmen und lebendig zu erhalten, verordnen sie ihre Totenstarre zur allgemeinen Lebensmaxime. In ihrer rastlosen Aktivität erschaffen sie jedoch nur Hohlformen, blutleere Paragraphengebäude und tödliche Verwaltungsmaschinerien. Ihren äußeren, sinnlich wahrnehmbaren Niederschlag finden diese Auswüchse in straff organisierten Paraden, im verordneten religiösen Zeremoniell oder im »business as usual«.

Um den Betroffenen aus dem Labyrinth seiner engstirnigen und doktrinären Vorschriften zu befreien, wird *Rock Water* empfohlen. Es löst die kristallinen Strukturen seiner starren Denk- und Handlungsschemata auf und ermöglicht es dem Betroffenen, wieder spontan auf Lebensumstände zu reagieren. Die wesentlichste Auswirkung dieses Quellwassers besteht darin, daß der Native wieder lernt, locker zu lassen und loszulassen. *Rock Water* entkrampft seine körperlichen und mentalen Verspannungen. *Rock Water* tränkt den ausgedörrten erdigen Anteil des Zeichens und wandelt ihn in einen fruchtbaren Humus. Aus ihm können dann wieder lebendige Ideen und Handlungen erwachsen. Nicht länger stellt der Betroffene sein Leben unter die Maxime des Verzichts und der körperlichen oder geistigen Askese. *Rock Water* sensibilisiert seine Sinne und öffnet den Betroffenen wieder für den Genuß des Lebens, der nicht zuletzt darin besteht zu erkennen, daß vor allem die Zeit ein Geschenk an den Menschen ist und er sie auch zu seinem Vergnügen nutzen sollte.

Da die Welt natürlich nicht tatenlos auf die »Macher« wartet oder ihnen unwidersprochen zusieht, muß der Native sich seine angestrebte exponierte Position in der Regel erst erkämpfen. Seine bevorzugten Mittel in diesem Kampf sind Kritiksucht und Herabsetzung des Gegners. Seine Kritiksucht unterscheidet sich jedoch wesentlich von der des Schützen. Der Schütze-Geborene kritisiert, weil er die vorgefundene Wirklichkeit an einem Ideal mißt und für nicht vollkommen hält. Der Steinbock-Geborene dagegen kritisiert die Abweichungen von bereits bestehenden Gesetzen und Normen. Da er sich selbst immer nur zwanghaft gründlich, zuverlässig und fleißig verhalten kann, alle Schnörkel des Lebens ablehnt, immer die Form über den Inhalt stellt, findet er sich unablässig herausgefordert, alle Erscheinungen freier Lebensentfaltung durch sein kritisches Urteil abzuwerten und mit pedantischem Pochen auf den Buchstaben zu verfolgen. Selbst in der geringsten Abweichung fürchtet er den Zusammenbruch des gesamten Systems. Da er im unerlösten Zustand unfähig ist, sich in vitale Prozesse einzufühlen, den Geist oder die Seele eines Menschen oder einer Handlung nicht wahrnehmen kann, erklärt er gleichsam dem Leben an sich den Krieg. Aus diesem geistigen Gefängnis kann ihn die Blüte *Beech* befreien. Sie öffnet wieder seine vitalen Kanäle und lenkt seinen Blick auf die auch in ihm lebendig schaffenden und verändernd wirkenden seelischen Potentiale. Die Blüte *Elm* hilft dem Nativen die Form wieder mit Leben und damit mit individuellen Entwicklungs- und Entfaltungsmöglichkeiten zu füllen.

In der introvertierten Variante gelingt es dem Betroffenen im übertragenen Sinne nicht, aus seiner Haut zu fahren (Haut analog zu Saturn). Mißmutig und schon als junger Mensch vergreist, verbringt er sein Leben in stetiger Verbitterung. Ein schwerer melancholischer bis depressiver Schatten lastet auf seinem Wesen. Dieses negative Gesamtbild kann individuell in leicht unterschiedlichen Grauschattierungen seinen Ausdruck finden. Wenn der Betroffene aus seiner negativen Grundhaltung heraus starke Minderwertigkeitsgefühle entwickelt, jede Aktivität in sich erstickt, weil er überhaupt nur noch Fehl- oder Rückschläge erwartet, wenn er sich zwanghaft auf die Rolle des Versagers versteift, wird ihn die Blüte *Larch* im positiven Sinne ernüchtern und ihn die Welt wieder so sehen lassen, wie sie wirklich ist. Sie fördert seine Spontaneität und entfacht seine kardinalen, handlungsorientierten Eigenschaften. Aus seiner Passivität findet der Native wieder zur sinnvollen Tat. Wenn sich die innere Befindlichkeit zu einer schweren Melancholie oder Depression entwickelt hat, wird ihn die Blüte *Mustard* wieder das strahlende Blau des Himmels und des Lebens inmitten seiner Düsternis erkennen lassen. Der Native erfährt an sich und seinen Lebensumständen wieder Freude und die „Leichtigkeit des Seins". Wenn die geistige Apathie zusätzlich von körperlichen Erschöpfungszuständen begleitet wird, entfacht die Blüte *Olive* neue vitale Lebensenergien in dem Betroffenen. Wenn der Native in Einsicht seines Zustandes dazu neigt, sich mit Schuldgefühlen zu plagen oder aus seinem überwertigen Pflichtbewußtsein auch noch die Schuld anderer auf sich nimmt, sich gleichsam für sein gesamtes Dasein bei der Welt entschuldigt, wird ihn die Blüte *Pine* von diesem Komplex befreien. Durch *Pine* wird der Betroffene wieder sich selbst und dadurch die Welt lieben lernen.

## Mond in Steinbock oder im 10. Haus

Wenn Eltern von ihren Kindern sagen, sie benähmen sich schon wie »richtige, kleine Erwachsene«, so wollen sie einerseits das gute Benehmen ihrer Kinder loben, andererseits schmeicheln sie sich jedoch auch selbst für ihre offensichtlich gelungene Erziehungsdressur. Aus diesen brav dienernden Jungen und brav knicksenden Mädchen, die auch immer nur die »gute« Hand geben, keimt bereits die Saat für ihre späteren emotionalen Blockaden. Schon im frühkindlichen Alter lernt der Betroffene, daß Zucht und Ordnung belohnt, Spontaneität dagegen bestraft wird.

»Brav« kontrolliert der Betroffene dann vor allem seine Gefühle, denn sie scheinen ihn in ihrem wechselhaften Erscheinen am meisten sein Wohlbefinden zu bedrohen. Aus dieser – elterlichen – Gefühlsschule erwächst dann im Alter der Gefühls-Lehrer. Gefühlsmäßig früh »erwachsen«, ritualisiert der Betroffene all seine emotionalen Lebensäußerungen. Liebe und Partnerschaft geht er aus Gründen der Vernunft ein. Er heiratet, weil dies der gesellschaftlichen Norm entspricht, er zeugt gerade so viele Kinder, wie er verantworten kann, und hält selbst an einer längst zerbrochenen Beziehung fest, weil er sich nach Gesetz und Glauben dazu verpflichtet hat: bis daß der Tod ihn scheidet.

In seiner Sexualität wird er selbst seinen »ehelichen Pflichten« pünktlich nachkommen, sie aber auch ebenso pünktlich und bedingungslos vom Partner einfordern. Da er seine Emotionen von seinem Körper abgetrennt hat, funktioniert er nur noch. Er besitzt zwar einen Körper, aber er ist nicht körperlich. Um »in Form« zu bleiben, wird er sich körperlich Höchstleistungen abringen, sich jeder nur denkbaren Ertüchtigung oder Askese unterziehen. Verbissen unterdrückt er jedes Lustgefühl in sich. Seine Lust speist sich aus dem Meistern der Lust. Seine hohen, aber normativen moralischen, ethischen und religiösen Vorstellungen verbieten ihm jedes *Laissez-faire*, Paris ist ihm keine Sünde wert. Seine Gefühlswelt ist durch und durch protestantisch-evangelisch. Im Sinne der christlichen Symbolik besteht sein Leben, da er Ostern negiert, aus einer selbstquälerisch ins Unendliche verlängerten Karwoche. Der Betroffene unterdrückt den vitalen, weiblichen Anteil seines Tierkreiszeichens auf Kosten »männlicher« Exerzitien, die im Zölibat der Priester ihren extremsten Ausdruck finden. Wo immer er sein Leben nicht einem gesellschaftlichen Kodex unterwerfen kann, fühlt er sich – paradoxerweise – unfrei und flüchtet in das Korsett seiner Normen. Seine Weltsicht ist durch Verbote verstellt, die es ihm unmöglich machen, Inhalte und Formen flexibel miteinander zu verknüpfen. Um den Betroffenen aus seinen Abhängigkeiten von Dogma und Tabu zu befreien, wird *Rock Water* empfohlen. *Rock Water* löst seine mentalen Kristallisationen und versöhnt ihn mit seinem für ihn unheimlichen emotionalen Selbst. *Rock Water* sprengt den Panzer seiner starren Ansichten und unterdrückten Bedürfnisse, läßt ihn wieder spontan reagieren und mit sich und seiner Umwelt in einen nicht länger kodierten, sondern lebendigen Austausch treten.

Wenn sich der Betroffene in seinen Partnerschaften allzu große und eigentlich nicht zu bewältigende Pflichten auferlegt, seine eigenen Bedürfnisse bis zur Unkenntlichkeit verleugnet, wird ihm die Blüte *Oak* seinen Mut und sein Durchhaltevermögen erstarken lassen. Sobald er wieder gelernt hat, auch einmal an sich zu denken, wird diese Kraft auch in seinen partnerschaftlichen Beziehungen positiv wirksam.

Kompensatorisch wehrt der Betroffene im unerlösten Zustand alle Eingriffe in seine unflexiblen Lebensäußerungen dadurch ab, daß er den Spieß umdreht und seinen »Gegner« offensiv kritisiert und herabsetzt. In seinem Theaterstück *Geschlossene Gesellschaft* läßt *Albert Camus* eine seiner drei in einem Raum in der Hölle »lebenslang« eingesperrten Figuren sagen: »Die Hölle, das sind die anderen.« Sie sind es deswegen – und bestätigen damit die Analogie zum beschriebenen unerlösten Zustand –, weil der Betroffene durch die unausweichliche Nähe der anderen zu einem emotionalen Austausch mit ihnen gezwungen wird. Durch Kritik und Herabsetzung kann er sie zumindest vorübergehend auf Distanz halten. Um den Betroffenen wieder nachgiebig mit sich und anderen umgehen zu lassen, seinen Hochmut zu dämpfen, seine Intoleranz in Verständnis zu wandeln, bietet die Blüte *Beech* die beste Hilfe. *Beech* ermöglicht dem Betroffenen, emotional »aus der Haut zu fahren«, d.h. in einen unvoreingenommenen, offenen, sensuellen Kontakt mit seiner Umwelt zu treten.

**Aszendent Steinbock**

Die Analogie der Aszendentensymbolik mit beschreibenden Begriffen wie »Rolle«, »Maske« oder »Persona« führt uns im Falle des Steinbock-Aszendenten zu einer Persönlichkeit, die weitgehend mit unseren Vorstellungen von »antiker Größe«, Würde, Erhabenheit, Stolz und einer Aura der Unnahbarkeit identisch ist. Bei Nativen, die ihren Steinbock-Aszendenten stark ausdrücken, hat man den Eindruck, daß sie schon »alt« geboren wurden. Im Vergleich der Lebensbühne mit der Theaterbühne ist eine solche Persönlichkeit am ehesten dem klassischen griechischen Drama zuzuordnen. Aus einer starren, eher abweisenden Maske, ertönt eine sonore Stimme, die schnörkellos, gleichsam aus einer anderen, höheren Welt zu uns spricht. Was nun der Überlieferung nach im antiken Drama als erhaben feierlich-theatralische Kommunikation zwischen den Menschen und den Göttern bei den Zuschauern eine geistige, vor allem jedoch emotionale Katharsis auslöste, pervertiert im unerlösten Zustand einer Steinbock-Aszendenten-Rolle zu einer blutleeren Attitüde, zu einer Form ohne Inhalt. Im unerlösten Zustand verkommt die im Nativen angelegte vitale geistige und emotionale Größe zu einer engstirnigen, besserwisserischen, gefühlskalten und weltfremden Über-Vater-Haltung. Der Native vermittelt den Eindruck, daß alleine in der Versagung jeglicher emotionaler Regung und jedes leiblichen Genusses das Glück zu suchen und zu finden sei. In seiner pharisäerhaften Selbstgerechtigkeit dankt er Gott, daß er nicht so ist wie die anderen. Bedingungslos stellt er sein Leben unter das Gebot der Pflicht. Auf der rein körperlichen Ebene begegnen wir dann dem strengen Antialkoholiker, dem Nichtraucher, dem entschiedenen Vegetarier, dem Leistungssportler oder dem Büroangestellten, der schon vor Dienstbeginn seinen täglichen Marathonlauf absolviert hat. Bei seiner Ernährung geht er davon aus, daß etwas nur dann gesund sein kann, wenn es sauer, schwer zu kauen, roh oder »naturbelassen« ist. Die Genüsse einer reich gedeckten Tafel sind ihm ein Greuel, er ißt nicht, er genießt nicht, er nimmt Nahrung auf.

Auf geistiger Ebene entwickelt der Native im unerlösten Zustand die gleiche Askese. Das freie Spiel der Ideen und Gedanken macht ihm Angst. Er hält sich lieber an das kodifizierte Wissen. Als Kind oft frühreif, hält er eisern an seinen einmal erworbenen Kenntnissen fest. Er scheint als Oberlehrer geboren worden zu sein. In den ausübenden Künsten schätzt er die »Werktreue« und lehnt jede Form einer lebendigen Annäherung an ein Kunstwerk als Bruch mit der Tradition ab. Er hält es für seine oberste Pflicht, »den Rasen nicht zu betreten«. In religiösen, moralischen und ethischen Fragen verharrt er in einem stupenden Fundamentalismus. Den in ihm lebendigen Geist liebt er, indem er ihn züchtigt. Gebete werden für ihn erst dann zu einem wahren Ausdruck des Glaubens, wenn sie mit körperlichen Exerzitien begleitet werden, wenn er sich kasteiend, im Büßergewand, auf hartem Boden und mit wunden Knien zu seinem Gott spricht. In seinem geistigen Hochmut glaubt er, er könne Gott durch seine Askese in die Pflicht nehmen. In allen religiösen Sektierern, Exorzisten, Flagellanten, Säulenheiligen und Exerzitienmeistern finden wir den Ausdruck dieses unerlösten Zustandes.

In Partnerschaften spielt der Native die Rolle des überstrengen Vaters, des pflichtbewußten Ehepartners. Kinder zeugt und gebiert der Native nicht aus Liebe, sondern um seine sozialen oder familienpolitischen Pflichten zu erfüllen. Nicht zuletzt dient ihm Sexualität auch zur körperlichen Ertüchtigung, er »macht« Liebe, anstatt zu lieben. Zu all diesen negativen Erscheinungsformen kommt es, weil der Betroffene sich von seinen seelisch-emotionalen Quellen abgeschnitten hat.

Um seine emotionalen Bedürfnisse überhaupt wieder wahrzunehmen und sie dann auch zu befriedigen, wird dem Betroffenen *Rock Water* die beste Hilfe leisten. Dieses Quellwasser belebt seine Sinne, durch die vom Wasser geöffneten Poren seines Panzers aus Hochmut, Abweisung, Pflichterfüllung und Strenge kann wieder Leben in die starre Form einfließen und eine neue fruchtbare Substanz bilden. *Rock Water* »enthärtet« oder »entkalkt« das Selbstbild des Nativen, seine Seele kann sich wieder im »weichen« Wasser entfalten.

Da der Betroffene aus Gründen der Selbstbehauptung der Welt kompensatorisch meist als Kritiker gegenüber tritt, sollte zusätzlich die Blüte *Beech* gegeben werden. *Beech* durchbricht seine Abschirmungen aus Pedanterie, Herablassung, Besserwisserei, Intoleranz und Arroganz und bindet ihn wieder in die Vielfalt des Lebens ein. *Beech* löst den »inneren Gerichtshof« im Betroffenen auf, aus dem anklagenden Richter wird ein toleranter Sachwalter seiner geistigen und emotionalen Potentiale.

**Südlicher Mondknoten im 10. Haus**

Diese Mondknotenstellung führt, analog zur Stellung des Südlichen Mondknotens im 4. Haus, infolge ihrer engen Anbindung an die Achse MC – IC zu gleicherweise bedeutsamen Auswirkungen. Der Native lebt hier unter einem karmischen Signum, das man mit dem Sprichwort »Hochmut kommt vor dem Fall« umschreiben könnte. Er trägt in sich ein Bewußtsein hoher Würde, öffentlicher Anerkennung, unangefochtener Autorität und Macht. Die Paradoxie dieser Mondknotenkonstellation liegt darin, daß das, was unter dem Mondknoten überwunden werden soll, vom MC als Lebensziel suggeriert wird. Je nach Bewußtseinslage des Betroffenen kann sich die Integration beider Aufgaben über viele Jahre hinziehen bzw. auch ein ganzes Leben lang dauern. Aus der Macht kommend, muß das Individuum die Macht verlieren, um sie sich neu zu erobern. Der innere Weg führt aus dem Hochmut über die Demut zur seelischen Größe und Reife. Solange sich der Betroffene jedoch dieses Weges nicht bewußt ist, wird er im unerlösten Zustand kompensatorisch alle Kräfte einsetzen, um seinen erinnerten Status zu erhalten oder ihn ohne den »Umweg« über die Demut zu erreichen. Er wird alle erdenklichen Mittel einsetzen, um beruflich an die Spitze zu kommen, in wichtigen öffentlichen Zusammenhängen eine bedeutende, herausragende Rolle zu spielen. Dem Anschein nach lebt er nach dem Motto: »Lieber berühmt und berüchtigt als unbekannt.« Seine Problematik liegt darin, daß er sein Ethos, seine Autorität, seine Integrität und seine Ideale derart verinnerlicht hat, daß sie zu starren, toten Normen verkommen sind. Als wahrer Prinzipienreiter fühlt er sich nur seinen eigenen Gesetze verpflichtet. Die Theorie geht ihm immer über die Praxis. Er hat studiert, warum also sollte er probieren. Sein demonstratives »Vorwissen« oder Besserwissen schafft ihm bei seinem öffentlichen Auftreten immer wieder erbitterte Gegner. Wo immer er handelnd eingreift, vermittelt er den Eindruck, das Gesetz selbst, das Gewissen selbst oder Gott selbst greifen ein. Sein Hochmut verbietet ihm, andere Menschen zu überzeugen, er ordnet an, vollzieht und vollstreckt. Unter der Maske, sich »eigentlich« immer nur für andere Menschen, für Institutionen, für einen Betrieb, für eine Idee, eine Partei oder einen Glauben einzusetzen, kann er nur mühsam verbergen, daß sein wahres Ziel in persönlicher Machtentfaltung liegt. Seine äußere Betriebsamkeit kaschiert nur schlecht seine Weigerung, den inneren Weg der Demut zu gehen.

Solange der Betroffene sich auf seinem Königsweg glaubt, wird ihm *Rock Water* ein Bewußtsein für die einengenden Auswirkungen seiner doktrinären Ideologien schaffen. *Rock Water* entbindet ihn von der zwanghaften Pflicht, sich körperlich und geistig kasteien und in jeder Sekunde Höchstleistungen abfordern zu müssen. Sein unflexibler Umgang mit der Zeit, sein randvoller Terminkalender setzen ihn nicht länger unter Druck. Der Betroffene lernt wieder den Wert der »freien« Zeit erkennen und genießen.

Um sich unangefochten auf der Höhe seiner Macht halten zu können, neigt der Betroffene im unerlösten Zustand dazu, seine Position durch Kritik und Intoleranz zu schützen. Er weist jeden, der scheinbar oder offensichtlich seine Autorität, seine unumstößlichen Dogmen, seine ex kathedra verkündeten Wahrheiten angreift, in die Schranken seines unerbittlichen Gerichts. Mit pedantischer Akribie rechnet er seinen Gegnern ihre Fehler vor, erinnert sie gnadenlos an die »Leichen, die sie im Keller haben«, benimmt sich wie Gottvater persönlich, von dessen Gnade oder Ungnade sie abhängig sind. In diesem Zustand wird die Blüte *Beech* den Betroffenen wieder in den natürlichen Strom des Lebens, Denkens und Handelns einbinden. Der Native kann sich wieder gegenüber seinen Gefühlen öffnen und mit sich selbst und anderen verständnisvoll, liebevoll, anteilnehmend und sensibel umgehen.

Wenn früher oder später eine beginnende seelische Reife oder nachhaltige berufliche Mißerfolge oder der gänzliche Verlust der Macht den Betroffenen auf seinen inneren Weg hinweisen, beginnt für ihn die schwerste Zeit. Er fühlt sich eingespannt ins Joch zweier unterschiedlicher Ziele und zerreibt sich in der Verweigerung des rechten Weges. Es treten dann in wechselnder Folge sehr unterschiedliche unerlöste Zustände auf. Erste Einbußen im öffentlichen Ansehen, erste berufliche Mißerfolge setzen eine Ursache-Wirkung-Kette in Gang, in deren Verlauf der Betroffene zunehmend an Selbstvertrauen verliert, von Minderwertigkeitsgefühlen überrannt wird, und an deren Ende er nur noch Fehlschläge und Verluste erwartet. Kompensatorisch wird er in diesen akkumulierenden Teufelskreis entweder mit noch forcierterem Einsatz, mit noch größerer Härte gegen sich selbst und andere, mit noch strikterer Einhaltung seiner »Gesetze« reagieren oder sich – in der passiven Variante – durch vorgeschobene Krankheit gleichsam selbst aus der Verantwortung und Pflicht entlassen. In diesem Stadium sollte die Blüte *Larch* den Betroffenen auf seinem Weg begleiten. Durch sie gewinnt er eine nüchterne Perspektive seiner angeschlagenen Lebenssituation. *Larch* stärkt ihn in der vermeindlichen Niederlage, die eigentlich seinem inneren Wohle dient.

In einem fortgeschrittenen Stadium wird sich der Betroffene, der sich selbst anderen gegenüber so oft »schicksalhaft« aufgeführt hat, nun selbst als ein Opfer des Schicksals empfinden. Er verlagert jede Schuld an seiner mißlichen Situation auf andere oder auf Umstände, denen er sich machtlos ausgeliefert glaubt. Er entbindet sich von seiner Eigenverantwortung und kämpft verbissen gegen die Ungnade seines Schicksals an. In dieser äußerst bedrückenden Zeit hilft ihm die Blüte *Willow*, sich mit seinem Schicksal zu versöhnen, es innerlich anzunehmen. Der Betroffene erkennt den Zusammenhang zwischen der Starre seiner inneren Haltung und der Starre der äußeren Lebensumstände. *Willow* erlöst ihn aus dem Kreislauf von »Widerstand erzeugt Widerstand« und öffnet ihm die Perspektive für »Liebe erzeugt Liebe«. Ein weiterer Helfer auf seinem Weg ist die Blüte *Pine*. Sie lehrt ihn Demut, Geduld und Bescheidenheit. Sie eliminiert seine Selbstvorwürfe und öffnet die Schleusen zu seiner karmischen Bestimmung im 4. Haus, zu seinen Mondqualitäten, zu seinen Gefühlen, zu seiner Seele.

## Transite von Saturn, Uranus, Neptun oder Pluto über das 10. Haus

Transite der langsam laufenden Planeten über das 10. Haus fordern das Individuum auf, die Anteile seiner Persönlichkeit, die in der Öffentlichkeit, vornehmlich im Beruf, stehen, einer Bilanz, einer Neuorientierung und Transformation zu unterziehen. Der Betroffene soll sein bisher vielleicht eher egoistisches Erfolgsstreben in einen größeren gesellschaftlichen Rahmen stellen und für seine öffentlichen Handlungen verstärkt auch soziale Verantwortung übernehmen. Diese Verantwortlichkeit bedingt vor allem die Einbindung der in der Opposition, im 4. Haus, liegenden Mondkräfte. Sein Wirken in der Öffentlichkeit soll sich nicht länger an rein funktionalen, egoistischen Erfolgswünschen orientieren, es soll im weitesten Sinne »beseelt« werden. Sein Wirken soll in den Dienst einer höheren Idee bzw. in den Dienst der Gemeinschaft gestellt werden. Diese soziale Verantwortung umfaßt nicht nur seinen Beruf, sondern auch dessen Einbettung in die jeweilige partnerschaftliche oder familiäre Lebenssituation. Unter den strukturierenden, revolutionierenden, vergeistigenden und transformierenden Einflüssen der Transite soll der Beruf zur Berufung werden.

Es hängt wesentlich von den jeweiligen gesamtgesellschaftlichen Bedingungen ab, wie erfolgreich das Individuum diesen Integrationsprozeß vollziehen kann. Es ist nur natürlich, daß in unserer Zeit mit ihren überwiegend am äußeren Erfolg orientierten Maßstäben – öffentlicher Einfluß, hoher Verdienst – unter diesen Transiten einschneidende negative Auswirkungen den Betroffenen belasten. Ebenso negativ wirkt es sich aus, daß in einer Zeit mit einer sehr anspannten allgemeinen Arbeitslage nur sehr wenige Menschen überhaupt zu ihrem Beruf und noch viel weniger zu ihrer Berufung finden können.

Im unerlösten Zustand wird der Betroffene die strukturierenden Kräfte des Saturn durch einen nochmals gesteigerten Arbeitseinsatz zu kompensieren versuchen. Er wird sich bis zur körperlichen und mentalen Erschöpfung für »seine« Ziele einsetzen und doch gerade dort zunehmend auf gravierende Widerstände und Mißerfolge stoßen. Typischerweise stellt sich der Betroffene dann so verbissen und entschieden hinter »seine« Sache, daß er vor allem seine emotionalen Bindungen – Partnerschaft, Ehe, die Beziehung zu seinen Kindern – vernachlässigt. Auf allen gesellschaftlichen Ebenen finden wir dann die Mutter oder den Vater, die oder der »nie Zeit hat«. Der Betroffene hetzt von einem Termin zu anderen, bürdet sich auch am Wochenende noch Berge von Arbeit auf, verzichtet unter Umständen auf seinen Urlaub, nur um seinem davoneilenden Erfolg hinterher zu jagen. Mit nicht zu bremsender Energie versucht er, mit allen Mitteln sein Sozialprestige oder seinen beruflichen Status noch weiter auszubauen. Seine »Karriere« wird zum absoluten Mittelpunkt seiner Lebensäußerungen. Im unerlösten Zustand erkennt der Native nicht, daß das 10. Haus sowohl ein Haus der Ernte als auch ein Haus der Saat ist. Der Aspekt der Ernte bezieht sich auf die äußeren Lebensumstände, der Aspekt der Saat dagegen auf den Bereich seiner Gefühle und seiner Seele. Hier ist er aufgefordert, die im 10. Haus enthaltene Symbolik des Kardinal-Weiblichen im Sinne einer neuen seelischen Wirklichkeit und Verantwortung zu entwickeln. Je heftiger sich der Native weigert, seine persönlichen Ziele mit denen der Gemeinschaft auch emotional abzustimmen, um so mehr werden alle seine Versuche, auf der Erfolgsleiter noch höher zu steigen, in Katastrophen enden. In diesem Haus gehen Triumph und Niederlage Hand in Hand.

Die typische Reaktion im unerlösten Zustand auf die revolutionierenden »Angebote« durch einen Uranus-Transit besteht darin, daß der Betroffene aus Angst vor den sich unerwartet auftuenden Möglichkeiten krampfhaft in seiner bisherigen Lebenssituation verharren möchte. Wenn Uranus ihm durch sich unter Umständen überschlagende, »zufällige« Angebote neue Perspektiven seines öffentlichen Wirkens im Beruf oder in der Gesellschaft eröffnet, wenn dadurch sogar seine »Berufung« in greifbare Nähe rückt, neigt der Betroffene im unerlösten Zustand doch dazu, diese Angebote »auszusitzen«. Unter Hinweis auf seine bestehenden Pflichten verweigert er sich allen sich anbietenden Veränderungen. Auch ihn stark belastende Lebensumstände, die er jetzt ändern könnte, wird er mit dem Hinweis, daß ohne ihn doch der »ganze Laden zusammenbrechen würde«, weiterhin stoisch ertragen. Hinter der Maske hoher ethischer oder moralischer Werte – »Nach zehn Jahren verläßt man nicht einfach die Firma« oder »Was würde mein Chef dazu sagen« stilisiert er sich zum »Fels in der Brandung«.

Im unerlösten Zustand neigt der Betroffene unter einem Neptun-Transit dazu, sich in einen beruflichen Höhenflug zu steigern. Völlig abgehoben von der Wirklichkeit imaginieren ihm seine größenwahnsinnige Phantasie und seine irrationalen Träume neue, nie gekannte berufliche Erfolge, öffentliche Anerkennung und langersehntes Sozialprestige. Innerlich im Grund völlig orientierungslos träumt er sich ins öffentliche Rampenlicht und glaubt, in sich völlig neue Talente und Fähigkeiten wachsen zu fühlen. Diese Autosuggestionen halten einer objektiven Prüfung jedoch in keiner Weise Stand. Die Konturen seines Lebenszieles verschwimmen und weichen einem irrationalen Glauben daran, was er »eigentlich« tun müßte, wie er sich »eigentlich« verhalten müßte. In verklärender Selbstüberschätzung seiner wahren Fähigkeiten, riskiert er dann den Sprung in die Ungewißheit einer neuen beruflichen oder anderen öffentlichen Aufgabe. Im Bewußtsein, bisher ein »falsches« Leben gelebt zu haben – man hat ihn z. B. konkret oder auch nur eingebildet bei Beförderungen übersehen – bricht er »zu neuen Ufern« auf. Indem er kompensatorisch seine »wirkliche« Wirklichkeit ignoriert, verweigert er das neptunische Opfer. Anstatt in sich den notwendigen Glauben an seine Arbeit oder sein öffentliches Wirken zu entwickeln und zu vertiefen, verfällt er dem neptunischen Nebel, der ihm hinter dem Schleier die Erfüllung seiner wahren Berufung suggeriert. Nicht selten setzt sich der Betroffene in diesem Zustand durch seine unüberlegten, verworrenen und trügerischen Akte der Selbstbefreiung einem öffentlichen Gelächter oder gar Skandal aus. Seine überspannten Vorstellungen von einem glanzvollen beruflichen Aufstieg und nie genossener Popularität verhindern, daß sich sein Ego unter diesem Transit vergeistigt und spiritualisiert und sich damit in einen höheren Zusammenhang mit seiner Umwelt stellt.

Die Kräfte eines Pluto-Transits lösen in dem Betroffenen im unerlösten Zustand den mächtigen Impuls aus, seine Position in der Öffentlichkeit oder im Beruf noch machtvoller auszuweiten. Mit nicht zu stillendem Ehrgeiz verfolgt er rücksichtslos und fanatisch seine egoistischen Karriereambitionen. Er scheut vor keinem Machtkampf, sei es in seiner Firma, sei es mit Behörden oder anderen Institutionen, zurück, um seiner Selbstbehauptung den notwendigen Raum zu schaffen. Er glaubt, auf Erfolg und Ansehen einen Anspruch zu haben. Sein Ziel ist die totale Selbstverwirklichung in der Gesellschaft. In der Wahl der Mittel ist er nicht zimperlich. Bedenkenlos greift er zu Korruption, Fälschung, Bestechung, Betrug oder Verleumdung, um sich an die Spitze zu stellen. Allen sich zwangsläufig einstellenden Krisen begegnet er ausschließlich quantitativ, indem er seine Anstrengungen verdoppelt, noch intensiver, noch zwanghafter, noch skrupelloser seine Ziele verfolgt. Bedingungslos opfert er seine partnerschaftlichen oder familiären Bindungen seinem Karrierewahn. Er lehnt jede Verantwortung für sein Tun ab und suggeriert sich und der Öffentlichkeit, daß er gleichsam im Auftrag einer höheren Macht seine Mission durchzuführen habe. Der öffentliche Erfolg wird zu seinem Fetisch, dem er vor allem jedes private Opfer darbringt. Indem er vorgibt, nur der Sache zu dienen – hinter der sich natürlich sein Egoismus verbirgt –, beugt er sich zwanghaft jeder Ideologie oder jedem anderen »Sachzwang«.

Die von diesen Transiten ausgelösten unerlösten Zustände

werden bei dem Betroffenen sowohl von körperlichen als auch mentalen und emotionalen Blockaden begleitet. Da die Transite unter Umständen sehr lange dauern können und sich dadurch im Verlauf auch unterschiedliche Schwerpunkte ihrer Äußerung herausbilden, empfiehlt sich eine stets den aktuellen Bedürfnissen angepaßte Bach-Blütentherapie. Da die Symptome in der Regel nicht isoliert auftreten, muß eine jeweils passende Kombination gefunden werden.

Wenn der Betroffene sich in seinem fanatischen Anrennen gegen sein berufliches oder öffentliches »Schicksal« mutwillig in eine hoffnungslose Lage manövriert hat, wenn seine seelischen und geistigen Antriebskräfte stagnieren und er sich selbst aufgibt, entfacht die Blüte *Gorse* in ihm neuen Lebensmut. Durch *Gorse* sieht der Native wieder »Licht in seinem Tunnel«, das bereits erreicht geglaubte »Ende von Allem« wandelt sich zu einem hoffnungsvollen Neubeginn.

In einer anderen Phase wird der Betroffene unter Selbstvorwürfen und Schuldgefühlen leiden. Hier wird ihm die Blüte *Pine* helfen, seine Schuld durch Reue zu tilgen. Indem der Betroffene lernt, sich zu verzeihen, erschließen sich ihm auch die transformatorischen Kräfte dieser Transite. Er entdeckt, daß er sich in Demut seinem inneren seelischen Ziel (Opposition im 4. Haus, Mond) nähern soll.

Wenn der Betroffene jedoch seine eigene Schuld leugnet, sein Schicksal anklagt und sich von jeder Verantwortung losspricht, kann die Blüte *Willow* diese Haltung positiv verändern. Der Betroffene erkennt mit Hilfe der Blüte *Willow* wieder den Zusammenhang zwischen Ursache und Wirkung und wird sich durch Meisterung der Ursachen zum Meister der Wirkungen entwickeln. Durch *Willow* »wissend« geworden, kann er sich aus seiner quälenden Verbitterung befreien und seine bisher auf das Negative gerichteten Kräfte nun auf das Positive umpolen.

Im Durchgang einer anderen Phase, die den Betroffenen nur noch mit Fehlschlägen und Verlusten rechnen läßt, in der seine Minderwertigkeitsgefühle und eine allgemeine Verzagtheit dominieren, wird ihn die Blüte *Larch* im positiven Sinne »ernüchtern«. Vor allem die neptunischen Nebel reißen auf, der Betroffene kann mit klarem, unverstelltem Blick seine objektive Wirklichkeit erkennen und entsprechend handeln.

In den Fällen, in denen vor allem eine körperlich-vitale Erschöpfung eingetreten ist, läßt die Blüte *Olive* wieder neue Kraftreserven in dem Betroffenen sprudeln. Immer dann, wenn der Stolz des Nativen es verhindert, daß er in Demut sein Knie (Saturn) beugt, wenn er sich seiner starren Prinzipien nicht entledigen kann, wenn er sich in einem Zustand geistiger oder körperlicher Überbeanspruchung oder Askese befindet, wird *Rock Water* nachhaltig diese kristallinen Strukturen aufweichen und in ihm wieder eine allgemeine Freude am Leben und am Genuß wecken. Der Betroffene stellt verwundert fest, daß »Fünfe auch mal grade sein können«, ohne daß gleich sein ganzes dogmatisches Weltgebäude zusammenbricht. Im gleichen Zusammenhang wird durch die Blüte *Beech* die Intoleranz und Kritiksucht des Betroffenen nachhaltig abgebaut. Der Native lernt wieder, sich selbst und andere liebevoll anzunehmen (Opposition 4. Haus, Mond).

### Gesundheitliche Implikationen

Überwertiger Stolz und unerschütterlicher Glaube an seine Prinzipien übertragen sich von der mentalen Unbeugsamkeit auf eine körperliche Unbeweglichkeit und Starre. Betroffen werden all die Organe, die ihrer Funktion nach es dem Menschen erlauben, sich zu beugen, zu dehnen, sich zu bewegen. Also vor allem die Knie, Gelenke und Bänder. Im weiteren Sinne jedoch das gesamte Skelett, da es für den Formaufbau (Saturn) des Körpers verantwortlich ist. Hier vor allem die Wirbelsäule. Unelastisch in seinen Gedanken, versteift der Native auch körperlich. Rheuma und Gicht und Versteifung der Bänder sind die naheliegenden Folgen. Der geistigen Verknöcherung entspricht die körperliche Verknöcherung.

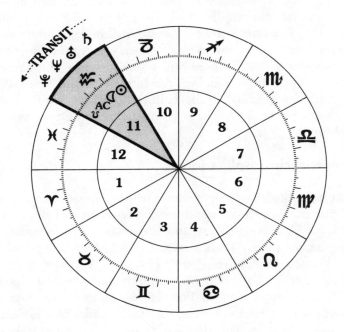

## Wassermann, Uranus (Saturn) und 11. Haus

*Astrologische Konstellationen:*

Grundkonstellationen: Sonne oder Mond in Wassermann oder im 11. Haus, Aszendent Wassermann, Südlicher Mondknoten im 11. Haus

Zeitliche Auslösungen: Transite von Saturn, Uranus, Neptun oder Pluto über das 11. Haus

Empfohlene Bach-Blüten: *Water Violet, Rock Water, Walnut, Wild Oat, Impatiens*

*Erlöster Zustand:*

Der Idealist, der Menschenfreund, der Demokrat, der Utopist, geistige Unabhängigkeit, der Weise, gelebte Humanität, alle Menschen sind Brüder, originell, hat Geistesblitze, unabhängig, primus inter pares, elektrisierende Aura, der Quereinsteiger, kompetent, klare Zielvorstellungen, Einsatz für soziale Randgruppen, überzeugt durch Argumente, angeborener Altruismus, positive Führungseigenschaften

*Unerlöster Zustand:*

Arrogant, der Exzentriker, will sich nicht »gemein« machen, hält sich für das Maß aller Dinge, der Narr, Sonderling, Zyniker, der Menschenverächter, die emotionale Unberührtheit, unnahbar, mangelnde Körperlichkeit, geistiger Größenwahn, herablassend, auf der Erde nicht zu Hause, Überlegenheitsgefühl, unklare Zielvorstellungen, der übereifrige Idealist, der starre Theoretiker, ungeduldig, weiß nicht, wo ihm der Kopf steht, möchte selbst nie »betroffen« sein

## Symptomatik im unerlösten Zustand:

### Sonne in Wassermann oder im 11. Haus

Um sowohl die positive als auch die negative Thematik des Tierkreiszeichens Wassermann und der darin geborenen Individuen zu verstehen, erscheint es sinnvoll, einen Blick in die »voruranische« Zeit zu werfen, als der Tierkreis noch von sieben Planeten »beherrscht« wurde.

Die tiefe Weisheit und zwingende innere Logik, die dieser kosmisch-irdischen Symbolik zugrunde lag, hat nach wie vor Bestand. Als dieses geschlossene System durch die Entdeckung des Uranus gesprengt wurde, wurde es genau um den Faktor erweitert und bereichert, der bei einer genauen Analyse der inneren Zusammenhänge des »alten« Systems bereits darin enthalten war. Für die Erde, den Menschen, fungieren die Sonne als das kosmische, überindividuelle Zentralgestirn unserer Galaxie, der Mond als der irdische, individuelle Begleiter unseres Planeten. Die Umlaufbahn des Saturn begrenzt unser »sichtbares« Universum. Zwischen dem Sonnenzentrum und der äußeren saturnischen Peripherie, zwischen Lebensimpuls und Lebensbegrenzung lag (liegt) das Schicksal der Erde und des Menschen eingebettet. Aus der Fülle der sich daraus ergebenden symbolischen und existentiellen Analogien sollen hier nur einige wenige herausgegriffen werden.

Die Grafik zeigt mit Bezug auf die »alte« Symbolik bei den Planeten Sonne und Mond sowie Saturn und ihrer Zuordnung als Herrscherplaneten in den Tierkreiszeichen Löwe, Krebs, Steinbock und Wassermann eine doppelte Opposition. Die Zuordnung des Saturn als Herrscher über zwei Tierkreiszeichen wird dann klar, wenn man seine Funktion als Grenzwächter unseres Universums näher betrachtet. Saturn grenzt zweifach ab. Einmal

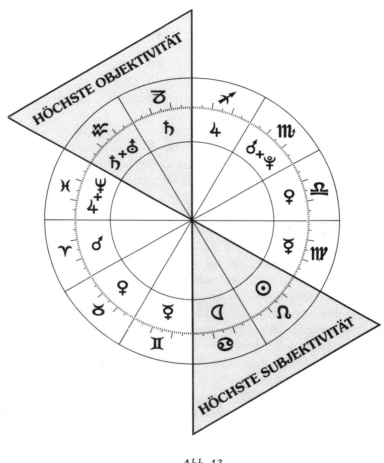

Abb. 13

nach außen, unsere Galaxie gegen das Universum, zum anderen nach innen, das Universum gegen unsere Galaxie. Wir müssen uns Saturn also janusköpfig vorstellen und dies sowohl »räumlich« als auch »zeitlich«. Als Gott der Torbögen blickt er mit der einen Seite seines Kopfes in die Stadt, in unsere Galaxie, mit der anderen Seite blickt er aus der Stadt, ins Universum. Auf der zeitlichen Ebene schaut er analog in die Vergangenheit und in die

Zukunft. Dies spiegelt sich wiederum nicht nur in unserem äußerlichen, kalendarischen Ablauf des Jahres, sondern auch in unserer individuellen seelischen Befindlichkeit. Die Monate Dezember (Steinbock, Saturn) und Januar (Wassermann, Saturn, Uranus) markieren Ende und Anfang unseres Kalenderjahres. Sie sind aber auch zugleich Zeiten des Rückblicks, der Besinnung (Weihnachten) und Zeiten des Aufbruchs (Neujahr). Nicht zufällig ist der erste Monat des Jahres nach eben dem Gott der Torbögen, Janus, benannt.

In der doppelten Opposition aus Krebs und Steinbock und Löwe und Wassermann überschreitet das Individuum die Grenzen seiner in Krebs und Löwe erreichten höchsten Subjektivität und gewinnt im Steinbock und Wassermann mit jeweils fließendem Übergang seine höchste Objektivität. Es überspringt in der Opposition IC zu MC die Achse seiner Herkunft zu seiner Hinkunft. Sein Streben »aus« etwas wandelt sich zu einem Streben »hin« zu etwas.

Solange die Menschheit nur das dunkle Antlitz des Janus-Saturn erblickte und erblickt, sich gefangen fühlte und fühlt zwischen dem Sonnen-Lebensimpuls und der Saturn-Lebensbegrenzung, stellte und stellt sie die immer wiederkehrende Frage nach dem Leben und dem Tod – das kann doch nicht alles sein. Die Antwort gaben und geben sich die Menschen in ihren unterschiedlichen Religionen und Philosophien. Genau betrachtet liegt die Antwort jedoch schon im Planeten Saturn selbst. Er ist der siebte (!) Planet unseres Sonnensystems. In der Zahlensymbolik steht die Zahl »sieben« für Irrationalität, d. h. Saturn selbst beinhaltet etwas »Siebenhaftes«, etwas Irrationales. Dieses Irrationale drückt sich darin aus, daß er entgegen jeder rational-menschlichen Erfahrung über zwei Gesichter, über ein Doppelantlitz verfügt. Über die Zahl sieben, über sein irrationales Doppelantlitz öffnet Saturn dem Menschen das Tor zu seiner persönlichen »irrationalen« Unsterblichkeit. In der Zahl sieben vollendet sich der Mensch.

Vielleicht wird dieser innere, lebendige Zusammenhang noch deutlicher, wenn man die Zahl sieben in ihren Verknüpfungen mit dem geometrischen Kreis betrachtet. Es ergibt sich dann folgende Figuration:

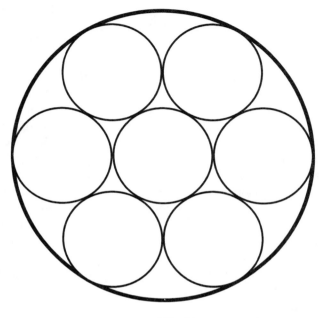

*Abb. 14*

Wenn man in der geometrischen Figur des Kreises eine sinnentsprechende Analogie zum Leben des Menschen sieht, so steht die Beziehung zwischen seinen Faktoren Kreisdurchmesser = Achse IC – MC = Lebensziel des Menschen und Kreisinhalt = 360° des Horoskopkreises = Lebensfülle unter der »irrationalen« Funktion der Zahl Pi (= 3,14159...). Kreisinhalt = Pi x Radius im Quadrat. Pi ist zugleich der 16. (1+6 = 7!) Buchstabe des griechischen Alphabets. Auffallend an dieser figürlichen Darstellung ist, daß wir auch hier wieder der Symbolik des Janus-Saturn begegnen. Im Sinne des Doppelantlitzes kann sich von innen gesehen der Zentralkreis als siebter Kreis nur über sechs Kreise mit gleichem Radius über sich selbst hinaus zu seinem eigenen Großkreis werden. Von außen betrachtet kann der Großkreis nur über sechs Kreise mit gleichem Radius zu seinem siebten Innenkreis, zu seinen Kreiszentrum gelangen. Die Zahl Pi ist eine reelle, aber transzendente

Zahl. Als nicht »gerade« Zahl fehlt ihr etwas bzw. sie verfügt über etwas »mehr«, nämlich Transzendenz oder »Irrationalität«. Sie verfügt über ein rational nicht zu definierendes Plus, mit dessen Hilfe allein sich der Kreis und damit auch der Mensch »berechnen« läßt.

Sowohl über die Zahl sieben als auch über die Doppelopposition im Tierkreis stellt das Zeichen Wassermann unter Saturn eine lebendige Nabelschnur zwischen dem Menschen und dem Komos dar. Genau besehen, bedurfte es eigentlich nicht des Uranus als »herrschendem« Energieträger im Wassermann. Der gewandelte, »siebener« Saturn erfüllt die gleichen Bedingungen. Dessenungeachtet steht Uranus seiner Wesenheit gemäß in Wassermann am richtigen Ort. Was vielleicht auf den ersten Blick wie reine Zahlenspielerei aussieht, bekommt im größeren Zusammenhang eine tiefe Bedeutung. Die Durchlaufzeit des Uranus durch ein Zeichen beträgt durchschnittlich 7 (!) Jahre. Um den Uranus kreisen 5 Monde, eine Analogie zu Löwe und 5. Haus und höchster Subjektivität.

Diese einführenden Bemerkungen führen uns ins Zentrum der Wassermann-Thematik. Begriffe wie Objektivität, Irrationalität, Geist, Universalität bezeichnen die dominanten Lebensäußerungen des Wassermann-Geborenen. Im unerlösten Zustand begegnen wir einem Individuum, das sich weitgehend von der Welt und ihren alltäglichen Bedürfnissen abgewendet hat und stattdessen in einer Welt utopischer Ideale lebt. Der Native hält sich für etwas Besonderes und zeigt seinen Mitmenschen, daß er im Grunde nichts mit ihnen »gemein« hat. Arrogant und exzentrisch führt er das Leben eines skurrilen Sonderlings. Er umgibt sich mit einer Art Glaswand, durch die man ihn zwar wahrnehmen, jedoch emotional nicht erreichen kann. Der Betroffene glaubt sich noch stärker als seine artverwandten Schütze- und Steinbock-Geborenen im Vollbesitz der Wahrheit. Er schwebt deshalb geistig immer in den Wolken und hat für allzu menschliche Belange nur zynische Herabsetzung oder Zurückweisung übrig.

Da er nur an sich glaubt, bedeuten ihm die Bindungen anderer Menschen an bestimmte Religionen, Philosophien oder Weltanschauungen wenig. Er verachtet sie ob ihrer geistigen Beschränktheit oder findet sie ganz einfach »kleinkariert«. Seine

Problematik besteht darin, daß er zwar die Menschheit liebt, den einzelnen Menschen jedoch verachtet. Entsprechend der Signifikatoren seines Zeichens lebt er in einer rein geistigen, utopischen Welt (Element Luft), uranisch-männlich gebiert er eine abstruse Idee nach der anderen, kann sie jedoch nicht in einer Tat freisetzen (festes Zeichen). Sein extremes Bedürfnis, immer autark zu denken und zu handeln, macht es ihm unmöglich, sich in eine soziale Ordnung einzugliedern. Inmitten der Masse der Menschen lebt er gleichsam inkognito und bindungslos. Sprunghaft und dabei zugleich belehrend konfrontiert er seine Mitmenschen mit immer neuen Ideologien, mit seinem Atheismus und seinem grundsätzlichen Protest gegen alles irdisch Vorfindliche. Kein Mensch oder Ereignis entgeht seinen Versuchen, sie intellektuell ad absurdum zu führen oder zumindest in ihrem Bestand zu relativieren. Die Gesamtheit der irdischen Erscheinungen stellt sich ihm als ein großes Paradoxon dar, das er durch seine sophistische Intellektualität noch zusätzlich verstärkt.

Wenn wir zu seiner Beschreibung das Bild des janusköpfigen Herrschers Saturn zu Hilfe nehmen, so kann der Native sich im unerlösten Zustand nicht auf dessen doppelte Perspektive ausrichten. Er schaut stattdessen mit verdrehtem Kopf, schiefem Hals und verzerrtem Blick in die Welt. Seine uranischen Komponenten lassen ihn seine Perspektiven so oft und plötzlich ändern, daß eine ruhige Rezeption des Gesehenen und dessen Verarbeitung nicht möglich ist. Eigentlich weiß der Native nicht, wo »ihm der Kopf steht«. Uranus stellt den Betroffenen unter eine permanente geistig-intellektuelle Hochspannung, deren Energien sich jedoch mangels einer eindeutigen Ausrichtung nicht zur Tat verdichten können.

Die Blüte *Water Violet* stellt bei dem Nativen wieder einen direkten Kontakt zu seinen Mitmenschen her. Der Betroffene überwindet seine Überheblichkeit und Isolation und kann wieder zu einem kompetenten Berater oder Mitarbeiter werden. *Water Violet* involviert den Betroffenen wieder in die allgemeinen sozialen Belange. Mit der Hilfe der Blüte *Water Violet* kann der Native die ihn umgebende Glaswand durchbrechen und emotionale Kontakte zulassen. Seine vorher stolze Zurückhaltung weicht einer toleranten, souveränen, vorbildlichen und zuversichtlichen Lebenshaltung, aus der heraus er in aller Bestimmtheit, aber unaufdringlich, gewissenhaft und in Demut und Weisheit handeln kann. Je mehr der Betroffene im unerlösten Zustand noch unter dem »alten« Saturneinfluß steht, um so mehr wird er sich durch starre, unbeugsame Ansichten und einem vehementen Streben nach Erfolg und Perfektion auszeichnen. Er wird sich dann einer äußerst strengen, körperlichen und geistigen Disziplin unterwerfen und sich bedingungslos seinen utopischen Ideologien unterordnen. Wenn es im Steinbock darum ging, die »erdig«-kristallinen Strukturen (den Buchstaben des Gesetzes) aufzuweichen, so geht es nun im Wassermann darum, die »luftig«-kristallinen Strukturen (den Geist des Gesetzes) wieder mit neuem Leben zu erfüllen. Dies geschieht am besten mit *Rock Water*. Durch das klare Quellwasser öffnet sich der Geist des Nativen und findet ebenso wie der Körper wieder zu einer flexiblen Lockerheit. Durch *Rock Water* kommt die idealistische Grundhaltung des Wassermann-Geborenen zu ihrer besten Wirkung. *Rock Water* »verwischt« im besten Sinne die Grenzlinie zwischen Theorie und Praxis.

Die im Wassermann-Geborenen wirkenden uranischen Kräfte lassen ihn immer wieder unüberlegt, übereilt und ungeduldig reagieren. Sein starker Drang nach persönlicher Unabhängigkeit hindert ihn, sich diszipliniert und ausdauernd mit Menschen oder Aufgaben einzulassen. Die Blüte *Impatiens* wird diesen inneren Spannungszustand entspannen, der Betroffenen lernt wieder, »durchzuatmen« und zu einem ausgewogenen Lebensrhythmus zu finden.

Bei den Wassermann-Geborenen, die noch nicht ihr inneres Lebensziel erkannt oder erreicht haben, besteht eine gewisse Abhängigkeit von äußeren Beeinflussungen. Der Native vermag in diesem Zustand die geistige Ideenfülle eines Uranuseinflusses noch nicht selbst zu organisieren und zu regulieren. Um sich gegen negative äußere Beeinflussungen abzuschirmen, bietet die Blüte *Walnut* Schutz. Der Betroffene lernt durch sie, aus der Vielfalt seiner geistigen Möglichkeiten und Ziele die für ihn richtige Wahl zu treffen und sich auch zu ihr zu bekennen. Durch *Walnut* schafft der Native nach innen zu sich selbst und nach außen zu seinen Mitmenschen den entscheidenden Durchbruch.

Eine gleichfalls mögliche Variante des unerlösten Zustandes – unklare Zielvorstellungen, ein ewiges mehr oder weniger erfolgreiches Ausprobieren unterschiedlicher Lebensformen – kann mit der Blüte *Wild Oat* positiv korrigiert werden. *Wild Oat* »klärt« die Ideenwelt des Betroffenen und ermöglicht es ihm, in der konkreten Umsetzung seiner Talente und Fähigkeiten eine für ihn endgültige Entscheidung zu treffen und sie auch in die Tat umzusetzen.

## Mond in Wassermann oder im 11. Haus

Eine der Hauptursachen für die Herausbildung eines unerlösten Zustandes unter dieser Konstellation liegt darin, daß der Betroffene sein Denken und Fühlen nicht in einen harmonischen Einklang bringen kann. Die im Zeichen liegende Kombination zwischen dem Element Luft und dem männlichen Geschlecht schließt die Welt der Gefühle, die Welt der Seele aus. Den Nativen umgibt eine Aura gefühlsmäßiger und seelischer Unberührtheit. Da sich der Native selbst als irgendwie von seinem Körper getrennt erlebt, fällt es ihm auch schwer, in Partnerschaften einen echten sensuellen Körperkontakt herzustellen. In seinem Bewußtsein fühlt sich der Betroffene immer als etwas Besonderes, als über der Norm stehend. Es fällt ihm deshalb schwer, vor allem auf der sexuellen Ebene, das zu tun, was alle tun. Der Betroffene neigt dazu, seine Partner zu idealisieren, und löst sie dadurch aus ihren irdisch-menschlichen emotionalen Bindungen heraus. Unter diesem Zeichen finden wir regelmäßig die »unverstandene« Frau oder den »unverstandenen« Mann. Beide warten unbewußt auf das alles erlösende Wort, das sie von den irdisch-triebhaften Fesseln befreit und endgültig in nur noch geistige Höhen emporhebt. Typischerweise entstehen dadurch Partnerschaften, die weniger durch Liebe und Zärtlichkeit geprägt sind, sondern mehr auf der Ebene der Kameradschaft »funktionieren«.

Um sich seine emotionale Unberührtheit zu erhalten, wird der Betroffene darauf achten, sich gefühlsmäßig und seelisch nicht allzu intensiv zu binden. In häufig wechselnden Partnerschaften glaubt er die Gewähr dafür zu haben, daß sein Wunsch nach gefühlsmäßiger Distanz sich leichter erfüllt. Wird er jedoch wirklich einmal von starken emotionalen Leidenschaften überwältigt, versucht er sie so schnell wie möglich durch ihre Rationalisierung wieder in sich abzutöten. In der Summe stellt sich der unerlöste

Zustand so dar, daß der Betroffene im Bewußtsein lebt, zu nahe am Himmel zu sein, um sich mit der Erde einzulassen oder verbünden zu können. Dünkel und Herablassung lassen ihn seine Mitmenschen eher verachten als lieben.

Aus dieser Lebenshaltung eines Sonderlings kann die Blüte *Water Violet* den Betroffenen befreien. Sie führt ihn aus seiner emotionalen Isolation, holt ihn gleichsam aus den Wolken auf die Erde zurück. Wo immer Partnerschaften darunter leiden, daß der Native eine Art gläserner Wand um sich herum aufbaut, hilft die Blüte *Water Violet* diese Gefühlskälte aufzutauen. *Water Violet* vermindert die rationale Kontrolle der Emotionen. Der Native kann von seinem geistig-intellektuellen Podest heruntersteigen und sich der gefühlsmäßigen »Normalität« irdischer, körperlicher, sinnlicher und sexueller Hingabe erfreuen.

In den Fällen, in denen der Native im unerlösten Zustand seine Zuflucht in einer extremen körperlichen Ertüchtigung sucht, sich selbst »in Form hält«, um sich vor sinnlich-körperlichen Kontakten zu schützen, wird *Rock Water* ihn aus diesen Zwängen befreien. Aus der wiedergefundenen sinnlichen Lebensfreude ist der Betroffene nicht länger gezwungen, sich nur deshalb körperlich so zu kasteien, um, wenn Gefühle, Sinnlichkeit und Sexualität von ihm erwartet werden, »einfach zu müde dafür« zu sein. *Rock Water* macht dem Nativen wieder die sinnlichen Freuden des Lebens, die Wärme und Tiefe der Gefühle und die Bereitschaft, sie mit anderen Menschen zu teilen, zugänglich. Durch beide Blüten verliert der Betroffene seinen kompensatorisch vorgeschobenen »Kameradschaftsgeist« und findet zu einer emotional erfüllten Partnerschaft.

**Aszendent Wassermann**

Aus seinem ureigensten »Rollen«verständnis fühlt sich der Wassermann-Aszendent eigentlich nicht in irdische »Spiele« involviert. Genau genommen vermittelt er seiner Umwelt den Eindruck, nur ein irdisches Gastspiel zu geben. Sein Auftreten ist geprägt von einer Aura des Außerirdischen, Abgehobenen, Besonderen und Einmaligen. Sowohl auf der Lebens- wie auch auf der Theaterbühne spielt der Native die Rolle eines Stargastes. Er erscheint, spielt, verkündet, entwickelt Utopien und verabschiedet sich wieder. Es ist weit unter seiner Würde, sich mit seinen Mitmenschen »gemein« zu machen. Herablassend und arrogant umgibt er sich mit einer Mauer unnahbarer geistiger Größe und entzieht sich jeglicher Diskussion seiner meist irrationalen Ideen, weil er einfach nicht daran glaubt, daß man ihn überhaupt verstehen kann. Wenn er schon »seine Perlen vor die Säue wirft«, möchte er nicht auch erklären, beweisen, argumentieren und überzeugen müssen. Im Wesen des Nativen liegt etwas von einer Primadonna, doch seine geistig-intellektuellen Arien wirken trotz, oder gerade wegen ihrer Reinheit irgendwie gläsern, unlebendig. Ihre formale, originelle Schönheit bewegt den Verstand, das Herz bleibt jedoch unberührt.

Im Bewußtsein und Verhalten des Nativen drückt sich sehr deutlich aus, wie enggesteckt die Grenzen gefühlsmäßiger Anteilnahme bei allen Menschen sind. Mit seinem Geist vermag der Mensch die Welt und den Kosmos zu durchdringen. Mit seinen Gefühlen dagegen vermag er lediglich im engsten Radius seine Nächsten zu erreichen. Es ist daher nicht verwunderlich, daß der Mensch durch großes Leid (Tausende von Opfern bei einem Krieg oder einer Naturkatastrophe) kaum berührt wird und es auch relativ wenig nachvollziehen kann. Gleichzeitig vermag jedoch ein wesentlich geringeres Leid in seiner unmittelbaren Umgebung in ihm große Anteilnahme auszulösen.

Seine innere Distanz zur Welt und den Menschen zeigt sich sehr deutlich an für ihn charakteristischen Verhaltensweisen. Selten oder ungern wird sich ein Wassermann-Aszendent in die Mitte einer Gruppe setzen. Er bevorzugt einen Platz an der Peripherie, an der Tür oder am Fenster, wo er leicht entschwinden kann. Immer wieder zu spät zu kommen, ist notorisch bei ihm. Er demonstriert damit seine Sonderstellung, die »Extrawurst«. Im Beruf fungiert er als der typische »Quereinsteiger«. Er fasziniert mit Originalität, Exzentrik und phantastischen Ideen, die »Ochsentour« zum beruflichen Erfolg überläßt er anderen. Wo immer es möglich ist, betont er sein Anderssein und schafft damit um sich ein zwar kameradschaftliches, aber kein herzliches Klima.

Wenn der Löwe-Aszendent in höchster Subjektivität nur von sich spricht, so klammert der Wassermann-Aszendent sein Ich aus und bleibt »objektiv«. Seine Gegenwart wirkt immer elektrisierend. Im unerlösten Zustand sendet er jedoch eine Energie aus, auf die irdische Stecker und Leitung nicht adaptiert sind. Sein Funke, seine Ideen zünden zwar, aber sie verursachen einen Kurzschluß. Der von dem Nativen ausgehende Strom erzeugt weder Wärme, noch wird durch ihn etwas in konkrete Bewegung gesetzt.

Unter den Bach-Blüten entzündet *Water Violet* in dem Nativen eben dieses Feuer, das auch Wärme erzeugt. Bildlich gesprochen, holt *Water Violet* den Betroffenen von seinem Podest herunter und hilft ihm, die ihn umgebende Glaswand zu durchbrechen. Das Ende des Märchens vom »Schneewittchen« erzählt sehr plastisch, worin die Wirkung von *Water Violet* liegt. Das überirdisch schöne, »tote« Schneewittchen liegt in einem Glassarg. Der unsterblich in sie verliebte Prinz will das Mädchen auf sein Schloß bringen. Dann heißt es: »Der Königssohn ließ sie nun von seinen Dienern auf den Schultern forttragen. Da geschah es, daß sie über einen Strauch stolperten, und von dem Schüttern fuhr der giftige Apfelgrütz aus ihrem Hals.« Für den Wassermann-Aszendenten heißt dies: Er muß stolpern, mit der Erde in Berührung kommen, sich an ihren garstigen Sträuchern reiben, durch sie fallen, »erschüttert« werden, er muß den giftigen Apfel der Arroganz und des Hochmutes ausspucken, um aus seinem gläsernen Sarg befreit zu werden.

Gegen die im unerlösten Zustand oft begleitend auftretende mentale Überreizung und Ungeduld hilft dem Betroffenen die Blüte *Impatiens*. Seine abgehobenen Ideale können durch *Rock Water* wieder in die Realität eingebunden werden. Im Zusammenwirken dieser drei Blüten gelingt es den Betroffenen, sich wieder zu erden und ihre Gefühle zu entdecken.

### Südlicher Mondknoten im 11. Haus

Die enge zeitliche Koinzidenz zwischen der Entdeckung des Uranus und der Französischen Revolution hat nicht unwesentlich zur Charakterisierung der Symbolik dieses Planeten beigetragen. Folgt man dieser bewährten Interpretationsanalogie, so scheinen Menschen mit dem Südlichen Mondknoten im 11. Haus geradewegs aus der Revolution zu kommen. Für diesen karmischen Hintergrund gibt es keinen passenderen Ausdruck als die die damalige Welt erschütternde Forderung nach »Freiheit, Gleichheit und Brüderlichkeit«. Eine aus historischer Sicht utopische Idee, die Befreiung des Menschen aus der Gewalt des Menschen, eroberte die Welt. Die revolutionären Verkünder schienen Abgesandte einer höheren Macht zu sein. Das Prinzip der universellen Freiheit wurde zum Leitbild einer Epoche. Sein in die Tat umgesetzter Geist tötete viele, um alle zu befreien. Überträgt man diese Kriterien auf ein Individuum mit dieser Mondknotenachse, so sind wir mit einer Persönlichkeit konfrontiert, deren oberstes Lebensziel in einer größtmöglichen kreativen Freiheit besteht.

Im unerlösten Zustand resultieren daraus Verhaltensweisen, die den Betroffenen zwanghaft dazu anhalten, immer beliebt zu sein, immer im Mittelpunkt zu stehen, sich um jeden Preis mit anregenden, originellen Menschen umgeben zu müssen. Immer auf der Suche nach einer idealen Gruppe, der er sich anschließen kann, kann der Betroffene seine eigenen Ziele infolge zu breit gestreuter geistiger Interessen nicht selbst festlegen. Statt dessen gliedert er sich in schon bestehende Gruppierungen ein. Dies entlastet ihn davon, für sich und seine Ideen selbst verantwortlich zu sein. Er fühlt sich in seiner Funktion in der Gruppe selten als Urheber, vielmehr »nur« als Mitglied oder Mitläufer.

In Erinnerung an seine karmische Vergangenheit entwickelt der Native ein Selbstgefühl der Besonderheit, der Überlegenheit, das ihn unfähig macht, sich gefühlsmäßig und seelisch an andere Menschen zu binden. Sobald partnerschaftliche Bindungen den Rahmen des Kameradschaftlichen überschreiten, wird der Native von der Angst befallen, emotional ausgesaugt zu werden. Er möchte sich um keinen Preis in eine Situation oder auf einen Menschen intensiv einlassen. Sein Traum ist, ohne Verpflichtungen zu leben. Da er jede Eindeutigkeit vermeidet, findet er selten zu klaren, direkten beruflichen oder partnerschaftlichen Orientierungen. Er probiert, er testet, er verwirft, ist uranisch entflammt, um sprunghaft im nächsten Augenblick schon wieder ein neues Ziel anzusteuern. Indem er sich weigert, seine Ziele selbstschöpferisch und eigenständig zu erreichen, sind seine Lebensäußerungen der Willkür vielfältiger Einflüsse ausgesetzt. Verzweifelt sucht er sein inneres Ziel im Außen, in der Gesellschaft, in der Gruppe, in der Spannung des freien, unverantwortlichen geistigen Austausch zu finden.

Die typischen Wassermann-Blüten helfen hier, zu einer individuellen Mitte zu finden. *Water Violet* relativiert die karmischen Erinnerungen an vergangene Unabhängigkeit, Einmaligkeit und geistiges Sendungsbewußtsein. Der herablassende Stolz, die Arroganz und die Überlegenheitsgefühle weichen durch *Water Violet* einer echten geistigen Souveränität. Die Blüte setzt in dem Nativen eben die kreativen Kräfte frei, mit deren Hilfe er in Demut sein neues Persönlichkeitsbild aufbauen kann. *Water Violet* nimmt dem Betroffenen seine Abhängigkeiten vom Beifall anderer und schenkt ihm eine eigene stabile Würde.

Mit der Blüte *Wild Oat* lernt der Betroffene, klare Zielvorstellungen für sich zu entwickeln. Sein Ehrgeiz wird befriedigt, weil er nun fähig ist, die richtige Wahl zu treffen, um seine Fähigkeiten sinnvoll und erfolgreich einzusetzen. Durch *Wild Oat* lernt der Native, auf die in ihm liegende kreative Autarkie zu vertrauen und ihre Gebote handelnd umzusetzen. Gegen bestehende innere Verunsicherungen wird die Blüte *Walnut* empfohlen. Sie vermittelt dem Nativen die notwendige Eigenverantwortlichkeit, um sein gegenwärtiges Leben zu gestalten.

Solange der Native »ankommen« und beliebt sein möchte, wird er sich sehr starken persönlichen Zwängen unterwerfen, um dem Bild der von ihm idealisierten Gruppe zu entsprechen. Durch *Rock Water* wird er sich des inneren Widerspruchs in seinem Verhalten bewußt, einerseits die größtmögliche Freiheit anzustreben, andererseits sich aber extremen Zwängen zu unterwerfen. *Rock Water* erlöst ihn aus dieser schizophrenen Desorientierung, und er kann wieder beginnen, Schritt für Schritt zu seinem wahren Selbst zu finden. Durch das von außen zugeführte Wasser entsteht ein Nährboden in ihm, auf dem sich seine Individualität, seelischer Reichtum, Verantwortung, klare Zielvorstellungen und tatkräftiges Handeln entfalten können.

**Transite von Saturn, Uranus, Neptun oder Pluto über das 11. Haus**

Transite über das 11. Haus berühren im evolutionären Werdeprozeß eines Individuums einen Bereich, den man bildhaft mit dem Begriff »Weite« umschreiben könnte. Weite steht dabei für innere Vorgänge wie Grenzüberschreitung des Ich, Einbeziehung der subjektiven Anteile einer Persönlichkeit in den Rahmen einer größeren sozialen Ordnung. Zugleich dient dem Individuum diese Weite aber auch als Projektionsfläche für seine Ideale, seine Wünsche und seine Hoffnungen. Mit kardinalem, männlichem Impuls projiziert sich das Individuum in die objektive Welt. Die damit verbundenen Entwicklungsschritte werden im wesentlichen von folgenden Fragen ausgelöst: Wo ist mein Platz in der Gesellschaft? Welchen Zweck erfülle ich in der Gesellschaft? Was muß ich der Gesellschaft geben und in ihr leisten? Was sind meine Ideale? Wohin reichen meine Wünsche und Hoffnungen? Wie bewältige ich die »Paradoxie«, Einzelmensch und zugleich Massenmensch zu sein? Wie verbinde ich Subjektivität und Objektivität zu einem sinnvollen Dritten?

Wenn in der Trivialastrologie das 11. Haus oft generalisierend als Haus der »Freunde« interpretiert wird, wird dabei leider die erweiterte Symbolik der projizierten »Hoffnungen und Wünsche« unterschlagen. Dies ist insofern fahrlässig, weil vor allem im unerlösten Zustand eben diese Projektionen oft die einzigen »Freunde« des Betroffenen sind. Und dies auch meist noch zu seinem eigenen Schaden.

Unter einem Saturn-Transit wird der Native zu einer Bilanz dessen aufgefordert, was er im 10. Haus in die Öffentlichkeit getragen hat, wie er mit dem damit verbundenen Erfolg oder Mißerfolg umgeht. Hat der Betroffene bisher versäumt, seine Aktivitäten, vor allem im Beruf und im öffentlichen Leben, in den Dienst einer sozialen Gemeinschaft zu stellen, so wird er nun erfahren, daß seine Arbeit zunehmend an öffentlicher Akzeptanz verliert. Freunde, Mitarbeiter und Partner werden auch bisher scheinbar erfolgreiche Projekte in Frage stellen, oder die Umstände des »Zeitgeistes« stellen sich gegen den Betroffenen. Persönliche und gesellschaftliche Interessen werden zunehmend auseinanderdriften. Kompensatorisch befreit sich der Native von den Forderungen nach einer Integration, indem er überwertig seine Individualität betont. Den ausbleibenden Anklang und Beifall in der Gemeinschaft kompensiert er mit einer gesteigerten Überheblichkeit, mit Stolz und einer noch unnachgiebigeren Verteidigung seiner Ansichten und Pläne. Er umgibt sich und seine Projekte mit einer Mauer der Unnahbarkeit, die jeden Zweifel im Keim ersticken soll. Für den Fall, daß der Native sich und seine Arbeit schon positiv in die Gemeinschaft integriert hat, zieht er im unerlösten Zustand daraus den falschen Schluß, sich in noch weitergehenden und utopischeren Plänen ausleben zu können. Wenn dem dann durch Saturn Grenzen gesetzt werden, wird dies der Native im unerlösten Zustand nicht als einen Hinweis zur Beschränkung ansehen, sondern als eine Aufforderung, den Rahmen seiner Wünsche und Hoffnungen noch weiter zu spannen. Wo dies im Äußeren nicht zu realisieren ist, werden zwanghaft innere Wünsche freigesetzt. Der Betroffene verzehrt sich dann nach dem »Unerreichbaren«, das für ihn ganz konkrete Formen annimmt: das Landhaus auf der Klippe am Meer, der Lottogewinn in Millionenhöhe, das heißersehnte erste Kind, die öffentliche Ordensverleihung, die internationale Sportmedaille, die Aufnahme in eine Loge oder ähnliches. Nun mag man sagen, daß solche Wünsche und Hoffnungen ja eigentlich nichts besonderes sind. Vielen Menschen wurden sie ja bereits erfüllt. Ihre Hypertrophie liegt einzig darin, daß sie den individuellen Rahmen des Betroffenen sprengen. Sie erfüllen nicht – noch nicht – das Kriterium einer inneren Notwendigkeit für den Nativen.

Auf einen Uranus-Transit über das 11. Haus reagieren die meisten Menschen mit Angst oder innerer Versteifung. Wenn Uranus über seinem eigenen Haus mit Blitz und Donnerschlägen nicht nur irdisch utopische, sondern auch kosmische Räume öffnet, fühlt sich der Betroffene in der Regel diesen radikal neuen Anforderungen nicht gewachsen. Die plötzliche innere Affinität zu revolutionären politischen Ideen, zu Gruppen, die sich entschieden sozial engagieren, zu interessanten Menschen, die originelle Ideen und Projekte an ihn herantragen, wird er innerlich abwehren und durch verstärktes Beharren auf dem Herkömmlichen beantworten. Die Starre der von ihm dann vertretenen Ansichten wächst proportional mit der Angst vor der gewünschten, aber nicht zugelassenen Neuorientierung.

In allen Fällen, in denen der Betroffene andererseits wagt, den uranischen Impulsen nachzugeben, wird er im unerlösten Zustand weit über das Ziel hinausschießen. Erfüllt von einem umstürzlerischen Idealismus, wird er versuchen, »die Welt zu verändern«. Seine revolutionären Ideen entführen ihn jedoch so weit ins Utopische, daß er keine Gefolgschaft für sie findet. Kompensatorisch wird er auf all die »Zurückgebliebenen« mit Arroganz und Überheblichkeit herunterschauen und zunehmend gesellschaftlich isoliert seine Doktrinen in den leeren Raum verkünden. Insofern eine Abreaktion der uranischen Einflüsse in der Außenwelt nicht möglich sind, wird die innere Wunschwelt des Betroffenen unter Strom gestellt. Im unerlösten Zustand gaukelt ihm Uranus dann eine nie gekannte Freiheit des Denkens und des sozialen Lebens vor. Sie katapultieren ihn gleichsam in eine andere Welt, aus der er wiederum nur von »oben herab« auf die Welt herunterschauen kann. Sein Stolz verbietet es ihm, sich mit anderen Menschen geistig-intellektuell »gemein« zu machen. Stoisch erträgt er seine Isolation und versucht, durch zwanghafte Selbstkasteiung und Askese in immer noch höhere geistige oder religiös-spirituelle Gefilde aufzusteigen. Im Geiste dem Universum vermeintlich nahe, sucht er den Himmel auf die Erde zu ziehen und sich zum Verkünder ewiger Wahrheiten zu etablieren.

Wenn selbst in den konkretesten Wünschen und Hoffnungen ein Kern des Unbestimmbaren, des Vorläufigen, des Irrationalen enthalten ist, unter einem Neptun-Transit entwickeln sie sich leicht zu reinen Chimären. Die Flut der inneren Bilder, die dem Betroffenen suggerieren, wer er sein könnte, wenn er ihnen nur folgte, löst im unerlösten Zustand zwei mögliche Reaktionen aus: Entweder folgt der Native den verheißungsvollen Verlockungen, in eine unbekannte geistig-spirituelle Welt aufzusteigen, sich in den Kosmos zu integrieren, dann verfällt er in der Regel falschen Gurus oder nicht minder unerlösten esoterischen Zirkeln. Oder er verweigert seinen Träumen aus einer Losgelöstheit von allen sozialen Verpflichtungen die Gefolgschaft, dann verbarrikadiert er sich hinter seinen starren Ansichten und entzieht sich damit den neptunischen Angeboten.

In beiden Varianten verhindert seine Kompensation durch Übertreibung oder Verweigerung eine lebendige geistig-spirituelle Integration in die Gesellschaft ganz allgemein bzw. in eine religiöse, philosophische oder weltanschauliche Gruppierung. Im unerlösten Zustand verweigert der Betroffene das von ihm geforderte neptunische Opfer der Demut, des realen und ideellen Dienstes an den Menschen seiner Umgebung. Der Native verharrt stattdessen in einer Außenseiterrolle. Seine unklaren Zielvorstellungen machen ihn im unerlösten Zustand zu einem willkommenen Opfer für alle mysteriösen Heilslehrer. Möglich ist auch, daß er sich selbst zum Guru stilisiert. In beiden Fällen ist er – passiv oder aktiv – den Folgen einer geistig-spirituellen und fast immer auch einer finanziellen Manipulation und Betrügereien ausgesetzt.

Der mit einem Pluto-Transit immer verbundene Akt einer Metamorphose stellt das Individuum vor die Aufgabe, seine im zyklischen Ablauf bisher gewonnene Objektivität zurückzubinden in die Gemeinschaft, sich auf einer höheren Ebene sozial zu integrieren. Dieser Prozeß wird am leichtesten deutlich, wenn wir nochmals auf die bereits vorgestellte Grafik der sieben Kreise verweisen.

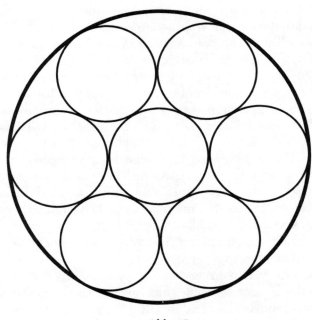

Abb. 15

Die Symbolik der Grafik enthält alle Faktoren, die als Aufgabe bestehen, im unerlösten Zustand jedoch verweigert werden. Der innerste Kreis, das objektiv gewordene Subjekt, der individuelle

Mensch, muß sich mit sechs anderen Kreisen, ebenfalls in sich objektiv gewordenen Subjekten, individuellen Menschen, umgeben, um gemeinsam den Großkreis der sozialen Gemeinschaft, der Gesellschaft zu bilden. Die dafür wichtigen Kriterien sind: Alle Kreise sind objektiv gleich, sie verfügen über den gleichen Radius, den gleichen Umfang und Inhalt. Sie müssen sich gegenseitig berühren, ohne miteinander zu verschmelzen. Der jeweils zwischen ihnen liegende Raum trennt sie nicht, sondern schafft den quantitativen und qualitativen Übergang zur übergeordneten Einheit des Großkreises. Übertragen auf die Aufgabe des Transits heißt dies: Der Betroffene soll Kontakt aufnehmen, soll sich einbinden in die Gemeinschaft von Gleichen. Unter der Wahrung des eigenen Bestandes soll er sich in ein übergeordnetes System – Familie, Staat, Gesellschaft – integrieren. Die in »Brüderlichkeit« vollzogene Vereinigung der »Gleichen« führt zur »Freiheit«.

Für die unterschiedlichen Formen der Verweigerung der Aufgaben dieses Pluto-Transits im unerlösten Zustand werden im einzelnen folgende Bach-Blüten empfohlen. Die Blüte *Water Violet* in allen Fällen, in denen der Betroffene sich dünkelhaft, herablassend und mit dominanter Überheblichkeit seiner Aufgabe entzieht. *Rock Water* in allen Fällen, in denen er in seinen althergebrachten Ansichten und Theorien verharrt, in denen er sich durch selbst auferlegte Zwänge einer geistigen und sozialen Höherentwicklung entzieht. Die Blüte *Wild Oat*, in allen Fällen, in denen der Betroffene durch die Unbestimmtheit, durch die Konturlosigkeit seiner Ideale, Wünsche und Hoffnungen an deren konkreter Realisation scheitert, wo sein intensiver, zwanghafter Wunsch nach Besonderheit ihn daran hindert, sich in Gleichheit und Brüderlichkeit eine subjektiv-objektive Freiheit zu erobern. Die Blüte *Walnut*, wenn z.B. neptunische Einflüsse ihn in seinen Zielvorstellungen verunsichern, wenn nur noch der letzte Schritt zum Durchbruch zu einer neuen Lebensperspektive getan werden muß.

## Gesundheitliche Implikationen

Über seine beiden Herrscherplaneten Saturn und Uranus erwachsen dem Wassermann-Geborenen gesundheitliche Beschwerden in folgenden Bereichen: Entsprechend seiner evolutionären Aufgabe, den »Sprung« in die Transzendenz zu wagen, entstehen körperlich analog Beschwerden in den Waden und Unterschenkeln, den Körperteilen also, die uns zum Sprung befähigen. Unter Saturneinfluß entstehen Thrombosen und geschwollene Beine, unter Uranus Wadenkrämpfe und innere Entzündungen in diesen Bereichen. Der uranische Einfluß führt weiterhin zu allen Beschwerden, die ohne erkennbare Ursache, plötzlich auftreten. Dazu gehören vor allem Infarkte und Embolien, da dem Wassermann auch der Blutkreislauf zugeordnet ist, ebenso die Diskoordination der Produktion roter und weißer Blutkörperchen, Leukämie, bzw. Störungen der dafür verantwortlichen Organe Milz und Knochenmark.

# 230 Dritter Teil: Zeichen, Planeten und Häuser

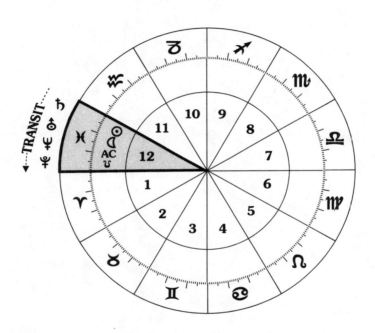

## Fische, Neptun (Jupiter) und 12. Haus

*Astrologische Konstellationen:*

Grundkonstellationen: Sonne oder Mond in Fische oder im 12. Haus, Aszendent Fische, Südlicher Mondknoten im 12. Haus

Zeitliche Auslösungen: Transite von Saturn, Uranus, Neptun oder Pluto über das 12. Haus

Empfohlene Bach-Blüten: *Clematis, Centaury, Aspen, Larch, Wild Oat, Honeysuckle, Mustard, Wild Rose, Sweet Chestnut*

*Erlöster Zustand:*

Alles verstehen, alles verzeihen können, der Priester, das Medium, der Gnadenspender, der Helfer, Dienst am Nächsten, der Heiler, das unbegrenzte Empfinden, die gelebte Beziehung zum Unbewußten, die sich konkretisierende Phantasie, der Bejaher der Welt und des Kosmos, die Hingabe, selbstlos, das Erfassen der geistigen Welt, das karmische Bewußtsein, die lebendige Verbindung zwischen Vergangenheit und Gegenwart, innere Führung durch Selbstvertrauen, die Berufung, meistert sein Leben

*Unerlöster Zustand:*

Der Träumer, der nicht erwachen will, das potentielle Opfer, der Marodeur des Lebens, der Märtyrer, Erniedrigung, Drogen, hypersensibel, geistig-spirituelle Überflutung, steht nicht auf eigenen Füßen, der abhängige Dulder, in einer Traumwelt leben, fatalistisch, kann sich nicht entscheiden, unrealistisches Wunschdenken, uferlose Erwartungen, vage Vorahnungen, willensschwach, wird leicht ausgenutzt, der Tagträumer, wenig Selbstvertrauen, Melancholie, unbestimmte Lebensziele, apathisch

## Symptomatik im unerlösten Zustand

### Sonne in Fische oder im 12. Haus

Um die positive wie negative Fische-Thematik besser zu verstehen, erscheint es sinnvoll, nochmals auf die im 1. Kapitel vorgestellten Grafiken der beiden kosmisch-irdischen Halbsonnen hinzuweisen und aus ihnen einige Gedanken abzuleiten. Unter welchem Gesichtspunkt man auch immer die beiden kosmisch-irdischen Halbsonnen betrachtet, im Zeichen Fische führen alle Entwicklungsprozesse zu einem Ende, die Kreise schließen, verdichten und erhöhen sich zur Vollendung. Im klassischen logischen Dreischritt vollendet sich die Behauptung der Geburt – die These in Widder – im Durchgang durch die Frage nach dem Leben – die Antithese in Jungfrau – in der Synthese mit der Antwort: dem Tod in Fische. Die Grafik macht aber auch deutlich, daß es mit dem Tod nicht zu Ende ist. So, wie die Geburt »aus« etwas erfolgt, geht der Tod »in« etwas über, »aus« dem wir wieder geboren werden. Wie eine nichtendende lebendige Nabelschnur windet sich die Sinuskurve um die Achse der Zeit. Die Aufgabe der Fische-Geborenen besteht darin, eine Antwort zu geben bzw. die Antwort zu sein. Überträgt man diesen Gedanken in den Alltag unseres Denkens und Handelns, so wird deutlich, wie schwer diese Aufgabe zu bewältigen ist. Wie schnell sind wir bei der Hand mit Behauptungen, wie vielfältig sind unsere Fragen, und wie selten finden wir eine Antwort. Daß die rechten Antworten nur im unvergänglichen Geist liegen können, wird aus der aufsteigenden »Achse des Geistes« ersichtlich (siehe 1. Kapitel).

Aus dem bisher Gesagten und in den Grafiken Gezeigten wird deutlich, daß es sich bei den Fische-Geborenen um Grenzgänger handelt. Es sind im einzelnen jedoch nicht die berühmten »zwei

Seelen in meiner Brust«, die ihn zum Grenzgänger machen, sondern der eine lebendige Geist, der ihn schon, wie in einem Sog, mit der transzendenten Welt verbindet. In der Reaktion auf diesen Sog, dem sich der Native nicht entziehen kann, entwickelt er im unerlösten Zustand zwei unterschiedliche Persönlichkeitsstrukturen. Zum einen den passiven Tagträumer, zum anderen den unersättlichen Marodeur des Lebens. Um diesen Widerspruch zu verstehen, ist es sinnvoll nochmals – wie schon bei der Wassermann-Thematik – auf die »Alten« zurückzugreifen. Bis zur Entdeckung des Neptun wurden die Fische von Jupiter regiert. Die unterschiedlichen Qualitäten seiner Herrschaft in Schütze und in Fische ergeben sich aus den jeweils die Zeichen noch bestimmenden Faktoren. In Schütze: feurig, männlich, d. h. mit verzehrender Energie den Geist anstreben. Dagegen in Fische: wäßrig, weiblich, d. h. den Geist unbegrenzt empfangen.

Verdichten sich in einem Individuum die Neptun-Anteile, so begegnet es uns als Tagträumer, verdichten sich dagegen die Jupiter-Anteile, so begegnen wir dem Marodeur, der dem jupiterhaften Drang zur Expansion keinen Einhalt gebieten kann. Dies sind dann die Fälle, in denen eine oberflächliche Astrologie von einem ganz und gar »untypischen« Fisch spricht und erklärend auf einen scheinbar bestimmenden Aszendenten verweist. Die neptunisch geprägte Persönlichkeit hat im unerlösten Zustand keinen »physischen« Leib gebildet. Gefühle, Träume und Phantasien fluten durch sie hindurch und lassen sie immer wieder als nicht von dieser Welt erscheinen. Ihre Lebensäußerungen gleichen denen eines Kindes, das auch in allen Lebenslagen Nachsicht und Hilfe fordert. Ähnlich wie der Krebs-Geborene verwandelt der Fische-Geborene seine Schwäche jedoch zu einer Waffe. Seine Macht beruht auf einer gleichfalls »weichen« Aggressivität. Um sich den Kampf des Lebens und den Durchbruch zu seinem höheren Selbst zu ersparen, stilisiert er sich zum Opfer und richtet sich in der Erniedrigung ein. Wo immer es gilt, anzupacken, aktiv zu sein, handelnd einzugreifen, verweist er auf seine fünf linken Daumen an jeder Hand. Seine Art zu denken und zu handeln hat sehr viel Ähnlichkeit mit den Techniken asiatischer Kampfsportarten. Dort setzt man einer bedrohlichen Energie keinen Widerstand entgegen, sondern läßt sie gleichsam ins Leere laufen und wendet diese Energie dann durch eine unvermutete Wendung gegen sich selbst. Der Fische-Geborene folgt dieser sehr wirkungsvollen Kampfmethode jedoch nur zum Teil. Anstatt eines, die Energie gegen sich selbst umkehrenden Eingriffs läßt er diese Energie einfach so lange durch sich hindurch gehen, bis sie ganz von selbst ihre Kraft aufgezehrt hat. Dies manifestiert sich dann bei dem Nativen als eine schier unbegrenzte Leidensfähigkeit. Die Grenzen dessen, was er zu erdulden bereit ist, sind derart weit gesteckt, daß daraus oft ein lebenslanges Martyrium entstehen kann. Eigene Sorgen und Erniedrigungen durch andere scheint er wie ein Schwamm (Element Wasser) aufzusaugen. Diese Aufnahmefähigkeit von Leid wird nicht selten durch Alkohol, Drogen oder Tabletten noch gefördert. Die künstlichen Welten, in denen er lebt, werden dadurch noch künstlicher. Der materielle Verlust kann dabei so weit gehen, daß der Native nur noch wie ein Kanal, wie ein Medium funktioniert. Alle positiven wie negativen Botschaften fließen nur durch ihn hindurch, ohne im Kanal, im Medium eine nachweisbare Spur von Aktivität, von Reibung, von Energie und Leben zu hinterlassen. Widerstandslos läßt der Native das Leben durch sich hindurch fließen.

Eng angebunden an sein reiches Traumleben besteht auch eine starke Affinität zur Vergangenheit. Der Native scheint sich dann um so stärker an seine Vergangenheit zu klammern, je entschiedener er seine kosmische Wiedergeburt verweigert. Um der Gegenwart, der Realität zu entfliehen, bedient er sich unterschiedlicher Fluchtwege. Zum einen flieht er in die Droge, in den Rausch, in die Welt der Phantasie, zum anderen schafft er bewußt-unbewußt ein solches Chaos um sich, daß dessen Beseitigung ihn daran hindert, wirklich effektive Aufgaben in Angriff zu nehmen. Wenn man einmal filmische Begriffe oder Wahrnehmungsformen vergleichend heranzieht, so verläuft das Leben eines Widder-Geborenen im Zeitraffer, unser Fische-Geborener agiert dagegen in Zeitlupe. Seine Lebensverweigerung wird durch eine stetige vage Ängstlichkeit ergänzt, wobei schwer auszumachen ist, ob er eigentlich vor seinem aktuellen Leben oder vor seiner bevorstehenden Wiedergeburt Angst hat. Diese Ängstlichkeit macht ihn zu einem willkommenen Opfer für jeden nur möglichen Betrug, er wird leicht zum Opfer von Intrigen oder auch religiös-esoterischen Heilsbringern oder ist von Beginn an in selbstzerstörerische Partnerschaften involviert.

## Fische, Neptun (Jupiter) und 12. Haus

Der mehr unter dem (alten) Jupiter-Einfluß stehende Fische-Geborene wirkt äußerlich wie das genaue Gegenteil des beschriebenen Typs. Äußerst aktiv und interessiert, hat er sich entschlossen, seinen inneren Bildern, seiner Phantasie und seinen Träumen kompensatorisch den Kampf anzusagen. Im Kampf gegen seine innere seelisch-emotionale-spirituelle Überflutung errichtet er immer neue Deiche in Form einer ständig wechselnden Geschäftigkeit. Er sprüht vor immer neuen Ideen, die er jedoch nie realisieren wird, da sie im Traum und in seiner Vorstellung einfach viel besser funktionieren und er dort ja konkret nichts zu ihrer Realisation beitragen muß. Seine künstlerisch-musischen Talente überschlagen sich. Als imaginiertes Multitalent wird ihm die geringste Begabung zur künstlerischen Mission. In der Regel wird er jedoch diese Mission auch nicht konkret erfüllen, da künstlerischer Erfolg meist auch mit Entbehrungen verknüpft ist, und die läßt Jupiter nicht zu. Der Native taucht ein in einen jupiterhaften grenzenlosen Genuß, für den es charakteristisch ist, daß er ihn sich nicht selbst erarbeitet oder finanziert, sondern am liebsten vom Partner, von der Familie oder der Gesellschaft bezahlen läßt. Ein Marodeur des Lebens, der in Kenntnis der eigenen Schwächen die Schwächen anderer Menschen bedenkenlos ausnutzt.

Seine rege Phantasie suggeriert ihm, daß er eigentlich zu allem begabt ist. Da er jedoch nicht bereit ist, seine zweifellos vorhandenen Begabungen diszipliniert und mit intensivem Fleiß zu fördern, bleibt er der ewige Dilettant, der von allem etwas, aber nichts richtig kann. Die Welt der Kunst, der Mode und der Werbung bieten ihm hier Möglichkeiten, sich durch charmanten Bluff eine Zeitlang zu etablieren, zumindest so lange, bis seine schweifende Phantasie ihn sowieso wieder zu anderen Ufern lockt.

Gegen die Auswirkungen der unterschiedlichen unerlösten Zustände in ihrer individuellen Ausprägung können verschiedene Bach-Blüten helfend wirken. In den Fällen, in denen sich der Native aus seiner Grenzgängersituation, aus seinen Träumen und Phantasien nicht zu lösen vermag, holt ihn die Blüte *Clematis* in die Wirklichkeit zurück. Mit Hilfe der Blüte *Clematis* kann der Betroffene beide Welten – die diesseitige und die jenseitige – sehen, ohne sich vor ihnen zu erschrecken. Sie befähigt ihn dagegen, mit jupiterhaftem Geist und neptunischer Intuition die »Realität« des Irrationalen zu erkennen und zu verstehen. Der immer leicht getrübte Blick des Nativen wird geschärft und fokussiert. *Clematis* unterstützt vor allem die aktive Umsetzung seiner Kreativität in wirkliche künstlerische Arbeit. Der Native muß seine Ängste nicht mehr in der Kunst sublimieren, sie werden statt dessen schöpferischer Anteil und bejahter Auslöser seiner Arbeit. *Clematis* »realisiert« die Phantasie des Betroffenen.

Die Blüte *Clematis* lehrt den Nativen vor allem eines: nein zu sagen. Seiner bereitwilligen und unkritischen Anpassung an andere Menschen oder an vorhandene Umstände wachsen die ersten Stacheln des Widerspruchs, so daß er sich zunehmend wehren kann. *Centaury* erweckt den im Betroffenen schlummernden Helfer, dessen Hilfe besonders effektiv sein kann, da er sich in der überwundenen Opfersituation physisch und psychisch auskennt. Aus der erlittenen Ohnmacht erwächst ihm ein Gefühl der rechten Macht, die im Dienen liegt. Der Betroffene wird wieder seiner Bedürfnisse gewahr und kann sie selbstbewußt verfolgen.

Gegen die akkumulierende Spirale aus ursächlicher Angst, daraus folgendem Versagen, dadurch gesteigerter Angst und nachfolgend größerem Versagen schenkt die Blüte *Aspen* dem Betroffenen die notwendige mentale und spirituelle Entspannung. *Aspen* hilft dem Betroffenen, wenn sich seine zeichengemäßen Wiedergeburtsträume oder deren Verweigerung mit dem »Trauma« der Geburt verbinden und seine Phantasie Amok laufen lassen. Durch *Aspen* von seiner Furcht befreit, kann der Native die Signale seines Unterbewußtseins verstehen und meistern. Er lernt die Ausgeburten seiner Ängste furchtlos zu konfrontieren. Das sich daraus bildende Vertrauen in die Weisheit der geistigen Welt und ihre Führung fließt harmonisch in sein konkretes Handeln ein.

Der bei Fische-Geborenen latent vorhandenen Mutlosigkeit und Erwartung von Fehlschlägen kann mit der Blüte *Larch* wirksam begegnet werden. Seine kompensatorische Fluchttendenzen in die Passivität, in die Krankheit oder in die individuelle oder soziale Verantwortungslosigkeit werden überflüssig. Durch *Larch* wird der Betroffene wieder fähig, seinem Schicksal die Stirn zu bieten (Kopf, Widder). *Larch* stellt den Nativen wieder »auf die Füße« (Fische), erdet ihn und läßt ihn standhalten.

Wenn der Schwerpunkt des unerlösten Zustandes überwiegend in der vagen Unbestimmtheit beruflicher oder privater Ambitionen zum Ausdruck kommt, bietet die Blüte *Wild Oat* wirksame Hilfe. Durch *Wild Oat* lernt der Native, die Vielfalt seiner Talente und Ziele zu bündeln und sie durch Fleiß und Disziplin zu fördern.

Bei einer allzu starken Bindung an bzw. einem Verharren in der Vergangenheit schafft die Blüte *Honeysuckle* wieder einen lebendigen Bezug zur Gegenwart. Tagträume, die hier auftreten, beziehen sich nicht auf aus dem Unterbewußtsein aufsteigende Bilder, sondern beziehen sich auf konkret zurückliegende schönere Zeiten. *Honeysuckle* nimmt diesen Träumen ihren rückwärtsgewandten, sehnsuchtsvollen, melancholischen Charakter und führt den Betroffenen zu einer konkreten Bejahung des Hier und Jetzt.

**Mond in Fische oder im 12. Haus**

In Fische fällt die Mondenergie durch ein Prisma, dessen Parallelogramme die Eigenschaften wäßrig, weiblich, beweglich, neptunisch (jovial) aufweisen. Dies stellt eine Bündelung und Potenzierung von Färbungen dar, die es dem Mond unmöglich machen, eine feste Kontur zu finden und eine beständige Substanz zu entwickeln. Alles fließt, verschwimmt, ist in diffuser Bewegung, treibt wie ein steuerloses Floß im Ozean. Dementsprechend ist die Gefühlswelt des Nativen einer ständigen Fluktuation wechselnder, sich überschneidender, unterschiedlicher Gefühle und seelischer Schwingungen ausgesetzt. Seine Emotionen sind durch einen aus früheren Inkarnationen erinnerten oder prophylaktisch erahnten paradiesischen Zustand geprägt. Dem rauhen Klima der Gegenwart sind sie nur sehr bedingt gewachsen. Gegen die von ihnen ausgelösten Versuchungen, Täuschungen, Erwartungen und Forderungen hat der Betroffene keinen Schutzpanzer entwickelt und bleibt ihnen deshalb schutzlos ausgeliefert. Seine Seele ist nicht von dieser Welt.

Die neptunische Komponente kann nur schwer zwischen gut und böse unterscheiden und nimmt (zusätzlich weiblich) alle äußeren emotionalen Einflüsse ungefiltert auf. Da keine regulierenden Faktoren wirksam sind, leidet der Native an einer ständigen Reizüberflutung. Unter dem Eindruck der widersprüchlichsten Gefühle entzieht er sich jeder konkreten Festlegung. Da er im unerlösten Zustand kein seelisches Immunsystem ausgebildet hat, bleibt er allen äußeren Schwingungen gegenüber wehrlos. Diese Schutzlosigkeit führt ihn in Partnerschaften, in denen er entweder Schutz bei einem stärkeren Partner sucht oder sich selbst eines noch schwächeren Partners schützend annimmt. Diese innere Disposition findet im Äußeren ihren Ausdruck in Verbindungen, die durch soziale Abhängigkeiten, durch Krankheiten oder eine Suchtproblematik gekennzeichnet sind.

Alternativ entwickelt der Betroffene auch »feste« Traumbeziehungen zu Partnern, die aus den unterschiedlichsten Gründen unerreichbar sind: der Partner lebt in einer völlig anderen sozialen Umwelt, in einer fernen Stadt oder einem fernen Land, bereits in einer anderen Partnerschaft, oder ist so berühmt und populär, daß er nur aus der Ferne angebetet werden kann. Wir finden aber auch hier den mehr durch Jupiter geprägten Typus, der seine Bindungslosigkeit dadurch lebt, daß er sich permanent neu bindet, um dadurch seiner emotionalen und seelischen Verantwortung zu entkommen.

Um die Gefühle und die Seele des Betroffenen wieder an die reale Welt anzubinden, versprechen verschiedene Bach-Blüten die geeignete Hilfe. Dies um so mehr, da ihre psychischen Heilungskräfte auf eine besonders sensible Psyche bei dem Nativen stoßen. Die Blüte *Clematis* »reißt« den Nativen aus seinen Tagträumen, er lernt wieder, Menschen konkret zu erkennen und sie nicht nur atmosphärisch wahrzunehmen. Durch *Clematis* kann der Betroffenen die Erfahrung machen, daß er seine gefühlsmäßige, partnerschaftliche Erfüllung nicht notwendigerweise in der Ferne suchen muß, da »das Gute oft so nahe liegt«. *Clematis* schärft seinen Blick für die Realitäten der Welt. Das in der Ferne gesuchte Glück offenbart sich in der Nähe.

Gegen die Unfähigkeit, sich emotional gegen die Ansprüche anderer zur Wehr zu setzen, entsteht ihm in der Blüte *Centaury* ein psychischer Verbündeter. Der Betroffene lernt, sich positiv von anderen Menschen abzugrenzen und auch einmal nein zu sagen. *Centaury* erschließt dem Betroffenen die Bewußtseinssphäre seines Gegenzeichens Jungfrau. Die Jungfrau vermag sehr wohl zwischen nützlich und unnützlich – für sich – zu unterscheiden. *Centaury* setzt auch dem bedingungslosen Aufgehen in einem Partner die notwendigen Grenzen. Das Bild der sich berührenden, sich gegenseitig nährenden, jedoch nicht konturlos ineinander verschmelzenden sieben Kreise erfüllt auch für den Mond-in-Fische-Geborenen seine symbolische Aussage.

Da der Native negativen Einflüssen besonders stark ausgesetzt ist, verdichten sich diese Erfahrungen im Laufe der Zeit zu einer vagen Ängstlichkeit. Er »hört das Gras wachsen«. Die Blüte *Aspen* »härtet« seine seelischen Antennen ab, ohne sie stumpf zu machen. Der Native kann wieder ins Licht – oder die Dunkelheit – seiner Seele schauen, ohne geblendet zu werden.

Da das Zeichen Fische unter einem hohen Grad an Unschärfe leidet, lassen sich bei vielen Fische-Geborenen die unterschiedlichen unerlösten Zustände auch nur schwer gegeneinander abgrenzen. Eine Kombination der genannten Blüten wird hier den besten Erfolg bringen.

## Aszendent Fische

Damit die Symbolik des Aszendenten im Sinne einer »Rolle« in ihre Funktion treten kann, muß, wie wir gesehen haben, ein bestimmter Anteil im Wesen des Individuums zu einem besonderen Ausdruck drängen. Gleichgültig um welchen Anteil es sich handelt, glaubt der Native, sich durch ihn in seiner Einmaligkeit besonders effektiv und unverwechselbar darstellen zu können. Bei einem Fische-Aszendenten wird es allerdings schwierig, das markante Merkmal zu bestimmen, das sich mit Macht als dominante Signatur der Persönlichkeit in den Vordergrund stellt. Nun ist es aber nicht so, daß der Fische-Aszendent keine »Rolle« spielt. Es ist vielmehr so, daß er eigentlich »alle« Rollen spielen könnte. Aus der Zeichenfolge des Tierkreises hat seine Seele auf ihrem langen Weg bereits alle Rollen gespielt und ist müde, sich auf dem Jahrmarkt der Eitelkeiten subjektiver Selbstdarstellung zu produzieren. Abgesehen vom Wassermann-Geborenen oder Wassermann-Aszendenten ist der Fische-Aszendent das am weitesten objektivierte Individuum. Aus evolutionärer Sicht würde es gleichsam einen Rückfall bedeuten, wenn es hier zu einer subjektivistischen Selbstdarstellung käme. Aber: auch der Fische-Aszendent kann sich nicht einfach selbst eliminieren, seine symbolische Funktion heißt Darstellung, und die muß er leisten. Der gefundenen Lösung begegnen wir in zwei unterschiedlichen Erscheinungsformen.

Zum ersten finden wir den gelebten Fische-Aszendenten in all den Persönlichkeiten, die sich chamäleonhaft, spielerisch an die jeweilige Lebenssituation anpassen können. Bei ihrem »Spiel« handelt es dabei weniger um einen aktiven Akt einer »Rollen«-gestaltung, sondern vielmehr um ein mediales Aufnehmen und gleichzeitiges Widerspiegeln der jeweiligen »Spiel«-Situation. Da der Betroffene keine aktive Rollenwahl trifft, kann er auch jederzeit, wenn diese Spielsituation beendet ist, übergangslos in die Rolle schlüpfen, die er am meisten liebt: ins Nicht-mit-spielen. In diesen gleitenden Übergängen beeinflußt weder die Rolle die Seele, noch die Seele die Rolle. Das Bild einer Sanduhr verdeutlicht vielleicht am besten diesen inneren Zustand. Sie besteht aus zwei, durch einen Kanal miteinander verbundenen Gefäßen. Die in ihr ruhende Substanz, der Sand, geht übergangslos und einem höheren Gesetz – der Zeit und der Schwerkraft – folgend von einem Gefäß in das andere über. Ist der Endpunkt erreicht, so bedarf es eines äußeren Anstoßes, Drehen der Sanduhr, um sie erneut in ihre zeitlos-zeitliche Funktion zu setzen. Übertragen auf den Fische-Aszendenten konkretisiert sich dieses Bild folgendermaßen: Das symbolische Zeichen für die Fische besteht aus zwei nach verschiedenen Seiten geöffneten Schalen, Gefäßen, die durch eine Linie, einen Kanal, miteinander verbunden sind. Diese Linie, dieser Kanal, verbindet Vergangenheit mit Gegenwart (Zukunft). Die sich in ihr bewegende Substanz, der Sand, die »Rolle« des Nativen fließt (bewegliches Zeichen) und wird vom unteren Gefäß empfangen (Geschlecht weiblich), als »Rolle« gehorcht sie dem höheren Gesetz des Geistes und der Spiritualität, analog zur Schwerkraft und Zeit. Das Rollenspiel, der Sand, ist nicht durch eine klare Begrenzung zu markieren (Neptun). Ist das Spiel erfüllt, der Sand vollständig im unteren Gefäß, bedarf es analog im Rollenspiel eines äußeren Anstoßes – einer neuen Lebens- oder Partnersituation – oder auch nur eines wechselnden alltäglichen personalen Umfeldes, um in ein neues Spiel, in eine neue Rolle einzusteigen.

In der zweiten Lösungsvariante begegnen wir dem »Darsteller« eines höheren Selbst. Auch hier ist wieder charakteristisch, daß der Native eigentlich keine Wahl trifft, sondern sich vertrauensvoll einer geistigen Führung unterwirft und zum Medium ihres Gestaltungswillens wird. Im erlösten Zustand begegnet uns dann einer der immer wieder in der Geschichte auftauchenden Avatare, ein großer geistiger Führer. Im unerlösten Zustand verkommt die geistige Führung zu geistiger und spiritueller Scharlatanerie. Wenn man das evolutionäre Gewicht dieser Konstellation im Kern zu erfassen sucht, scheint es kein »Zufall« zu sein, daß wir – bedingt durch astronomische Gegebenheiten – im nur kurz aufsteigenden Zeichen Fische auf der nördlichen Halbkugel zwar eine Vielzahl von Philosophen, kaum jedoch wirkliche Weise hervorgebracht haben.

Aus den bisherigen Ausführungen wird hinlänglich klar, daß die Hauptrolle einer Fische-Aszendenten-Persönlichkeit in ihrer Funktion als Medium besteht. Im unerlösten Zustand unterliegt das vom Nativen in sich erahnte höhere Bewußtsein zwangsläufig irdischen Irritationen. Es entstehen eine vage Ängstlichkeit, Unentschlossenheit, Konturlosigkeit, Weltflucht oder Flucht in die Droge oder in den Alkohol. Diese Erscheinungen werden dann vom Nativen im Sinne einer Opferrolle demütig angenommen.

Um den Betroffenen in seiner Geistigkeit zu stärken, bieten die Bach-Blüten eine große Hilfe. Die Blüte *Clematis* verhindert das willenlose Versinken in Tagträumen. Sie bindet diesen Grenzgänger zwischen zwei Welten stärker an seine irdische Existenz. Die in neptunischem Grau verhangenen Lebensperspektiven bekommen wieder Farbe. Der dadurch ausgelöste Reiz stimuliert den Betroffenen, wieder aktiv in seine Geschicke einzugreifen. Die Blüte *Centaury* stärkt den Willen und das Durchsetzungsvermögen des Betroffenen. Die sein Leben dominierende Kommunikationsform des »Jein« kristallisiert sich zum Gebot: »Deine Rede sei ja, ja oder nein, nein.« Die Blüte *Aspen* befreit den Betroffenen von seiner Angst vor der Angst und schenkt ihm neues Selbstvertrauen.

## Südlicher Mondknoten im 12. Haus

Im übergeordneten, karmischen Zusammenhang steht ein Individuum mit dieser Mondknotenkonstellation unter dem Auftrag, die Phänomene kosmischer Transzendenz und irdischer Existenz miteinander zu verknüpfen. Die daraus resultierende Problematik läßt sich mit der eines Läufers vergleichen, der, obwohl schon am Ziel angekommen (karmische Vergangenheit), zurück zum Start gerufen wird (jetzige Existenz), um seinen Lauf nochmals, aber auf einer anderen Strecke zu wiederholen. Vergegenwärtigt man sich einmal, wie sich ein solcher Läufer fühlen muß, dann begreift man die Bewußtseinslage eines unter dieser Konstellation geborenen Individuums. Der »Läufer« ist körperlich und mental nach dem langen Lauf erschöpft. Gleichzeitig ist er glücklich, sein Ziel erreicht zu haben. Er ist aber auch frustriert, weil er wieder zurück soll. Außerdem mit vagen Schuldgefühlen beladen, denn irgend jemandem (dem »Trainer« oder dem »Publikum«) hat ja wohl sein Lauf nicht »gefallen«. Seine Gefühle werden also umgetrieben zwischen der Befriedigung am Erfolg und der Weigerung, die gerade vollbrachte Leistung nochmals zu wiederholen, sich noch einmal den Unwägbarkeiten eines zweiten, dritten ... Laufes zu unterziehen.

Die Problematik des Betroffenen besteht darin, die eigentlich »unzumutbare« Aufgabe zu erfüllen, aus der Transzendenz eine Existenz zu entwickeln, das Abstrakte mit dem Konkreten, das Oben mit dem Unten zu verbinden. Die Schwierigkeit, diese Aufgabe zu meistern, liegt in der nur bedingten Fähigkeit unseres irdischen Bewußtseins, zur Irrationalität einen Zugang herzustellen. Die Qualitäten der Herrscherplaneten des 12. und des in der Opposition liegenden 6. Hauses machen dies mehr als deutlich. Neptun im 12. Haus weiß, »was die Welt im Innersten zusammen hält«. Merkur im 6. Haus dagegen »vernünftelt«, »philosophiert«, stellt dort Fragen, wo für Neptun die Antwort liegt, versucht »Erkenntnis« zu bewirken, wo es um »Offenbarung«, richtiger: um schon »Offenbartes« geht. In die irdische Existenz geworfen, muß sich das Individuum einem neuen Lebens-»lauf« stellen.

Die im unerlösten Zustand gewählten Ausdrucksformen der Bewältigung sind gekennzeichnet durch Resignation und ständiges Ausweichen vor Verpflichtungen, angstvolle Desorientierung in allen praktischen Lebensfragen und Befangenheit in der Durchsetzung des eigenen Willens. Letzteres darf jedoch nicht so verstanden werden, als hätte der Native überhaupt keinen Willen. Im Gegenteil: er verfügt über einen starken Willen, der sich nur vom herkömmlichen Willen dadurch unterscheidet, daß der Betroffene nicht mehr »wollen will«. Irgendwie hofft der Native, daß der Kelch (der Existenz) an ihm vorübergeht. Dieser intensive Wunsch-Wille artikuliert sich als Verweigerung. Solange das ersehnte Wunder noch nicht eingetreten ist, treibt der Betroffene meist ziellos durchs Leben. Aus der erahnten, jedoch nicht geleisteten Verpflichtung, sich zu konkretisieren, logisch zu denken und zu handeln, sich zu organisieren, die schon geschaute Summe der Erfahrungen wieder aktiv nutzbar zu machen, entwickelt der Betroffene Schuldgefühle, denen er sich durch weitergehende Verweigerung zu entziehen sucht. Verweigerung und Schuldgefühle entwickeln sich zu einer doppelten Spirale mit nach oben offenen Parametern.

Um dem Betroffenen sein kosmisch-evolutionär notwendiges Wiedereintauchen in die irdische Existenz zu erleichtern, bieten einzelne Bach-Blüten die notwendige psychische Hilfe. Die Blüte *Clematis* »bekämpft« erfolgreich die Weltflucht des Nativen. Als Wanderer zwischen den Welten lernt der Betroffene, sich mit seinen Grenzen zu identifizieren, sie bewußt zu erforschen und aktiv auszuschreiten. Dem aus der Ferne Kommenden eröffnet *Clematis* den Blick für die Nähe seiner jetzigen Existenz.

Die Blüte *Centaury* stärkt seinen Willen, sich den materiellen, geistigen und emotionalen Bedingungen seines Lebens zu stellen. *Centaury* befreit ihn von den Beeinflussungen anderer Menschen und Umstände. Weder aus Gefälligkeit noch aus Selbstverleugnung bleibt der Betroffene der fügsame, gutwillige, leicht auszunutzende Mitläufer. *Centaury* verwandelt seine sklavische Unterwerfung zur verantwortlichen geistigen Führerschaft.

Die Blüte *Aspen* eliminiert seine vagen Ängste, irgendwie seiner Existenz nicht zu genügen, ihr etwas schuldig zu sein. Der Native erkennt, daß sein höherer Auftrag gerade in der – scheinbaren – Erniedrigung in den rauhen Alltag des Lebens und seiner vordergründigen Organisation (6. Haus, Merkur, Jungfrau) verborgen liegt.

Gegen sein mangelndes Selbstvertrauen in Bezug auf »irdische« Belange, schenkt ihm die Blüte *Larch* die feste Überzeugung und Gewißheit, daß andere Menschen für sich »das Rad auch immer wieder neu erfinden müssen«. Mutig lernt er den

Kampf mit den Sorgen des Alltags aufzunehmen und wird, wenn die in der Jungfrau liegenden »Erbsen« nochmals gezählt werden müssen, dies auch energisch und diszipliniert tun.

In allen Fällen, in denen der »nicht gewollte« Kampf des Lebens zur Apathie, Teilnahmslosigkeit und inneren Kapitulation führt, wird die Blüte *Wild Rose* in dem Betroffenen wieder neue, vitale Lebensenergien mobilisieren. Durch sie wird der Native gewahr, daß im Grau seiner täglichen Routine die Spannung zwischen schwarz und weiß, zwischen ja und nein, zwischen Existenz und Transzendenz verborgen liegt. Die in diesem Erkenntnisprozeß freigesetzte Freude am irdischen Leben wird für ihn zum fortan bestimmenden Gesetz. Der Betroffene kann sich wieder einbinden in den Prozeß von irdischer Saat und transzendenter Ernte.

**Transite von Saturn, Uranus, Neptun oder Pluto über das 12. Haus**

Gleichgültig um welchen Planeten es sich handelt, ihre Transite über das 12. Haus fordern von dem Individuum zweierlei: Bilanz des Zurückliegenden und sich bereit machen zur Wiedergeburt im 1. Haus. Bevor jedoch ein neues Kapitel im Buch des Lebens begonnen werden kann, muß die letzte Seite des alten Kapitels gründlich gelesen und verstanden werden. Untersucht man diese bildhafte Darstellung etwas genauer, so ergeben sich für das Individuum vier mögliche Varianten der Reaktion.

1. Die bisher gelesenen und gelebten Kapitel waren langweilig und ereignislos, man erwartet keinerlei neue Entwicklungen, erschöpft und ausgelaugt, vielleicht auch aus Furcht vor neuen Fehlschlägen versagt man sich, umzublättern, und versäumt den alle Lethargie beseitigenden, mit einem »Plötzlich« beginnenden neuen Anfang.
2. Bei gleicher Ausgangslage erhofft man sich die Sensation, die Lösung des Knotens im neuen Kapitel, das »Wunder« soll geschehen, und man überschlägt ungeduldig die letzte Seite und erfährt vielleicht gerade dadurch nicht, »wer der Mörder war«.
3. Die bisher gelesenen und gelebten Kapitel waren voller Spannung, ereignisreich, erfüllend, glücklich und man vergißt im

Strudel der Ereignisse weiterzublättern und versäumt dadurch den sanft gleitenden, erlösenden, märchenhaften Schluß: »Wenn sie nicht gestorben sind, dann leben sie noch heute.«
4. Bei gleicher Ausgangslage erhofft man sich im neuen Kapitel eine trotzdem vielleicht noch mögliche Steigerung, alles von Allem und noch mehr, überblättert hastig die Seite und weiß dann nicht, wer dann die Eltern des gerade (glücklich) neugeborenen Kindes (1. Haus) sind.

Um die Paradoxie des kosmisch geforderten Verhaltens – bilanzierender Rückblick bei gleichzeitigem Vorwärtsschreiten in die Neugeburt – noch einmal an einem anderen Bild deutlich zu machen, sei auf die biblische Geschichte von *Lots* Weib hingewiesen. Die Bibel sagt, daß *Lots* Weib dafür bestraft wurde, zur Salzsäule erstarrte, weil sie auf der Flucht auf das brennende und untergehende Sodom und Gomorrha zurückschaute. Unter dem Aspekt unserer paradoxen Forderung scheint *Lots* Weib jedoch unter einer falschen Prämisse bestraft worden zu sein. Aus evolutionärer Sicht erscheint der Blick zurück zunächst nicht strafwürdig. Ihr evolutionäres Vergehen bestand vielmehr darin, daß sie stehen blieb, während sie zurückschaute. Folgerichtig wird sie ja auch gemäß dem alttestamentlichen Rechtsverständnis nach – Auge um Auge, Zahn um Zahn – an eben dem Glied gestraft, mit dem sie sündigte. Das Zurückschauen läßt sie nicht erblinden, ihr Verharren läßt sie erstarren.

Dieses Erstarren des Lebendigen zur kristallinen Form der Salzsäule verweist dann auch direkt auf die möglichen Auswirkungen eines Saturn-Transits über das 12. Haus. Anstatt ihre Vergangenheit zu bilanzieren und das Ergebnis in neue zukunftsweisende Aufgaben einzubinden, verharren die Betroffenen brütend über nicht vollendeten Projekten, über Unvollkommenheiten in ihren privaten Beziehungen, wünschen sich, viele Aufgaben noch einmal von vorn beginnen zu können, kommen über den Verlust von geliebten Menschen oder materiellen Gütern nicht hinweg. Ihre Aktivität erschöpft sich im Rückblick, sie starren, verharren und bewegen sich nicht. Dabei umgibt sie ein Flair von Trauer, Melancholie und Schwermut. Sie ziehen sich in sich zurück und selbst vernunftmäßig einleuchtende Belege dafür, daß es ihnen »eigentlich« gar nicht so schlecht geht, vermögen sie nicht aus der selbst gewählten Isolation zu befreien. Sie wollen handeln, aber sie wissen nicht wie. Sie verstellen sich selbst den Weg zu ihrer Neugeburt. Untätig verträumen sie ihre Tage in Schwermut und bleiben in der fatalistischen Erwartung von weiteren Fehlschlägen passiv und ohne Selbstvertrauen an ihre Vergangenheit gebunden.

Die für die Symbolik des 12. Hauses charakteristischen Färbungen und Eigenschaften – Wasser, weiblich, beweglich, Neptun – führen dazu, daß auch die elektrisierenden Einflüsse eines Uranus-Transits im unerlösten Zustand kompensatorisch überwiegend mit Passivität beantwortet werden. Der Betroffene versucht, die uranisch plötzlich in ihm aufsteigenden Wandlungsimpulse zu ignorieren. Ständig von außen auf ihn einstürzende, irritierende Ereignisse, aufgekündigte Freundschaften und plötzlich entstehende Feindschaften, aus dem Unterbewußtsein auftauchende Traumata der Kindheit, gesellschaftliche Anfeindungen, all dies deutet der Betroffene nicht als Signale einer Handlungsaufforderung im Sinne einer fälligen Metamorphose. Im Gegenteil, er erträgt stoisch alle Fehlentwicklungen. Indem er sich physisch und psychisch tot stellt, hofft er, das uranische Gewitter unbeschadet zu überstehen. Äußerlich standhaltend, flieht er innerlich in eine Traumwelt und macht sich in vager Ängstlichkeit abhängig von den Einflüssen durch andere Menschen. Indem er den elektrischen Strömen des Uranus keinen Widerstand entgegensetzt, gleichsam seine mentalen und emotionalen Ohm-Werte so weit wie möglich herabsetzt, sich nur noch als Leiter, als Kanal darstellt, versucht er, den Akt seiner Wiedergeburt, wenn schon nicht verhindern zu können, so doch nicht aktiv darin einzugreifen.

Unter einem Neptun-Transit überfällt den Betroffenen eine Art göttlich-kosmisches Heimweh. Im unerlösten Zustand übersieht der Native jedoch, daß seine »Heimat« nicht in der Vergangenheit, sondern in der Zukunft liegt. Sein Blick und seine Aktionsrichtung bleiben nach rückwärts gerichtet. Er verschwimmt in tagträumerischen Erinnerungen, die im schlimmsten Falle auch noch mit Drogen oder Alkohol verstärkt werden. Willenlos und ohne Selbstvertrauen vermag er im unerlösten Zustand keine konkreten Lebensziele zu formulieren, geschweige denn aktiv anzugehen. Apathie, Schwermut und Selbstmitleid verdüstern seinen Lebenswillen. Anstatt die ihm über Neptun zufließenden, spirituellen Kräfte als formende Impulse auch in seine materielle Welt einfließen zu lassen, gibt er sich einer unproduktiven Verzückung hin. Wo Glauben aufgebaut werden sollte, entsteht religiös-esoterisch gefärbte Schwärmerei.

Die konkrete Aufforderung eines Pluto-Transits über das 12. Haus liegt in der Wandlung und Erneuerung der gesamten Persönlichkeit und in der Summe all ihrer Lebensäußerungen. In jeder nur denkbaren Gestalt tauchen die Gespenster der Vergangenheit auf. Ihr Erscheinen fordert von dem Betroffenen Befreiung von ihnen, Reinigung und Entsühnung. Das in vielen Religionen und Kulturen vollzogene Ritual der Fußwaschung symbolisiert das rechte Handeln im 12. Haus. Die entsühnende Waschung der Füße entschlackt den Menschen von der Materie, der Erde, auf der er »steht«, und öffnet dem Geist den Eintritt in den Körper, damit im Widder ein neuer Kopf, eine neue Idee, ein neuer Mensch geboren werden kann. Es ist menschlich – und damit auch entschuldbar –, daß nur wenige Menschen diesem hohen Anspruch eines Pluto-Transits entsprechen können. Ihre abwehrenden, kompensatorischen Fluchten verstricken sie vielmehr in Apathie, Hilflosigkeit, sie fühlen sich eingehüllt in einen Mantel tiefer Trauer um sich selbst, ihre Seele scheint von schwarzen Schicksalswolken verhangen zu sein. Vergeblich revoltiert die Vernunft gegen den Einbruch der verborgenen Kräfte einer seelischen Läuterung. Neben den großen Fluchten in die – vorübergehende – Lebensverweigerung behaupten sich die kleinen Fluchten: Tagträume, Drogen, Alkohol, Rückzug in die Vergangenheit, leichtgläubige Gefolgschaft heilverkündender falscher Gurus, eine tiefe innere Unruhe, die als kleine Ängstlichkeit den Ablauf der Tage bestimmt.

Die Blüte *Honeysuckle* verhindert, daß der Native allzu sehr in seine Vergangenheit abdriftet. Sie löst die Blockade, sich mit der Gegenwart auseinanderzusetzen. *Honeysuckle* ermutigt den Betroffenen, im Buch des Lebens weiterzublättern. In den Zeiten schwerer Melancholie wird die Blüte *Mustard* den Himmel über der Seele des Betroffenen wieder aufklaren lassen. *Mustard* nimmt den lastenden Schatten der Vergangenheit ihre Schwere. Der Betroffene erkennt, daß Schatten nur dort entstehen können, wo auch Licht ist. In dieser Erkenntnis wird sich sein Gemüt aufhellen und eine neue Heiterkeit in sein Denken und Handeln einfließen. Wenn der Betroffene kompensatorisch halbherzig zu viele Lebensziele in Angriff nimmt, um sich seinem eigentlichen Ziel zu verweigern, wird ihm die Blüte *Wild Oat* neue, klare Orientierungen schenken. *Wild Oat* stärkt seine Intuition, aus der Vielfalt seiner Ambitionen die für ihn erfolgversprechendste Wahl zu treffen und sie auch konsequent in die Tat umzusetzen.

Wo immer der Native unter dem Druck der transitären Einflüsse sich eigene Entscheidungen versagt und sich in vorübergehender Willensschwäche zum Spielball der Meinungen und Ratschläge anderer Menschen macht, wird die Blüte *Centaury* seiner Entschlußkraft neue Impulse verleihen. Sie stärkt sein Durchsetzungsvermögen, hebt sein geschwächtes Selbstgefühl, die eigenen Interessen können wieder dominant in den Vordergrund treten, die Klarheit und Festigkeit der eigenen Meinung gewinnt die Oberhand. *Centaury* wandelt die Ambivalenz eines stetigen Jein in ein klares Ja oder Nein.

Wenn sich die eng mit dem unerlösten *Honeysuckle*-Zustand verbundenen Fluchttendenzen auf die Gegenwart beziehen und der Betroffene sich in Tagträumen verliert, seine ganzen Lebensäußerungen den Anschein erwecken, als sei er nicht von dieser Welt, wird die Blüte *Clematis* ihn wieder in die Wirklichkeit der Gegenwart zurückführen. *Clematis* konzentriert seine Aufmerksamkeit auf den konkreten Alltag und dessen Probleme. *Clematis* fokussiert die schweifenden Perspektiven des Betroffenen auf seine gegenwärtigen Lebensumstände.

Wenn unter Transiten über das 12. Haus die doppelte Aufgabe einer Bilanz und einer Vorausschau zu traumatischen Zuständen der Hoffnungslosigkeit führt, wenn sowohl der Blick zurück als auch der Blick nach vorne nur in eine Gegenwart der Isolation und Leere münden, vermag die Blüte *Sweet Chestnut* die innersten Seelenkräfte zu stärken. Sie erleichtert ihm die Erfahrung, daß er als Individuum letztlich allein ist und den bevorstehenden Weg der Transformation auch allein gehen muß. Durch *Sweet Chestnut* findet er zur Gewißheit und zum Glauben, daß göttliche Kräfte über die irdischen Gesetze des Lebens gestellt sind. Zurückgreifend auf das Bild der »Lebenskurve« (1. Kapitel) erkennt der Native jetzt die innere Wahrheit der beiden wichtigsten Übergänge in seinem Leben – Geburt und Tod. Mit Hilfe der Blüte *Sweet Chestnut* fühlt er sich eingebunden in den Strom einer göttlichen Ordnung, der immer »aus« etwas heraus »in« etwas anderes einmündet. Der Betroffene lernt zu verstehen, daß er nicht »verloren« ist, sondern aufgefangen wird in einem neuen Zustand seines ewigen Seins. Durch *Sweet Chestnut* eröffnet sich dem Nativen eine von den irdischen Religionen unabhängige Gotteserfahrung.

## Gesundheitliche Implikationen

Die typisch menschliche Eigenschaft, nur den Dingen besondere Aufmerksamkeit zu schenken, die sichtbar sind oder an »wichtiger« Stelle auftauchen, führt dazu, daß z. B. Kopfschmerzen sofort als Signal gesundheitlicher Beschwerden angesehen werden. Beschwerden an den Füßen (Fische) dagegen ingoriert man leicht, man sieht die Füße ja nicht. Es hat zumindest in Europa sehr lange gedauert, bis sich auch hier die alte Weisheit, daß die Füße der Spiegel des Menschen sind, durchgesetzt hat. Erst in letzter Zeit, wo durch die zunehmende Anerkennung der Fußreflexzonentherapie klar wird, daß auch relativ unbeachtete Beschwerden an den Füßen Signale für weit gewichtigere körperliche Störungen sind, widmet auch die westliche Welt den Füßen die entsprechende Aufmerksamkeit. Die psychische Disposition der Fische-Geborenen, eigentlich nicht ganz auf dem Boden der Tatsachen zu stehen, führt auf der Organebene zu Verletzungen durch umknicken oder fallen, zu einem schlechten »Stand«, wie z. B. Senkfüßen oder Spreizfüßen. Die neptunische Komponente im Persönlichkeitsbild der Fische-Geborenen führt zu Erkrankungen des Lymphsystems und eine latente Gefährdung durch Drogen aller Art und deren Folgeerscheinungen.

## Die Blüte *Star of Bethlehem*

*Edward Bach* hebt die heilende Wirkung dieser Blüte bei allen Schockerlebnissen hervor. Da solche Schockerlebnisse infolge einer Kulmination spannungsgeladener Aspekthäufungen zu bestimmten Zeiten praktisch bei jedem Menschen eintreten können, wird die Blüte keinen bestimmten »Thema« zugeordnet. Aufgrund der Übereinstimmung der seelischen Grunddisposition aller Menschen, lösen die infrage stehenden Ereignisse bei allen Menschen gleichermaßen »schockartige« Reaktionen hervor. Diese »Schocks« sind dadurch definiert, daß durch ein plötzlich eintretendes sehr bedrohliches Ereignis gleichsam das gesamte energetische System des Betroffenen schlagartig zusammenbricht. Schwere Unfälle, Todesnachrichten, Nachrichten über eine lebensbedrohende Krankheit seien nur beispielhaft genannt. Zur eigenen Selbsterhaltung verfällt der Betroffene bei solchen Nachrichten oder Ereignissen in eine Art körperliche und mentale Starre. Die Blüte *Star of Bethlehem* leistet hier eine wirksame, erste Hilfe, um die Lebensenergien nicht kollabieren zu lassen. *Star of Bethlehem* reaktiviert und revitalisiert die körperlichen, geistigen und seelischen Zentren, sie löst den Betroffenen aus seiner traumatischen Erstarrung und überführt ihn wieder in den Regelkreis einer aktiven und energieaufbauenden Atmung.

# Vierter Teil

## Der Berater und »seine« Blüten

Auch Astrologen und Therapeuten haben ein Horoskop und stehen unter transitären kosmischen Einflüssen. Sie sind, ebenso wie ihre Klienten, in evolutionäre Prozesse eingespannt. Prozesse, die sie im unerlösten Zustand verdrängen oder kompensatorisch übertreiben und unter Umständen sogar auf ihre Klienten übertragen. Sicherlich wird man erwarten dürfen – und die überwiegende Mehrheit der Astrologen und Therapeuten wird das auch von sich behaupten –, daß sie »über« ihrem Kosmogramm stehen. Besser wäre freilich, sie stünden »in« ihrem Horoskop. Aber selbst wenn wir davon ausgehen, daß der verantwortungsvolle Astrologe und Therapeut die Spannungen seines Radixhoroskops im eigenen, analytischen Griff hat, so wird er doch durch auslösende Aspekte immer wieder »Tagesstimmungen« oder »Tagesformen« unterworfen sein.

Vielleicht ist es deshalb sinnvoll, eine kleine Reise durch den Tierkreis der Astrologen und Therapeuten zu machen. Dabei versteht es sich natürlich von selbst, daß es für sie keine speziellen Bach-Blüten gibt. Der kleine Exkurs soll lediglich dazu dienen, den berufsbedingten Blick auf andere, auch einmal auf sich selbst zu richten.

### *Astrologische Grundkonstellationen*

Bei Widder-Betonung
Lassen Sie Ihrem Klienten Zeit. Für Fortschritte, die Sie mühelos an einem Tag schaffen, braucht er vielleicht einen Monat. Respektieren Sie »seine« Zeit. Die Blüte *Impatiens* wird Ihnen die dafür notwendige Geduld schenken. Respektieren Sie aber nicht

nur seine Zeit, sondern auch die Besonderheit seiner Individualität. Seine Persönlichkeit mag im Augenblick gewisse Störungen aufweisen, deshalb braucht er geistige Führung und nicht Dominanz. Die Blüte *Vine* wird Sie in diesem Bewußtsein stärken.

Bei Stier-Betonung
Der Klient ist nicht Ihr Eigentum – weder geistig noch materiell. Versuchen Sie, mehr zu geben als zu bekommen. Ihr Klient muß nicht länger »bebrütet« werden als notwendig, auch wenn dies vielleicht zu einem materiellen »Verlust« führt. Die Blüte *Chicory* lehrt Sie zu »schenken«, ohne etwas dafür zu erwarten. Wenn Sie infolge zu langsamer Fortschritte in der Beratung entmutigt sind, verleiht Ihnen die Blüte *Gentian* Zuversicht ins beiderseitige Gelingen.

Bei Zwillinge-Betonung
Auch bei bester Absicht, verwirren Sie Ihren Klienten nicht mit immer neuen »Möglichkeiten« einer noch effektiveren Beratung. Fragen Sie nicht mehr als notwendig. Ihr Klient erwartet Antworten von Ihnen, keine Fragen. Durch die Blüte *Cerato* kommen Sie zu einem ausgewogenen Rhythmus zwischen Fragen und Antworten. Erfinden Sie das Rad (Ihren Klienten) nicht täglich neu. Vertrauen Sie auf die positive Erfahrung von gestern. Sie ist nicht notwendigerweise heute falsch. Die Blüte *Chestnut Bud* hilft Ihnen, Erfahrungen zu »verknüpfen«.

Bei Krebs-Betonung
Seien Sie nicht die »Mutter« Ihres Klienten. Alle Klienten haben (noch) eine Mutter und sind vielleicht gerade wegen ihr bei Ihnen. Die Blüte *Chicory* fördert Ihre »selbstlose« Liebe, die nicht erstickend ist.

Bei Löwe-Betonung
Versuchen Sie nicht, Ihren Klienten »mitzureißen«, sondern zu »begleiten«. Begeben Sie sich nicht in Konkurrenz zu Ihrem Klienten. »Er« soll dorthin kommen, wo Sie vielleicht schon sind. Die Blüte *Vervain* läßt Ihr Feuer den Klienten inspirieren und nicht »verbrennen«.

### Bei Jungfrau-Betonung

Verachten Sie Ihren Klienten nicht, wenn er nicht »makellos« ist. Deswegen ist er ja zu Ihnen gekommen. Dies nicht nur im körperlichen, sondern auch im geistigen Sinne. Fettiges Haar sagt vielleicht einiges über seine Person, aber nicht alles über seine Seele. Mit der Blüte *Crab Apple* lernen Sie, die »Flecken« zu tolerieren. Vergessen Sie auch nicht: Kritisieren kann sich Ihr Klient notfalls selbst. Er möchte von Ihnen eine »Diagnose«. Die Blüte *Beech* verdeutlicht Ihnen den Unterschied.

### Bei Waage-Betonung

Bedenken Sie, daß Ihr Klient zu Ihnen gekommen ist, um aus der Vielfalt der möglichen Wege »einen« – seinen – Weg zu finden. »Scheiden« Sie die Wege, um sich gemeinsam für den richtigen Weg zu »entscheiden«. Die Blüte *Scleranthus* unterstützt Sie in der Entschlossenheit, diesen Weg dann auch entschieden gemeinsam zu gehen. Geben Sie sich Ihrem Klienten gegenüber nicht »fröhlicher« als Sie sind. Zeigen Sie, daß auch Sie Sorgen haben können. Die Blüte *Agrimony* läßt sie über Ihre Sorgen »ansteckend« lachen.

### Bei Skorpion-Betonung

Glauben Sie daran, Ihr Klient verheimlicht Ihnen nichts. Und wenn, dann wider besseres Wissen. Wenn er »positiv« von etwas spricht, »wittern« Sie dahinter nicht etwas Negatives. Und »rächen« Sie sich nicht, wenn sich herausstellt, daß Sie doch recht hatten. Die Blüte *Holly* »heiligt« Ihrer beider Beziehung. Wenn durch *Holly* das Herz immer noch nicht spricht, wird die Blüte *Vine* Ihnen helfen, »seelische Grausamkeit« in verständnisvolle Liebe zu wandeln.

### Bei Schütze-Betonung

Seien Sie sicher, Ihr Klient geht davon aus, daß Sie es besser wissen. Sonst hätte er Sie nicht aufgesucht. Er sucht jedoch Ihren Rat und nicht Ihre Kritik und Belehrung. Vielleicht ist er gar nicht »dumm«, vielleicht weiß er sogar etwas, was Sie nicht wissen. Die Blüte *Beech* eröffnet Ihnen die Erkenntnis der Einheit in der Vielheit.

Bei Steinbock-Betonung
Seien Sie nicht der »Vater« Ihres Klienten. Alle Klienten haben (noch) einen Vater und sind vielleicht gerade wegen ihm zu Ihnen gekommen. Bedenken Sie, daß man Wasser (die Seele) in viele Gefäße gießen kann, und es bleibt doch Wasser (Seele). *Rock Water*, reines Quellwasser, läßt Sie die rechte Beziehung zwischen Inhalt und Form erkennen.

Bei Wassermann-Betonung
Machen Sie sich klar, daß vor Ihnen nicht »die« Menschheit, sondern »ein« Mensch sitzt. Wenn »zufällig« Ihr Stuhl ein wenig höher ist als der Ihres Besuchers, sägen Sie die Beine ab und vergessen Sie nicht, bei dieser Gelegenheit auch Ihr »geistiges« Podest zu nivellieren. Die Blüte *Water Violet* macht aus Ihnen anstatt der Klippe hoch »über« dem Meer den Fels »im« Meer.

Bei Fische-Betonung
Seien Sie Ihrem Klienten gegenüber nicht »gefällig«. Er bezahlt Sie dafür, daß Sie entschieden ja oder nein sagen. Die Blüte *Centaury* hilft Ihnen dabei. Er bezahlt Sie außerdem dafür, daß Sie bei der Sache, nämlich »seiner« Sache, sind. Wer immer vor Ihnen sitzt, er ist real und nicht Teil Ihrer Träume. Die Blüte *Clematis* schenkt Ihnen diesen Bezug zur Wirklichkeit.

## *Auslösende Konstellationen*

Transite über das 1. Haus
Wenn Ihr Ich dem inneren oder äußeren Druck nicht mehr standzuhalten glaubt (Saturn), wenn Sie das Gefühl haben, sich selbst wie durch ein Prisma wahrzunehmen (Uranus), wenn die Konturen Ihres Ich verschwimmen (Neptun), oder Ihr Ego ganz aus den Fugen gerät (Pluto), wenn also Ihr Persönlichkeitsbild zu zerbrechen droht, wandelt die Blüte *Impatiens* Ihre Gereiztheit in Geduld im Umgang mit sich selbst. Die Blüte *Larch* stärkt Ihr Selbstvertrauen, sie können sich Ihrem eigenen Ich stellen. Die »Selbstsicherheit« Ihres Klienten wirkt nicht länger aufreizend und bedrohlich auf Sie.

Transite über das 2. Haus
Wenn Ihr geistiger und materieller Besitz »einzufrieren« scheint (Saturn), wenn Ihr geistiges und materielles Kursbarometer »flackert« (Uranus), wenn es nur noch heißt, wie gewonnen, so zerronnen (Neptun), wenn Sie wirklich den Boden unter den Füßen verlieren, wenn also Ihre »Existenz« bedroht ist (Pluto), bewahrt Sie die Blüte *Holly* vor Neidgefühlen, daß es allen anderen (darunter auch Ihrem Klienten) so viel besser geht.

Transite über das 3. Haus
Wenn in Ihrer Kommunikation das »Besetzt«-Zeichen überwiegt (Saturn), wenn im Gegenteil die Drähte »heißlaufen« (Uranus), wenn sich die »Mißverständnisse« häufen (Neptun), wenn das ganze Netz zusammenbricht (Pluto), wenn Sie also permanent kommunizieren wollen, aber niemand Ihnen zuhört, wird die Blüte *Heather* Sie zu einem guten »Zuhörer« machen, der, wenn alle Leitungen blockiert sind, auch einmal in sich selbst hineinhören kann. Ihr Klient wird »dieses« Schweigen als wohltuend »beredt« empfinden.

Transite über das 4. Haus
Wenn familiäre Sorgen Sie plagen (Saturn), wenn in Ihrer Familie die »Revolution« ausbricht (Uranus), wenn keiner mehr weiß, zu wem er eigentlich gehört (Neptun), wenn die »seelische Heimat« verloren geht (Pluto), wenn Sie eigentlich aus Sorge um die anderen gar nicht mehr »berufstätig« sein können, schenkt Ihnen die Blüte *Red Chestnut* wieder die notwendige geistige Übersicht. Ihrem Klienten gegenüber können Sie wieder Ihre »Profession« erfüllen.

Transite über das 5. Haus
Wenn Sie um Ihr Ego eine Mauer errichten (Saturn), wenn Sie »exaltierend« über sich selbst hinauswachsen wollen (Uranus), wenn Neptun Sie ins Spiegelkabinett Ihrer Eitelkeit entführt, wenn Pluto Ihnen suggeriert: Alles ist möglich, wenn Sie sich also in eine Idee Ihrer selbst verrannt haben, glättet die Blüte *Vervain* die Wogen der aus den Fugen geratenen schöpferischen Selbstdarstellung. Ihr Klient fühlt sich weder ausgegrenzt noch überrollt.

Transite über das 6. Haus
Wenn sich Ihr Blickwinkel so verengt, daß Sie nur noch die Routine wahrnehmen (Saturn), wenn Ihre »Ordnung« nachhaltig gestört wird (Uranus), wenn sich im Beruf oder in der Gesundheit Auflösungserscheinungen bemerkbar machen (Neptun), wenn beide »Systeme« zusammenbrechen, wenn Sie also unter einer allgemeinen mentalen Erschöpfung leiden (Pluto), revitalisiert die Blüte *Hornbeam* ihre körperlichen und geistigen Kräfte. Ihr Klient lernt Ihre wiedergefundene Spontaneität schätzen.

Transite über das 7. Haus
Wenn in Ihren sozialen Beziehungen der »bleierne« Vorhang fällt (Saturn), wenn Sie nun endlich neue, aufregende partnerschaftliche Wege gehen wollen (Uranus), wenn Sie andere Menschen nur noch durch die rosarote Brille sehen können (Neptun), wenn die lang gefürchtete Krise in der Partnerschaft nun doch ausbricht (Pluto), wenn also Ihr gesamtes soziales Gleichgewicht gestört ist, wird die Blüte *Scleranthus* Sie wieder in harmonische Schwingungen versetzen. Ihr Klient empfindet Sie dann als »gleichwertigen Partner«.

Transite über das 8. Haus
Wenn sich die inneren Seelenkräfte nicht lösen können (Saturn) oder sich explosionsartig entladen (Uranus), wenn bizarre Phantasien den Geist nicht ruhen lassen (Neptun), wenn ein Funke genügt, um das seelische Pulverfaß zu entzünden (Pluto), wenn also Ihre Seele »verrückt« zu werden droht, öffnet die Blüte *Cherry Plum* ein geeignetes Ventil, um der Seele Frieden zu schaffen. Die dann aus dem Unterbewußten erwachsenden Kräfte strahlen auf Ihren Klienten aus.

Transite über das 9. Haus
Wenn der innere, geistige »Auftrag« nur noch auf Widerstände stößt (Saturn), wenn er zum utopischen Fanal (Uranus), zur verschwommenen Ideologie (Neptun) oder zum geistigen Umsturz um jeden Preis (Pluto) verkommt, wenn also Ihre Ideen den Rahmen des gesellschaftlich Verantwortbaren sprengen, wird Ihnen die Blüte *Vervain* ein konkretes, realisierbares und sozial integrierbares Ziel eröffnen, in das Ihre geistige Energie einfließen

kann. Ihre zielorientierte Inspiration läßt auch Ihren Kienten sein Ziel und seinen Weg erkennen.

Transite über das 10. Haus
Wenn berufliche Schicksalsschläge und Einschränkungen Ihrer öffentlichen Person Ihr Leben bestimmen (Saturn), wenn Sie auf diesen Gebieten »umgetrieben« werden, ohne sich entscheiden zu können (Uranus), wenn die sicher geglaubte »Berufung« sich als eine Einbildung erweist (Neptun), wenn Hochmut mit einem »Fall« bestraft wird (Pluto), wenn also Ihr »Lebensziel« neu bestimmt und organisiert werden soll, läßt Sie die Blüte *Gorse* den inneren Sinn der notwendigen Wandlung erkennen. Die Blüte *Wild Oat* eröffnet neue Lebensperspektiven. Die überwundene eigene Hoffnungslosigkeit vertieft Ihr Verständnis für die »Hoffnungslosigkeit« Ihres Klienten.

Transite über das 11. Haus
Wenn äußerer Druck oder inneres Beharrungsvermögen Sie daran hindern, Ihren Idealen, Wünschen und Hoffnungen zu folgen (Saturn), wenn der utopische Charakter Ihrer Ideale den sozialen Rahmen sprengt (Uranus), wenn Sie im Meer Ihrer Wünsche und Hoffnungen »kein Land« mehr sehen (Neptun), wenn Sie die Metamorphose Ihre Ideale, Wünsche und Hoffnungen verweigern (Pluto), wenn sich also dies alles verselbständigt, schenkt Ihnen *Wild Oat* neue Perspektiven. *Rock Water* weicht alte, starre Haltungen auf und schafft neuen Inhalten neue Formen. Die eigene Neuorientierung adaptiert sich an die des Klienten.

Transite über das 12. Haus
Unabhängig davon, welcher langsam laufende Planet Ihr 12. Haus transitiert, das dadurch erwachende Bewußtsein, im letzten Stadium vor einer Neugeburt zu stehen, löst die vielfältigsten Ängste aus. Im neptunischen Haus der Ahnungen, Phantasien und Vorstellungen gerät die Wirklichkeit in den Sog düsterer Gedanken und Melancholie. Die Blüte *Sweet Chestnut* öffnet den Bewußtseinskanal für das Erlebnis der Neugeburt der Seele. Sie führt Sie aus der Isolation einer seelischen Nacht in den aufgehenden Aszendenten. Die so bewältigte Reise macht Sie zum seelischen Begleiter Ihres Klienten.

## Die Bach-Blüten

Ihre englischen und deutschen Namen

| | |
|---|---|
| *Agrimony* | Odermennig |
| *Aspen* | Espe, Zitterpappel |
| *Beech* | Rotbuche |
| *Centaury* | Tausendgüldenkraut |
| *Cerato* | Bleiwurz, Hornkraut |
| *Cherry Plum* | Kirsch-Pflaume |
| *Chestnut Bud* | Knospe der Roßkastanie |
| *Chicory* | Wegwarte |
| *Clematis* | Weiße Waldrebe |
| *Crab Apple* | Holzapfel |
| *Elm* | Ulme |
| *Gentian* | Herbstenzian |
| *Gorse* | Stechginster |
| *Heather* | Schottisches Heidekraut |
| *Holly* | Stechpalme |
| *Honeysuckle* | Geißblatt |
| *Hornbeam* | Weißbuche, Hainbuche |
| *Impatiens* | Drüsentragendes Springkraut |
| *Larch* | Lärche |
| *Mimulus* | Gefleckte Gauklerblume |
| *Mustard* | Wilder Senf |
| *Oak* | Eiche |
| *Olive* | Olive |

## Ihre englischen und deutschen Namen

| | |
|---|---|
| *Pine* | Schottische Kiefer |
| *Red Chestnut* | Rote Kastanie |
| *Rock Rose* | Gelbes Sonnenröschen |
| *Rock Water* | Wasser aus heilkräftigen Quellen |
| *Scleranthus* | Einjähriger Knäuel |
| *Star of Betlehem* | Goldiger Milchstern |
| *Sweet Chestnut* | Eßkastanie, Edelkastanie |
| *Vervain* | Eisenkraut |
| *Vine* | Weinrebe |
| *Walnut* | Walnuß |
| *Water Violet* | Sumpfwasserfeder |
| *White Chestnut* | Roßkastanie, Weiße Kastanie |
| *Wild Oat* | Waldtrespe |
| *Wild Rose* | Heckenrose |
| *Willow* | Gelbe Weide |

# Glossar

| Astrologische Konstellation | Sonne<br>Mond<br>Aszendent | Südlicher<br>Mondknoten | Transite von<br>Saturn/Uranus<br>Neptun/Pluto |
|---|---|---|---|
| Widder<br>oder<br>1. Haus | *Impatiens*<br>*Larch*<br>*Vine*<br>*Olive* | *Impatiens*<br>*Larch*<br>*Vine*<br>*Olive* | *Impatiens*<br>*Larch*<br>*Olive* |
| Stier<br>oder<br>2. Haus | *Red Chestnut*<br>*Mimulus*<br>*Wild Rose*<br>*Centaury*<br>*Chicory*<br>*Holly* | *Chicory*<br>*Gentian*<br>*Holly*<br>*Mimulus*<br>*Cherry Plum*<br>*Wild Rose* | *Gentian*<br>*Holly* |
| Zwillinge<br>oder<br>3. Haus | *Cerato*<br>*Chestnut Bud*<br>*Wild Oat* | *Cerato*<br>*Chestnut Bud*<br>*Wild Oat*<br>*White Chestnut* | *Heather*<br>*Chestnut Bud*<br>*Oak*<br>*White Chestnut* |
| Krebs<br>oder<br>4. Haus | *Chicory*<br>*Red Chestnut*<br>*Heather* | *Honeysuckle* | *Red Chestnut*<br>*Honeysuckle*<br>*Heather*<br>*Vine* |
| Löwe<br>oder<br>5. Haus | *Vervain*<br>*Vine*<br>*Heather*<br>*Elm* | *Vervain*<br>*Vine*<br>*Heather* | *Vervain*<br>*Heather*<br>*Elm* |
| Jungfrau<br>oder<br>6. Haus | *Crab Apple*<br>*Beech*<br>*Rock Water* | *Crab Apple*<br>*Beech*<br>*Rock Water* | *Crab Apple*<br>*Elm*<br>*Gentian*<br>*Vine*<br>*Hornbeam*<br>*Gorse* |

# Glossar

| Astrologische Konstellation | Sonne Mond Aszendent | Südlicher Mondknoten | Transite von Saturn/Uranus Neptun/Pluto |
|---|---|---|---|
| Waage oder 7. Haus | Scleranthus Agrimony | Scleranthus Agrimony Cerato | Scleranthus Agrimony Cerato |
| Skorpion oder 8. Haus | Cherry Plum Willow Holly Vine Honeysuckle | Cherry Plum Vine Honeysuckle | Cherry Plum Willow Honeysuckle Vine Holly Rock Rose |
| Schütze oder 9. Haus | Beech Vervain Elm | Beech Vervain Elm | Beech Vervain |
| Steinbock oder 10. Haus | Rock Water Beech Larch Mustard Olive Pine Oak | Rock Water Beech Larch Willow Pine | Rock Water Beech Larch Willow Olive Gorse Pine |
| Wassermann oder 11. Haus | Water Violet Rock Water Impatiens Walnut Wild Oat | Water Violet Rock Water Wild Oat | Water Violet Rock Water Wild Oat Walnut |
| Fische oder 12. Haus | Clematis Centaury Aspen Wild Oat Honeysuckle Larch | Clematis Centaury Aspen Larch Wild Rose | Clematis Centaury Honeysuckle Mustard Wild Oat Sweet Chestnut |

# Literaturempfehlungen zum Thema des Buches

Adler, Oskar: *Das Testament der Astrologie* Bd. 1–4. Verlag Hugendubel, München 1991

Arroyo, Stephen: *Astrologie, Karma und Transformation.* Verlag Hugendubel, München 1980

Arroyo, Stephen: *Astrologie, Psychologie und die vier Elemente.* rororo TB, Reinbek, 1989

Bach, Eward: *Gesammelte Werke. Von der Homöopathie zu den Bach-Blüten.* Aquamarin Verlag, Grafing 1988

Bach, Edward (J.-E. R. Petersen): *Heile dich selbst mit den Bach-Blüten*, Knaur, München 1988

Bach, Edward: *Blumen, die durch die Seele heilen.* Verlag Hugendubel, München 1992

Blome, Götz: *Mit Blumen heilen.* Verlag Hermann Bauer, Freiburg 1985

Campbell, Joseph: *Der Heros in tausend Gestalten.* Suhrkamp TB, Frankfurt 1978

Claessens, Dieter: *Das Konkrete und das Abstrakte.* Suhrkamp TB 1108, Frankfurt 1993

Dahlke, Rüdiger, und Klein, Nicolaus: *Das senkrechte Weltbild.* Heyne TB 9574, München 1993

Damian, Peter: *Astrologie und Bach-Blütentherapie.* Aquamarin Verlag, Grafing 1993

Ebertin, Reinhold: *Sterne helfen heilen.* Ebertin Verlag, Freiburg 1981

Ebertin, Reinhold: *Kombination der Gestirneinflüsse.* Ebertin Verlag, Freiburg 1979

Ebertin, Reinhold: *Transite.* Ebertin Verlag, Freiburg 1970

Frazer, James Georg: *Der goldene Zweig.* rororo, Reinbek 1989

Green, Jeff: *Pluto.* Verlag Hugendubel, München 1988

Greene, Liz: *Kosmos und Seele.* Fischer TB, Frankfurt 1991

Greene, Liz: *Jenseits von Saturn.* Verlag Hugendubel, München 1984
Greene, Liz: *Saturn.* Verlag Hugendubel, München 1976
Hand, Robert: *Das Buch der Transite.* Verlag Hugendubel, München 1984
Hand, Robert: *Das Buch der Horoskopsymbole.* Verlag Hugendubel, München 1990
Heisenberg, Werner: *Ordnung der Wirklichkeit.* Piper Verlag, München
Herrigel, Eugen: *Zen in der Kunst des Bogenschießens.* Scherz Verlag, München 1983
Ifrah, George: *Universalgeschichte der Zahlen.* Verlag Campus, Frankfurt 1986
Kafka, Peter: *Gegen den Untergang.* Verlag Hanser, München 1994
Kardec, Allan: *Das Buch der Geister.* Verlag Hermann Bauer, Freiburg 1987
Kleist, Heinrich von: *Über das Marionettentheater.* Goldmann Tb, München
Koch, Walter: *Horoskop und Himmelshäuser.* Sirius Verlag, Göppingen/Fils 1959
Krämer, Dietmar: *Neue Therapien mit Bach-Blüten.* Ansata Verlag, Interlaken 1991
Mann, A.T.: *Lebens-Zeit Astrologie.* Sphinx Verlag, Basel 1987
Mann, A.T.: *Astrologie und Heilkunst.* Aquamarin Verlag, Grafing 1991
Marks, Tracy: *Schwierige Aspekte.* Verlag Hier & Jetzt, Hamburg 1990
Mertz, Bernd A.: *Das Handbuch der Astromedizin.* Ariston Verlag, Genf/München 1991
Monod, Jacques: *Zufall und Notwendigkeit.* dtv Tb, München 1975
Niehenke, Peter: *Astrologie.* Reclam Verlag, Stuttgart 1994
Niehenke, Peter: *Kritische Astrologie.* Aurum Verlag, Freiburg
Orban, Peter, und Zinnel, Ingrid: *Drehbuch des Lebens.* rororo TB, Reinbek 1990
Orban, Peter: *Pluto.* rororo TB, Reinbek 1989
Orban, Peter: *Personare.* rororo TB, Reinbek 1992
Paracelsus: *Der anderer Arzt / Das Buch Paragranum.* Fischer TB, Frankfurt 1990
Pietschmann, Herbert: *Das Ende des naturwissenschaftlichen Zeitalters.* Zsolnay Verlag, Wien, Hamburg

Rank, Otto: *Der Mythos von der Geburt des Menschen.* Deuticke Verlag, Leipzig/Wien 1922 (Nur noch in Bibliotheken)

Rank, Otto: *Trauma der Geburt.* Fischer TB, Frankfurt 1988

Riemann, Fritz: *Grundformen der Angst.* Ernst Reinhardt Verlag, München/Basel 1976

Ring, Thomas: *Astrologische Menschenkunde* Bd. 1–4. Verlag Hermann Bauer, Freiburg 1989

Roscher, Michael: *Der Mond.* Verlag Hugendubel, München 1990

Rudhyar, Dane: *Astrologie und Psyche.* Chiron Verlag, Mössingen 1990

Rudhyar, Dane: *Das astrologische Häusersystem.* Verlag Hugendubel, München 1981

Rudhyar, Dane: *Astrologischer Tierkreis und Bewußtsein.* rororo, Reinbek 1992

Rudhyar, Dane: *Astrologie der Persönlichkeit.* Verlag Hugendubel, München 1979

Rudhyar, Dane: *Astrologische Aspekte.* Verlag Hier & Jetzt, Hamburg 1992

Ruperti, Alexander: *Kosmische Zyklen.* Verlag Hier & Jetzt, Hamburg 1978

Scheffer, Mechthild: *Das Gesamtwerk über Bach-Blütentherapie.* Verlag Hugendubel, München

Schubart, Walter: *Religion und Eros.* Verlag C. H. Beck, München 1966

Schulmann, Martin: *Karmische Astrologie* Bd. 1–4. Urania Verlag, Sauerlach 1987 (4. Auflg.)

Sloterdijk, Peter: *Weltrevolution der Seele.* Verlag Artemis & Winkler, Zürich 1993

Steiner, Rudolf: *Auswahl aus dem Gesamtwerk.* Rudolf Steiner Verlag Dornach

Tomkins, Peter: *Das geheime Leben der Pflanzen.* Fischer TB, Frankfurt 1977

Verlag Hermann Bauer · Freiburg im Breisgau

Dr. med. Götz Blome

*Das neue Bach-Blüten-Buch*

6. Aufl., 477 Seiten, gebunden, ISBN 3-7626-0446-0

Dieses Buch ist sowohl für Anfänger als auch für Erfahrene bestimmt und stellt eine unentbehrliche Ergänzung zu jedem auf dem Markt befindlichen Bach-Blüten-Buch dar. Es stellt exclusiv drei wesentliche Neuerungen vor, die für eine seriöse Behandlung unerläßlich sind und vor allem die praktische Anwendung erleichtern.

Es enthält im ersten Teil eine neuartige, psychologisch fundierte und gut verständliche Erläuterung der einzelnen Mittel. Diese leicht verständliche Analyse geht weit über die üblichen schematischen Beschreibungen hinaus.

Der zweite Teil enthält eine genaue Beschreibung der über 200 Kombinationsmittell, deren Beschreibung und Erläuterung eine genauere, individuellere und damit effektivere Therapie ermöglichen.

In dem abschließenden umfangreichen Repertorium, eine Art therapeutisches Stichwortverzeichnis, werden alle wichtigen Störungen und Krankheiten aufgeführt und die dafür geeigneten Bach-Blüten angegeben. Vor allem für Anfänger bedeutet dies eine wesentliche Erleichterung bei der Mittelbestimmung.

Verlag Hermann Bauer · Freiburg im Breisgau

Verlag Hermann Bauer · Freiburg im Breisgau

Dr. med. Götz Blome

*Mit Blumen heilen*
Die Blütentherapie nach Dr. Bach

7. Aufl., 384 Seiten, gebunden, ISBN 3-7626-0289-1

Vor mehr als fünfzig Jahren entwickelte der englische Arzt Dr. Edward Bach seine »Blütentherapie«, da ihm im Laufe seiner langjährigen praktischen Tätigkeit klar geworden war, daß jede Krankheit ihren Ursprung leztlich in der Seele hat. Diese so überaus einfache, ungefährliche und angenehme Heilweise wird in diesem Buch unter besonderer Berücksichtigung ihrer Wirkungsweise und ihres geistigen Hintergrundes ausführlich erläutert. Es stellt eine wichtige Ergänzung zum »Neuen Bach-Blüten-Buch« dar, weil es die wesentlichen Basisinformationen über die Bach-Blüten-Therapie enthält.
Im ersten Teil lernt der Leser jedes einzelne Mittel auf lebendige Weise in Form von persönlichen, psychotherapeutisch fundierten Ansprachen kennen und findet dabei eine Fülle von Anregungen und Lösungsmöglichkeiten für seine Probleme.
Der zweite Teil bietet fortgeschrittenen und professionellen Therapeuten eine Fülle von praktischen Hinweisen und Tips für eine seriöse und fundierte Therapie. In ihnen hat sich die jahrelange Erfahrung, die der Verfasser in der eigenen ärztlichen Praxis gewonnen hat, niedergeschlagen.
Im dritten Teil wird erstmalig die hochinteressante Möglichkeit erläutert, astrologische Gesetzmäßigkeiten zur Therapie einzusetzen. Die aus dem persönlichen Horoskop erkennbaren psychologischen Grundmerkmale erleichtern oft erheblich die Auswahl der richtigen Blüten-Essenzen für eine grundlegende Charaktertherapie.

Verlag Hermann Bauer · Freiburg im Breisgau

Ebertin Verlag · Freiburg im Breisgau

Marion D. March / Joan McEvers

*Lehrbuch
der Partnerschaftsastrologie*
Synastrie und Composit

302 Seiten mit 103 Horoskopabbildungen, kartoniert
ISBN 3-87186-079-4

Dieses Buch erklärt die Methoden und Regeln der Partnerschaftsastrologie in lebendiger und anschaulicher Weise, die nicht nur beim Lesen, sondern auch in der Praxis großen Spaß macht. Die Autorinnen beschreiben, wie aus dem Geburtshoroskop verschiedene Beziehungsmuster ermittelt werden können. Dabei beziehen sie auch Horoskope berühmter Personen mit ein. Darauf aufbauend erläutert das Buch die Bedeutung von frühen familiären Prägungen für das spätere Verhalten in Liebesbeziehungen. Desweiteren werden die Techniken des Horoskopvergleiches dargestellt. Bei dieser mit »Synastrie« bezeichneten Methode wird untersucht, wie die Planeten und Konstellationen des eigenen Horoskops in das des Partners fallen. Daraus läßt sich erkennen, welche Chancen und Schwierigkeiten sich aus der konkreten Interaktion zwischen den Partnern ergeben können.
Das Buch befaßt sich auch mit den sogenannten Composit-Horoskopen. Neben einer Einführung in die Berechnung dieser modernen Schnittpunkthoroskope geben die Autorinnen ausführliche Deutungshinweise zu den Häusern und Planeten im Composit.
Obwohl der Akzent des Buches auf »romantischen« Partnerschaften liegt, kommen auch berufliche Partnerschaften, Arbeitsbeziehungen, Mutter/Sohn-, Vater/Tochter- und Großenkel/Enkel-Beziehungen zur Sprache.

Ebertin Verlag · Freiburg im Breisgau

Ebertin Verlag · Freiburg im Breisgau

Erik von Slooten

*Lehrbuch der Stundenastrologie*
Fragen und Antworten aus dem Horoskop des Augenblicks

225 Seiten mit 36 Horoskopabbildungen, kartoniert
ISBN 3-87186-078-6

Die Stundenastrologie ist eine Kunst die darin besteht, für einen bestimmten Augenblick ein Horoskop zu stellen und aus diesem Horoskop Antworten und Entwicklungen auf die gestellte Frage zu erkennen. Das »Lehrbuch der Stundenastrologie« ist eine ausgezeichnete Einführung in die Kunst der Stundenastrologie. Es ist aus der Beratungspraxis heraus entstanden und kann sehr gut zur Beantwortung eigener Fragen benutzt werden.

Eine Signifikatorenliste bietet erstmals ein umfangreiches Stichwortverzeichnis, dem die jeweiligen astrologischen Zuordnungen zur richtigen Fragenbeantwortung auf einfache Weise zu entnehmen sind.

Dieses Buch stellt die Stundenastrologie auf eine Grundlage, die dem psychologischen Denken unserer Zeit entspricht. Es wird deshalb auch von psychologisch ausgerichteten Astrologen mit Begeisterung aufgenommen werden.

Ebertin Verlag · Freiburg im Breisgau